中国法制史考证续编

第四册

杨一凡 主编

典权制度源流考

郭建 著

社会科学文献出版社

SOCIAL SCIENCES ACADEMIC PRESS (CHINA)

图书在版编目（CIP）数据

典权制度源流考／郭建著. 一北京：社会科学文献出版
社，2009.8
（中国法制史考证续编；第四册）
ISBN 978－7－5097－0821－7

Ⅰ. 典… Ⅱ. 郭… Ⅲ. 物权－研究－中国－古代
Ⅳ. D929.2

中国版本图书馆 CIP 数据核字（2009）第 104938 号

目　录

序　论

（一）典权制度的性质

本书所言的"典权"，专指法律上的不动产典权，即支付典价、占有他人之不动产而为使用及收益之权。在中国民间传统习惯上，这种典权往往混同于一般的动产质押，泛称为"当地"、"典质"、"典押"、"典当"等等；同时也被混同于买卖行为，往往被称之为"活卖"，视同为设定了买回特权的不动产买卖。本书的考证局限于不动产的典权，并不涉及民间习惯上习称"典当"、"解典"、"典押"之类的动产质押制度。

不动产典权是中国传统社会特有的一项民事权利。其特点是出典人（习惯上称"业主"）将土地房屋之类的不动产转移给典权人以获得一笔远低于卖价（一般仅为卖价的二分之一）的典价，典权人（习惯上称之为"典主"）获得该项不动产的全部占有、使用、收益权利，以及典期届满后将其转典的处分权，并在出典人出卖该项不动产时具有先买权，号为"典业"；出典人则保留有在约定的若干年（称之为"典期"）后以原典价赎回该项不动产的收赎权，以及将该项不动产出卖的处分权。出典人将已

出典的不动产出卖给典权人的行为，一般称之为"找价"（或
"找贴"、"足价"等名目）。

　　中国古代民事立法相当稀少，而典权制度却在古代民事法律
中占有一定的比重。本书即试图考证这种中国特有的民事制度的
起源及其发展演变的情况，以期对其来龙去脉有一个较为清晰的
把握。而且由于古代典卖连称，未明确为"绝卖"的不动产买
卖行为也往往视同为出典，也需要连带对于"活卖"的制度进
行考察。另外由于长期以来典、当连称，而"倚当"作为一项
不动产的交易方式长期与不动产典权有关联，"抵当"也因设定
不动产收益为债务担保缘故与不动产典权有关连，因此也有一定
篇幅考证"倚当"及"抵当"的演变。

（二）考证典权制度的资料来源

　　本书考证历代典权制度所用的主要资料来自于现存的法典
（包括律、令），以及散见于各类史料的名目繁多的各类单行法
规（诏、制、敕、格、赦文、条例、则例等等），在很多情况
下也要利用一些史籍中记载的案例来试图说明一些典权制度的
细节。

　　从现代的眼光来看，古代典权制度在很大程度上并非是完善
的立法。政府立法中的典权制度只是规定了一些主要的原则，并
没有形成完整的、结构严密的体系，甚至有大量的空缺。同时也
缺乏具体的、可操作的规范。而且政府立法往往是出于政府政策
导向或者是赋税征收方面的考虑，主要目的并不在于确认、维护
当事人的民事权利。长期以来，在民间的实际生活中，存在着大
量的典权方面的习惯，可以说民间典权行为主要是依靠这些习惯

来加以规范的。而且这些民间的习惯往往和政府的立法并不完全一致。因此要搞清传统典权行为的情况可能主要应该依靠对于民间习惯的调查。因此作为对比材料，本书也将引用出土的以及传世的古代民间契约文书、古代戏曲小说中记载的民间契约文书材料，以及尽可能收集一些散见于笔记小说中的俗谚俚语的材料，来说明民间实际生活中的典权习惯，补充典权制度的一些细节。在近代部分则主要依靠民国初年的《民商事习惯调查录》，并试图对于民间习惯与朝廷立法之间的互动演变与发展进行一点分析。

　　由于典权制度已经过了上千年的演变，而且各地的民间习惯又相差很大，现代已经难以实地调查。历代文献记载民间民事习惯的资料又是极其零碎，难以一一考证。因此本书的考证对象只能落实在历代朝廷法律所确定的典权制度上，主要考证的是朝廷的立法、官府的司法中所贯彻的对于典权的规范。主要在有明确资料记载可以说明问题的情况下才使用民间典权习惯材料，作为典权制度的对比性的、补充性的材料。

（三）典权制度发展的基本轨迹

　　从现有法律史料中还难以发现唐以前相似于土地出典的法律制度，而在社会史料中也没有证据显示出典交易早在秦汉时代已经在民间普及。作为出现于朝廷立法中的与典权制度极其相似的是北齐时期的"帖"。这是在实行"均田制"、限制民间土地买卖情况下的一种土地转移方式，得到法律的认可。

　　以后的唐代也实行"均田制"，但立法者认定北齐"帖"的交易性质属于和一般动产质押类似的担保，因此称之为"质"；

而将以土地收益抵销债务的行为称之为"贴赁"，作为"均田制"下被允许的两种受到限制的土地转移方式。由于唐代典、质字义可以互换，至盛唐以后的立法中一般将土地出质改称"典"，以表示与一般动产的质押不同。

五代时期的立法开始将土地房屋出典行为规范化，为其设定了与土地房屋的买卖相同的程序，从而又一次将出典交易认定为与买卖行为相当。这也就成为以后两宋时期有关典权立法的基本原则。两宋的法律规定了出典交易的详细程序，规定了在出典契约不明情况下的收赎期限，以及出典人、典权人双方的权利和义务，强调了出典人无限期的收赎权。典权制度是在这一时期定型的。北宋还废除了由原来的"贴赁"发展而来的"倚当"制度。但是两宋有关的立法既缺乏明确的出典和收赎的法定期限，也没有关于典权人对典物处分权利的具体规定。

元代沿袭了宋代的基本制度。而以后明代的立法则对出典交易的程序大加简化，并且一度再次将典权混同于以不动产收益抵销债务的交易，即使出典人无力收赎，在出典期限届满后，典权人只能再占有典物两年后就必须交还典物。

对于典权制度有重大发展的是清朝的法律。清朝于雍正、乾隆年间进行了典权制度的改革。再次认定出典是一种债务担保行为，与买卖行为无关；并且限制出典期限为三至十年，期限届满后典权人即获得转典权。但是这一制度与宋以来民间长期形成的习惯完全不符，并不能在民间真正实施。

民国时期全面接受了西方的法律体系，在法理上认定典权为一种物权。北洋政府时期发布了清理不动产典当的单行条例，基本精神继承了清代的立法。南京国民政府在民法典中确认了典权制度，作为特殊的不动产物权列入物权编。典权制度由此得以近代化。但是该民法典中的典权制度实际上与民间的习惯并不一致，在实施中也不顺利。中华人民共和国成立后法律上并未规定典权制度，在土地改革中只是作为遗留问题处理。台湾地区则仍然保留典权制度至今。

（四）典权制度的社会经济意义

根据现代民法的观点，典权是一种财产权利，一般被归属于用益物权的一种。在民国时期的民法典中明确规定了典权制度。但是值得注意的是，民国民法典中所规定的典权制度并不等同于中国传统的典权制度，实际上也和当时民间的典权习惯有很大的差异。

从物权法角度考虑，传统的典权确实可以认定为用益权，是权利人使用、并从他人的不动产获得收益的权利。而从债权法的角度观察，也可以认为传统典权是一种特殊的债权担保方式，出典的不动产作为以典价形式出现的债权的担保，所有人只有清偿全部典价才可以收回不动产；在这之前不动产供权利人占有、使用，并以其收益抵充债务的利息。因此从产生于西欧的近代民法理论来看，典权制度确实是一种难以归纳的民事制度。

从社会经济的角度来观察传统意义上的典权制度，我们可能会感觉到这项物权制度在财产权利的明确性、财产利用的可靠性、双方经济利益的公平性方面是有瑕疵的。

典权制度允许在同一项不动产上形成具有两个平行的各自拥有处分权的权利人（出典人或称业主——典权人或称典主）的局面，同时也并不禁止由第三方实际占有、使用该项不动产。而且除了两宋时期以外，允许出典人仍然占有、使用已出典的不动产（作为典权人的佃农或房客，向典权人交纳租金）。这种情况在缺乏交易公示性（不存在登记、拍卖之类的公示制度）的历史背景下很容易形成权利的重叠和权利的互相纠缠，对于交易的迅捷和安全显然存在影响，存在着对于潜在的交易第三人的危险因素。

由于在典期期满后出典人可以随时要求收赎不动产，因此从典权人的角度来看，对于所获得的财产的利用也存在着风险。典权人在典期内就要尽可能地从这笔不动产上获取收益，而在典期期满后也是能多收一年一季就多收一年一季，不可能对不动产进行重大的投资，因为这种投资在出典人要求收赎时是无法要求补偿的。因此民间的俗谚所谓"典地不上粪，租地不起屋"；"典地不上粪，租地不垒埂"。① 从社会经济角度来看，双方都具有进行短期操作行为的动机。受到妨碍的只能是不动产的改良，不动产的附加值因此趋向于降低。

从经济利益的公平性考虑，出典交易显然是不利于出典人的一方。本来典价就压得很低，一般不会超过该项不动产当时正常价值的二分之一。而且一般在交易进行时所设定的典期（也就是不允许出典人收赎的期限），总是依据该项不动产在该段时间内的收益足以相当于、或超过一般的借贷利息为准。② 因此典期过后，典权人所获得的收益已是超过了借贷利息。在出典人无法凑齐典价收赎的情况下，典权人可以长期占有不动产，长期收益。而出典人要出卖不动产时，又因为受到典权人先买权以及实

---

① 中国民间文艺出版社：《俗谚》，中国民间文艺出版社，1983，上册，第173页。

② 至少从北魏开始，历代法律都禁止收取超过原本的利息。合法借贷能够计算并收取利息的上限应为原本的百分之百，称之为"一本一利"，违者构成"违禁取利"之罪。参见叶孝信主编：《中国民法史》，上海人民出版社，1993，第205页；郭建著：《中国财产法史稿》，中国政法大学出版社，2004，第238～242页。

际占有状态的制约，难以找到买主。典权人即以此压低"找价"的价格，往往不过原有价值的几分之一甚至十分之一以下。出典人对此并没有什么对抗措施，在急需现金的情况下只好无可奈何的接受。这就埋伏下以后不断进一步要求找价的理由。

传统的典权制度由于上述的这种经济利益上的不公平性，交易性质的不确定性（凡契约上不写明绝卖的交易都可以视为出典），权利存续期的不公开性等特点，很容易形成当事人之间的纠纷。事实上中国古代地方官府所受理的民事财产案件，除了婚姻继承纠纷外，最主要的就是典权纠纷。

（五）典权制度的成因

在中国古代，土地私有权从未发展到有如马克思所说的"抛弃了共同体的一切外观并消除了国家对财产发展的任何影响的纯粹私有制"[①] 的水平。事实上在资本主义社会产生以前，除了近代民法发祥地的环地中海地区外，世界任何地方也未曾有过这样纯粹的土地私有制，土地权利的转移和设定总是受到"共同体"（亲属、宗族、村落等）和国家的一定的制约和影响。典权制度就是中国古代社会中这种制约和影响的产物。

典权制度能够长期在中国经久不衰，很大程度上是由于商品经济不发达的社会经济因素造成的。马克思曾认为法国小农的弱点是在于"他们进行生产的地盘，即小块土地，不容许在耕作时进行任何分工，应用任何科学，因而也就没有任何多种多样的发展，没有任何不同的才能，没有任何丰富的社会关系。每一个

[①]　马克思、恩格斯：《费尔巴哈》，见《马克思恩格斯选集》第 1 卷，人民出版社，1972，第 69 页。

农户差不多都是自给自足的，都是直接生产自己的大部分消费品，因而他们取得生活资料多半是靠与自然交换，而不是靠与社会交往"。① 这一论断用于中国农民也应该是适用的。农民的生活必需品主要不是依靠市场交换，因此也缺乏资金。当农民一旦因为生、婚、丧、病之类情况急需现金时，要避免高利贷盘剥，就只能以土地出典，换取现金。因为尽管出典时仅能获得很低的价格，可是却使得农民可以保存将来收赎的希望。

法律并非单纯的经济利益的反映。一项民事制度（抑或习惯）的形成，除了有经济上的需要或理由外，文化背景也是重要的因素。典权制度之所以在中国社会扎根，很早就形成习惯，很大程度上是由于重视家族财产传承的缘故。正如有的研究者早已指出的那样，家族的财产虽然由子孙继承，但继承的不是单纯的权利，继承人同时也承担了将家族财产进一步发展并将之往下传承的义务，绝不得轻易卖给他姓。"败家子"在中国传统社会一直是一句最具有蔑视意义的评语。② 作为家族遗训"至富莫起屋，至贫莫弃田"，③ 土地是家族传世的根本，不得轻易抛弃。而出典就可以免除这项指责，可以将收回祖产的希望寄托于下一代、以至于再下一代。子子孙孙是没有穷尽的，有朝一日有能力收赎的希望也是始终存在的。因此尽管出典的经济效果很差，但却是人们所能够承受的。所谓"典田千年有分"、"卖田当日死，典田千年活"、"一当千年在，卖字不回头"④ 之类的俗谚，就说明出典的一方所看重的正是这个可以原价收赎的理想。

---

① 马克思、恩格斯：《路易·波拿巴的雾月十八日》，见《马克思恩格斯选集》第 1 卷，第 693 页。

② 参见叶孝信主编：《中国民法史》，第 577 页。

③ 《俗谚》下册，第 469 页。

④ 分别见《俗谚》上册，第 173 页；中册，第 157 页；下册，第 333 页。

典权成为朝廷立法承认并保护的一项民事交易制度，也是由于受到古代立法指导性原则的影响。虽然一般认为春秋战国后中国已经确立了土地私有制度，但根据现在可以看到的秦汉时期的法律文本，我们已经可以得知，秦汉时代依然存在由朝廷依照身份等级配授土地、并按照身份等级制度限制私有土地规模的制度。[①] 而在北朝隋唐实行均田制时期，朝廷采取的是以国有土地制度面貌包容土地私有状况的土地政策，朝廷立法禁止私人自由买卖土地。但实际上朝廷的法律并不能真正阻止土地的兼并，不能阻止土地的转移。北齐法律允许以"钱还地还"的"帖"的形式转移土地，潜台词就是"钱不还地也就可以不还"，因此实际上这是对于权势者以"帖"的方式占有超过自己身份等级限制的土地规模现实状况的一种默认。而这一方式又被唐及以后朝代的统治者接受，发展为典权制度。

儒家思想强调"不患寡而患不均，不患贫而患不安"，并认为"均无贫，和无寡，安无倾"。[②] 在儒家思想成为法律的指导原则后，这种"均衡"的思想就影响到立法。至少在唐宋的法律中，法律并不保护计息债权。这一时期的法律将借贷行为分为"借"和"举"两大类，前者是指使用借贷和不计息的消费借贷，后者专指计息的消费借贷。法律对于前者予以保护，惩罚违契不偿的债务人；但对于后者则采取"任依私契，官不为理"的原则，明确限制借贷利率以及利息总额，但并不受理对于违契不偿行为的控诉。[③] 另外宋以后历代法律禁止债权人将不能清偿计息债务的债务人的土地抵充债务。比如南宋《名公书判清明

---

① 参见郭建著：《中国财产法史稿》，第 92～93 页。

② 《论语·季氏》，见《十三经注疏》，中华书局影印本，1979，下册，第 2520 页。

③ 参见叶孝信主编：《中国民法史》，第 269 页；郭建著：《中国财产法史稿》，第 238 页。

集》卷九《户婚门·违法交易》记载："在法：典卖田宅以有利债负准折价钱者，业还主，钱不追。"明清律的《户律·钱债》"违禁取利"条都规定："若豪势之人，不告官司，予以私债强夺人孳畜、产业者，杖八十。若估价过本者，计多余之物坐赃论，依数追还。"而《户律·田宅》的"盗卖田宅"条又规定"虚钱实契"之罪名，对于假立买卖文契、买方实际并不给付价金而是以原有债务抵折的行为，按照盗卖田宅罪同样处理，"田一亩、屋一间以下，笞五十；每田五亩、屋三间加一等，罪止杖八十徒二年"。①

出于法律不得保护计息债权，以及不得以土地房屋抵充计息债务的立法原则，中国古代法律没有能够形成完整的抵押权之类的民事法律制度。唐以后的历代朝廷之所以对于民间流行的出典行为的规范较为积极，正是因为表面上看来出典是没有利息的交易，符合了不保护计息债权的原则。

综上所述，典权制度是在自给自足的自然经济基础上，又受到保存家产一脉相传的传统伦理道德的影响，从而被力图以倡导"均衡"、不积极保护计息债权的朝廷立法所规范，形成一种极具中国特色的民事财产制度。它确实是中国传统社会的一项"中国特色"的民事制度，但是正如传统社会一去不复返那样，在新的社会环境中，是否有必要为了特色而特色的重新设置这一民事制度，还是大可怀疑的。

---

① 田涛、郑秦点校：《大清律例》卷一四《户律·钱债》违禁取利条，法律出版社，1999，第263页；卷九《户律·田宅》盗卖田宅条，第195页。参见郭建著：《中国财产法史稿》，第93页。

一 典权制度的滥觞

与刑事立法及行政管理方面的立法相比较，中国古代制定法中民事财产方面的立法较为滞后，也没有形成完整的体系，造成有些民事行为的称呼长期难以得到法律上的统一。民间语言随各种社会因素而演变，对于民事行为的专用称呼也会逐渐演变。因此在叙述典权制度源流之前，有必要首先回顾汉语中有关担保、质押专用词语的变化，搞清同样的词语在不同时期的不同含义，具有重要的意义。

（一）质、贴（帖）、典、当的字义演变

1. 表示担保的"质"、"贽"、"贴"（帖）、"押"

（1）质与贽。

"质"在春秋时代往往是指人质。根据《左传》统计，凡提到"质"的 50 处，其中以物为质的，仅《襄公三十年》郑国大夫之间的盟誓，"用两珪质于河"；《昭公三年》齐国向晋国请婚，"将奉质币以无失时"；《昭公七年》，楚国邀请鲁国国君，"寡君将承质币而见于蜀"；这样三件事例，其余都是有关人质的。《左传·襄公九年》所谓"要盟无质，神弗临也"，凡是盟

誓都必须提供担保性质的"质",否则"神"就不会降福。① 而绝大多数情况下,是需要提供人质来保证"神"的降福以及履约的信用。

《左传》是记载国家大事的,这些记载是否反映了民间立约提供"质"的习惯?根据现有的资料,无法明确解答。但是从考古发现的资料来看,至少在战国后期的秦国,法律已经明确禁止以人身为债务担保。湖北云梦睡虎地秦墓出土竹简的"法律答问"部分有:

> 百姓有责(债),勿敢擅强质。擅强质及和受质者,皆赀二甲。廷行事:强质人者论,鼠(予)者不论;和受质者,鼠(予)者□论。

意思是私人债务不得强行索取人质,强行索取人质的、以及合意提供人质的,同样作为犯罪,处以罚两副护身甲的处罚。又根据司法成例,在对方强行索取人质情况下提交人质的一方可以不处罚,但是如果是合意提供人质的,就都要按照法律处罚。②

汉承秦制,法律也禁止提供人质作为债务担保。湖北江陵张家山汉墓出土的汉高后二年律中的《杂律》有条文专门规定:"诸有责(债)而敢强质者,罚金四两。"③ 显然这条法律是发展了上述秦律规定而来,但是有了重大的改变:并不禁止及处罚"和受质"的情况,合意提供人质为债务担保并不直接触犯法

---

① 以上分别见《春秋左传正义》,《十三经注疏》影印本,下册,第 2013 页上,第 2030 页下,第 2048 页中,第 1943 页下。
② 睡虎地秦墓竹简整理小组:《睡虎地秦墓竹简》,文物出版社,1978,第 214 页。
③ 张家山汉墓竹简整理小组:《张家山汉墓竹简》,文物出版社,2001,第 158 页。

律。民间也仍然流行这种担保方式，只是名称改为"赘子"。
《汉书·严助传》如淳注："淮南俗，卖子与人作奴婢，名为赘
子，三年不能赎，遂为奴婢。"①

在张家山汉墓出土的汉律《金布律》，又有关于官府收取
"质钱"的规定。

> 官为作务、市及受租、质钱，皆为缿，封以令、丞印而
> 入，与参辨券之，辄入钱缿中，上中辨其廷。质者勿与券。
> 租、质、户赋、园池入钱县道官，勿敢擅用，三月壹上县
> 金、钱数二千石官，二千石官上丞相、御史。②

由于这是一条有关财务管理的法律，难以确认官府收取的
"质钱"究竟是因何种原因所得到的。从官府收取此项"质钱"
是与官府收取"租钱"（税金）、"作务"（官府工厂收入）、
"市"（官府出卖物资收入）合并同为规定；以及特意规定做成
的一式三份的文书文本无须付一份给"质者"的内容来看，"质
钱"并非是一项交易所得，应该是纳税人提供给官府的起担保
作用的钱财，所担保的也应该是官府的赋税款项。

东汉许慎《说文解字·贝部》将"质"与"赘"作为同义
字来进行解释："质，以物相赘。""赘，以物质钱，从敖贝。敖
者，犹放贝当复取之也。"但是魏晋以后"赘"已经较少使用。

三国两晋南北朝隋唐时期的史籍中仍然广泛使用"质"作
为提供财物或人身为债务担保行为的总称。如《宋书·孝义·
郭原平传》记载刘宋著名孝子郭原平为收买父母墓前的数十亩

① 《汉书》卷六四《严助传》，中华书局，1999，第2100页。
② 《张家山汉墓竹简》，第190页。

耕地，"贩、质家资"。《南齐书·王敬则传》载南齐初年人头税
负担沉重，"丁税一千"，百姓只得"质妻卖儿，以充此限"。
《陆澄传》载顾测以两名奴婢为质押，向名士陆鲜借钱。后来陆
鲜病死，陆鲜的儿子陆晖不认帐，诬称"质券"为"卖券"，不
肯放赎。①《梁书·止足·庾诜传》"以书质钱二万"。《魏书·
薛野猪传》记载北魏初年赋税繁重，民间"或有货易田宅，质
妻卖子"。② 尤其是这一时期出现了以收取质押财物放债取息的
营业性机构。南朝佛教寺庙一般都经营这项业务，设置"长生
库"，收质放债取息作为寺庙的主要副业。《南齐书·褚渊传》
载南齐功臣褚渊，性情豪放，不理家财，将齐高帝赐予的白貂坐
褥改成的大衣、帽缨，自己穿戴的"介帻"、清谈时使用的"犀
导"、乘坐的黄牛都送到招提寺质押借钱。死后"家无余财，负
债至数十万"，靠弟弟为他还债并赎回质押的财物。当时质押借
贷契约的形式也简化为"质钱帖子"。如《南齐书·萧坦之传》
载萧翼宗被抄家，"赤贫，唯有质钱帖子数百"。③ 南梁时僧旻
"因舍什物赊施，拟立大堂。虑未周用，付库长生，传付后
僧"。④ 南梁人甄彬以一束苎麻"就州长沙寺库质钱"，后来还清
债务，赎回苎麻，却发现苎麻里混入了用手巾包裹的五两黄金。
他将黄金归还寺库，管理寺库的僧人说"近有人以此金质钱"，
感激不尽。⑤

　　唐代法律仍然以"质"作为转移担保财物的交易行为的专

---

① 分别见《宋书》卷九一《孝义·郭原平传》，中华书局，1999，第1493页；《南齐书》
　　卷二六《王敬则传》，中华书局，1999，第323页；卷三九《陆澄传》，第465页。
② 《梁书》卷五一《处士·庾诜传》，中华书局，1999，第520页；《魏书》卷四四《薛野
　　猪传》，中华书局，1999，第672页。
③ 分别见《南齐书》卷二三《褚渊传》，第288页；卷四二《萧坦之传》，第508页。
④ （唐）释道宣：《续高僧传》卷五《梁僧旻传》。
⑤ 《南史》卷七〇《甄法崇传附孙彬》，中华书局，1975，第1705页。

用语。《宋刑统·户律》引唐《杂令》：

> 诸家长在（原注：在，谓三百里内非隔阂者），而子孙弟侄等不得辄以奴婢、六畜、田宅及余财物私自质举，及卖田宅（原注：无质而举者亦准此）。其有质、举、卖者，皆得本司文牒，然后听之。若不相本问，违而辄与、及买者，物即还主，钱没不追。

该条中的"举"是唐代法律专用语，指计息的借贷行为。[①]"质举"即指债务人向债权人提交质押财物作为债务担保的计息借贷交易。《宋刑统·杂律》引另一条唐《杂令》："收质者，非对物主不得辄卖。若计利过本不赎，听告市司对卖，有剩还之。"[②]收取了质押品的债权人在债务利息累计已超过原本的情况下，应该向市场管理机构"市司"报告，召唤债务人到场，当众出卖。所获价钱超过债务部分应交还债务人。

（2）贴（帖）。

另外三国两晋南北朝隋唐时期的史籍中多有"贴"的记载，而"贽"已很少见。据《说文解字·贝部》："贴，以物为质也。"然而仔细分析史籍记载的行文，可以体会出"贴"并不完全等同于"质"，两者之间有着细微的差异。一般来说"质"是一种总称，而"贴"为"质"的一种。提供"质"的财物本身并不会自然升值、或创造出新的价值。而史籍中所记载的"贴"

[①] （宋）窦仪等编、吴翊如点校：《宋刑统》卷一三《户婚律》"典卖指当论竞物业"，中华书局，1984，第205页。参见叶孝信主编：《中国民法史》，第268页；郭建著：《中国财产法史稿》，第236页。

[②] 《宋刑统》点校本，第414页。

这种行为的对象，往往是专指具有创造新价值能力的人身，或者可以产生收益的财产。

如《宋书·何承天传》"时有尹嘉者，家贫，母熊自以身贴钱，为嘉偿责。坐不孝当死。……嘉母辞自求质钱，为子还责"。① 《南齐书·周颙传》载"逃民"因为朝廷徭役繁重，不得不"贩佣贴子，权赴急难"。《虞愿传》"陛下起此寺，皆是百姓卖儿贴妇钱"。《孝义·公孙僧远传》"弟亡，无以葬，身贩贴与邻里"。②

一般来说，"质"所担保的是计息债务，而"贴"的人身或财物在"贴"的期间所创造的新的价值或产生的收益是归属债权人的，因此担保的债务本身往往并不计息。如《昭明文选·奏弹刘整》载刘寅以一名奴隶"贴钱七千"，后来又以钱七千赎回。③

（3）押。

"押"字原义是指签署文件，在文书上署名或盖章。如曹魏时魏帝曹芳（后被司马师废为齐王）下不了决心诛杀司马师，优人云午等在旁齐唱"青头鸡"（青头鸡是当时人对鸭的别称），催曹芳在诏书上画押。这是历史上著名的故事。④ 历代官府的办公也叫做"签押"，表示长官签署文件，行使管理权力。

因签署是表示有处分权力的意思，引申出控制、管理、掌握的字义，比如"关押"、"押送"、"监押"等等针对人身的管

---

① 《宋书》卷六四《何承天传》，第 1124～1125 页。
② 分别见《南齐书》卷四一《周颙传》，第 495 页；卷五三《良政·虞愿传》，第 623 页；卷五五《孝义·公孙僧远传》，第 650 页。
③ （梁）萧统：《昭明文选》卷四十，西苑出版社，2001，第 233 页。
④ 《三国志》卷四《魏·齐王芳》注引《世语》及《魏氏春秋》语，中华书局，1959，第 128 页。

制；到了明代也可以表示对于财产的管理，比如《金瓶梅》第二十二回"蕙莲儿偷期蒙爱　春梅姐正色闲邪"，"一日，设了条计策，教来旺儿押了五百两银子，往杭州替蔡太师制造庆贺生辰锦绣蟒衣，并家中穿的四季衣服，往回也有半年期程"。第九十二回"陈敬济被陷严州府　吴月娘大闹授官厅"，"他（陈敬济）与杨大郎又带了家人陈安，押着九百两银子，从八月中秋起身，前往湖州贩了半船丝绵绸绢，来到清江浦马头上，湾泊住了船只，投在个店主人陈二店内。"由此也具有了以某笔财产交付、担保某事的意思，如《金瓶梅》第十六回"西门庆择吉佳期　应伯爵追欢喜庆"，"玳安说：'家中有三个川广客人，在家中坐着。有许多细货要科兑与傅二叔，只要一百两银子押合同，约八月中找完银子。大娘使小的来请爹家去理会此事。'"① 这里的"一百两银子"就是定金的意思。

由控制、管理财产的意思，"押"又得以转指债权人能够控制债务人提供的担保财物的意思。大约在清代逐渐成为民间惯例，"押"与原来的"质"、"典"、"当"混用，凡是转移担保财物的占有的，都可以用"押"。比如当铺往往也可以称之为"押店"、"小押"。《儒林外史》第十一回"鲁小姐制义难新郎　杨司训相府荐贤上"，"直到除夕那晚，我这镇上开小押的汪家店里，想着我这座心爱的炉，出二十四两银子，分明是算定我节下没有些柴米，要来讨这巧。"②

2. 典字字义的演变

典字为"册"置于架子上的象形，原字义当为尊贵、权威

---

① （明）兰陵笑笑生：《新刻绣像批评金瓶梅》（崇祯本），香港三联书店，1996，第334、1364、256页。

② （清）吴敬梓：《儒林外史》，人民文学出版社，1980，第117页。

的书册，因此后世有"典籍"、"典章"等词语，指重要的书籍文章。典字由"典籍"之意，在古籍中作名词解时又大多指成文的或不成文的制度、准则，如《尚书·舜典》"慎微五典，五典克从"；如《诗·荡之什·荡》"虽无老成人，尚有典刑"；《清庙之什·维清》"维清辑熙，文王之典"；如《孟子·万章上》"太甲颠覆汤之典刑"；如《尚书·五子之歌》"有典有则，贻厥子孙"；如《周礼·天官大宰》"掌建邦之六典"等等。①或指故事、成规，如《左传·昭公十五年》"数典而忘其祖"；《管子·宙合》："一典品之不极一薄，然而典品无治也。"②进而指法律制度。如《管子·君臣上》"则又有符节印玺典法筴籍以相揆也"；《庄子·外篇·田子方》"典法无更，偏令无出"。③因此《尔雅》将"典"与"彝、法、则、刑、范、秩"等字并列，释为"常也"；又称"典，经也"。④后世遂合称"经典"。

作动词解时，古籍中的典字一般指掌管、使用、管理，如《管子·侈靡》："法制度量，王者典器也。"《任法》"国更立法以典民则祥"。⑤《史记·季布传论》："季布以勇显于楚，身屡典军。"⑥因此转而往往成为在表现官职时的前缀字，如《韩非子·二柄》提及有为君主"典衣"之官和"典冠"之官；《亡徵》篇提到朝廷如果"相室轻而典谒重"，就属于"内外乖"，

---

① 分别见《十三经注疏》影印本，上册，第125页下，第554页上，第584页下，第2738页上，第157页上，第645页中。

② 分别见《十三经注疏》影印本，下册第2078页中；《诸子集成》上海书店影印本，1979，第5册《管子》卷四，第64页。

③ 见《诸子集成》影印本，第5册《管子》卷一○，第164页；第3册《庄子集解》卷五，第133页。

④ 《十三经注疏》影印本，下册，第2569页中。

⑤ 分别见《诸子集成》影印本，第5册《管子》卷一二，第203页；卷一五，第256页。

⑥ 《史记》卷一○○《季布栾布列传》，中华书局，1999，第2111页。

"可亡也"。① 《周礼》一书更是载有大量以典为名的官职。② 秦汉以后仍多有以"典"为名的官职,如"典客"、"典属国"、"典膳"、"典御"等等。史籍记载中也有大量的以"典"某某事务的用词。

而在财产交易中的用法,较早的如西周恭王时(公元前921～前910年)青铜器格伯簋铭文:

> 佳(惟)正月初吉癸子(巳),王才(在)成周。格白(伯)受良马乘于倗生,氒(厥)賨卅(卅)田,則(则)析。格白(伯)遷(还),殹妊彶(及)仡人从。格白(伯)厇(安)彶甸。殹人紉彭谷杜木、遷谷旅桑涉东门。氒(厥)书史戡立盉成塱,鼗(铸)保(宝)殷,用典格白(伯)田。其迈(万)年子子孙孙永保用。③

这件铭文所记录的交易,大意来看是格伯用"一乘"(四匹)好马换了倗生的"卅田"。这件交易是用了契券的(提到了双方"则析",即将契券一剖为二),但究竟是何种性质的交易,学术界众说纷纭,主要是"賨"字的释读无法统一。一般都将其释为"典",认为当时土地是不得买卖的,土地的转移只能是"典"之类转移土地占有和收益权的交易。④ 但本件铭文中唯一出现的"典"字,据郭沫若的解释是为记录、或登录,无论

---

① 分别见《诸子集成》影印本,第5册《韩非子集解》卷二,第28页;卷五,第80页。
② 如"天官"下属的"典丝"、"典枲","春官"下属的"典瑞"、"典命"、"典祀"、"典同"、"典庸器"、"典路",等等。
③ 见郭沫若编:《两周金文辞大系图录考释》下册,上海书店出版社,1999,第81～82页。
④ 参见张传玺编:《中国历代契约会编考释》,北京大学出版社,1995,第4～5、11页。

"宾"如何解读，将之和后世的出典行为混为一谈，似乎不妥。因为出典契约关系的特征除了不动产占有、使用、收益权的转移之外，最重要的特征是出典人可以在一定期间后以原典价收赎不动产。目前西周民间交易资料实在太少，仅存的几件资料中也并不存在约定将来可以原价收赎的文句，仅看零星几件资料就断言西周已存在出典交易是过于武断了。

仔细检阅现有的唐以前的史籍，"典"字的用法主要是作为典章、经典的名词，以及作为管理、控制的动词，与上述的先秦、秦汉时的古籍使用方法相同，并不表示和财产的抵押、转移有关的意思。

3．"典"与"质"、"贴"的合流

由"典"字的掌管、使用、管理的意思进一步发展，大约自唐代开始，民间逐渐习惯于以"典"作为动词表示财产交易，来表示一方向相对方提交某项财产、并由相对方控制以担保债权的意思。"典"成为与原来质、赘、贴之类专用字语的同义词。但从字义上来说，又有细微的差别：质、赘、贴的原字义是提交财产的行为，是从财产的提交方而言的；而"典"的原字义是财产的占有、掌管、使用的行为，是从财产的接受方而言的，可以表明接受方对于财产的占有、掌管、使用是正当的。因此"典"字似乎更具有"权利"的意思在内，从而迅速被社会接受，使用频率越来越高，逐渐取代了原来的"赘"，并且在两宋时期逐步取代"贴"，而与"质"一起成为最重要的财产交易用字。

以"典"代"质"的开始，很有可能是为了避唐高宗李治的音讳。李治于公元649年登基，公元683年去世，以后武则天又长期执政至公元705年，夫妻两人的统治时间长达56年。李治登基继位的当年，"秋七月丙午，有司请改治书侍御史为御史

中丞，诸州治中为司马，别驾为长史，治礼郎为奉礼郎，以避上名。以贞观时不讳先帝二字，诏有司。奏曰：'先帝二名，礼不偏讳。上既单名，臣子不合指斥。'上乃从之"。① 从此以后，高宗、武后两朝文书凡提到"治"都改用"理"。按照《唐律疏议·职制》"诸上书若奏事，误犯宗庙讳者，杖八十；口误及馀文书误犯者，笞五十。"② 民间文书犯讳并不构成重罪，但是唐代社会沿袭两晋南北朝以来极其重视避讳的传统，字讳音讳都很强调。因此民间尽可能不使用与"治"同音的文字，转而以其他字来表示"质"的交易，经历两代人时间的演变，逐渐形成了新的用字习惯。

从现存盛唐时期以后唐人的诗句中可以发现很多以典代质的习惯用法，说明"典"字已普遍成为表示质押的通用字。检索《全唐诗》中，以"典"表示财物质押的诗句有 32 例。最早的是杜甫的《曲江二首》之二："朝回日日典春衣，每日江头尽醉归。酒债寻常行处有，人生七十古来稀。"③ 诗句将"典衣"与"酒债"相对，显然是表示质押衣物来借钱买酒浇愁。以后"典衣"成为唐代诗人创作诗句的一个惯用手法。比如王建《维扬冬末寄幕中二从事》诗有"典尽客衣三尺雪，炼精诗句一头霜"。④ 刘禹锡《武昌老人说笛歌》中"往年镇戍到蕲州，楚山萧萧笛竹秋。当时买材恣搜索，典却身上乌貂裘"。⑤ 元稹《酬翰林白学士代书一百韵（此后江陵时作）》"绿袍因醉典，乌帽

---

① 《旧唐书》卷四《高宗本纪上》，中华书局，1999，第 46 页。
② （唐）长孙无忌等撰、刘俊文点校：《唐律疏议》卷一《职制律》"上书奏事犯讳"条，中华书局，1983，第 200 页。
③ 《全唐诗》卷二二五《杜甫》，中华书局，2003，第 2410 页。
④ 《全唐诗》卷三〇〇《王建》，第 3417 页。
⑤ 《全唐诗》卷三五六《刘禹锡》，第 4000 页。

逆风遗"。① 白居易《效陶潜体诗十六首》"日日酒家去，脱衣典数杯"；《晚春酤酒》"卖我所乘马，典我旧朝衣。尽将酤酒饮，酩酊步行归"；《渭村退居，寄礼部崔侍郎、翰林钱舍人诗一百韵》"朝衣典杯酒，佩剑博牛羊"；《初到洛下闲游》"诗携彩纸新装卷，酒典绯花旧赐袍"；《府酒五绝·自劝》"忆昔羁贫应举年，脱衣典酒曲江边"；《醉送李二十常侍赴镇浙东》"靖安客舍花枝下，共脱青衫典浊醪"；《问诸亲友》"占花租野寺，定酒典朝衣"。② 姚合《秋日闲居二首》之二"爱诗看古集，忆酒典寒衣"。③ 周贺《赠李主簿》"对酒妨料吏，为官亦典衣"。④ 林宽《寄省中知己》"花开封印早，雪下典衣频"。⑤ 皮日休《苦雨杂言寄鲁望》"儿饥仆病漏空厨，无人肯典破衣裾"；《奉和鲁望药名离合夏月即事三首》"衣典浊醪身倚桂，心中无事到云昏"。⑥ 李咸用《寄所知》"名流古集典衣买，僻寺奇花赊酒寻"。⑦ 方干《中路寄喻凫先辈》"送我尊前酒，典君身上衣"。⑧ 郑谷《故少师从翁隐岩别墅乱后榛芜感旧怆怀遂有追纪》"立朝鸣珮重，归宅典衣贫"。⑨ 杜荀鹤《维扬冬末寄幕中二从事》"典尽客衣三尺雪，炼精诗句一头霜"。⑩ 鱼玄机《和人》"茫茫九陌无知己，暮

---

① 《全唐诗》卷四〇五《元稹》，第 4520 页。
② 分别见《全唐诗》卷四二八《白居易》，第 4724 页；卷四二九，第 4728 页；卷四三八，第 4859 页；卷四四八，第 5038 页；卷四五一，第 5104 页；卷四五四，第 5139 页；卷四六〇，第 5236 页。
③ 《全唐诗》卷四九八《姚合》，第 5659 页。
④ 《全唐诗》卷五〇三《周贺》，第 5719 页。
⑤ 《全唐诗》卷六〇六《林宽》，第 7001 页。
⑥ 《全唐诗》卷六一六《皮日休》，第 7102 页；卷六一六，第 7106 页。
⑦ 《全唐诗》卷六四六《李咸用》，第 7411 页。
⑧ 《全唐诗》卷六四八《方干》，第 7440 页。
⑨ 《全唐诗》卷六七五《郑谷》，第 7727 页。
⑩ 《全唐诗》卷六九二《杜荀鹤》，第 7971 页。

去朝来典绣衣"。① 齐己《假山》"典衣酬土价，择日运工时"；《哭郑谷郎中》"朝衣闲典尽，酒病觉难医"。②

"典衣"外，其他的财物也可以"典"。白居易《杜陵叟》诗句"典桑卖地纳官租，明年衣食将何如"；③ 将"典"与"卖"对称，而"桑"往往和"桑梓"连称，在古代一般指家宅，与"地"对称；显示了田宅不动产也可以是"典"的标的。孟郊的《雪》诗句有"将暖此残疾，典卖争致杯"，④ 也将"典"与"卖"对称，足以说明在当时人的心目中，"典"和"卖"一样是必须立即交付标的物的行为。白居易《劝酒》"归去来，头已白，典钱将用买酒吃"；《雪中晏起偶咏所怀兼呈张常侍、韦庶子、皇甫郎中》"东家典钱归碭夜，南家赁米出凌晨"；⑤ 都表现出在中唐时期，典物换钱已是极其常见的现象。又如林宽《献同年孔郎中》"炊琼蒸桂帝关居，卖尽寒衣典尽书"；以及张乔《赠友人》"典琴赊酒吟过寺，送客思乡上灞陵"；郑谷《赠咸阳王主簿》"自与山妻春斗粟，只凭邻叟典孤琴"；李洞《赋得送贾岛谪长江》"筇携过竹寺，琴典在花村"；罗隐《寄张侍郎》"无路重趋桓典马，有诗曾上仲宣楼"；⑥ 尽管可能这里的"书"、"琴"、"马"等等只是诗人的比喻，但至少也可以说明，可以用作"典"的财物范围是相当广泛的。

唐中期后民间使用"典"来代替"质"，或者连称"典质"

----

① 《全唐诗》卷八〇四《鱼玄机》，第 9054 页。

② 《全唐诗》卷八四三《齐己》，第 9531 页；卷八四三，第 9535 页。

③ 《全唐诗》卷四二七《白居易》，第 4704 页。

④ 《全唐诗》卷三七五《孟郊》，第 4209 页。

⑤ 《全唐诗》卷四四四《白居易》，第 4979 页；卷四五三，第 5123 页。

⑥ 分别见《全唐诗》卷六〇六《林宽》，第 7003 页；卷六三九《张乔》，第 7328 页；卷六七七《郑谷》，第 7760 页；卷七二一《李洞》，第 8272 页；卷六五八《罗隐》，第 7558 页。

的情况已很普遍。如敦煌出土的唐大历年间（公元766～779年）一件典牙梳契：

> 大历……许十四为急要钱用……〔交〕无得处，遂将□□□牙梳一，共典钱伍佰〔文〕。每月头〔分生利□□〕钱。许十四自立限〔至〕□月内将本利钱赎。如违限不〔赎〕，其梳、钱等并没，一任将买（卖）。恐人无信，故立私契。两共〔平〕章，〔画指①为记〕。
>
> 　　　　钱主
> 　　　　举人　　女许十四年廿六〔岁〕（画指）
> 　　　　同取人　男进金年八岁
> 　　　　见人②

本件契约中的"典"显然和质押同义，女子许十四将自己的一把（象？）牙梳质押给债权人作为五百文钱债务的担保。债务是按月计息的，因此落款时债务人称为"举人"（一般写作"举取人"）。许十四的年仅八岁的儿子（男）进金也作为共同债务人在契约上画指。

在敦煌出土的一些在当地受吐蕃控制期间交易文书中也有相同的"典"字的用法。如吐蕃卯年（公元835年？）敦煌武光儿

---

① 画指是北朝隋唐时期民间代替署名的一种签署文书的方式，就是由当事人在契约后部自己名字的下方、或与名字重叠，亲手画上自己一根手指长度的线段，并画出指尖、指节的位置，如F形状。或者是仅仅点出指尖、指节的位置。一般是男画左手的食指、女画右手的食指。有的画指同时附有文字说明，表明是画的哪一根手指，附带说明画指人年岁的也相当普遍，称"画指书年"。参见〔日〕玉井是博《支那西陲出土の契》，载《支那社会经济史研究》，岩波书店，1941，第335页。〔日〕仁井田陞《中国法制史研究·土地法·取引法》第9章附载《画指文书》，东京大学，1976，第665～674页。

② 中国科学院历史研究所资料室辑录：《敦煌资料》第1辑，中华书局，1965，第459页。

典车便麦契：

> 卯年正月十九日，曷骨萨部落百姓武光〔儿〕，为少粮种子，于灵图寺便仏（佛）帐麦壹拾伍硕。其车壹乘为典。限至秋八月十五日已前送纳足。如违限不纳，其〔车〕请不著领六（令律），住寺收将，其麦壹斗倍（赔）为贰斗。如身东西，一仰保人男五娘等代还。恐人无信，故立此契，书（画）指为记。

>

便麦人　　武光儿

保人　　　男 五娘年十三

保人　　　男 张三年八岁

见人　　　李骚骚[1]

　　这件契约是武光儿以自己的一辆车为质押品，作为向灵图寺借贷十五硕麦子的担保。本件交易称为"便"，按照唐代法律规范，就是指不计息的借贷。[2] 唐代的佛寺沿袭南北朝原来的惯例，依然将放贷作为寺院经济的重要来源。佛寺放贷粮食（称为"佛粟"、"佛麦"）一般不收取利息，但是需要收取质押品作为担保，在债务人不能按时偿还情况下，质押品就收归寺院所有。所谓"不著令律"，因为正如上文已经提到的，唐《杂令》规定质押品必须当众出卖，以卖价偿还债务，有余部分归还债务人。所以当时不少契约都有这样的规避令律的特别规定。尽管这件契约的交易本身没有利息，但专门设定了违限罚息，债务人不能按时偿还的，就要支付与原本相等的处罚性利息。按照当时的

---

① 见《中国历代契约会编考释》，第 372 页。

② 参见叶孝信主编：《中国民法史》，第 268 页；郭建著：《中国财产法史稿》，第 236 页。

民间惯例，在债务人死亡情况下，必须由债务人的子女作为"保人"，① 来承担无限连带清偿责任。这件契约的"保人"就是债务人两个未成年的儿子。

从敦煌出土文书来看，当时可以用来"典"的动产范围很广。比如另一件"吐蕃巳年（公元 837 年?）敦煌李和和等便麦粟契"，"典贰斗铁镅壹口"；而另一件"唐大中十二年（公元 858 年）敦煌孟憨奴便麦粟契"，"其典勿（物）大华（铧）一孔、众釜一畐"。② 尤其值得注意的是，当时民间还将"质"与"典"连称，往往作为一个词来使用。比如"癸未年（公元 923 年?）敦煌彭顺子便麦粟文书"：

> 癸未年五月十六日，平康乡彭顺子乏少粮用，遂于高通子便麦两硕，至秋肆〔硕〕；便粟两硕，至秋肆硕。只（质）典紫罗郡（裙）一要（腰）。若身东西不在，一仰口乘人妻张、二侄子面取□□交纳。恐为无凭，立此文书。③
>
> 〔后缺〕

从敦煌出土的民间契约文书来看，出典的民间习惯同样也影响到人身的转移，原来的"以身贴钱"、"卖儿贴妇"交易也逐渐以"典"统一命名。如敦煌出土的几件只有干支纪年、没有年号的"辛巳年（公元 921 年?）典儿契"、"乙未年（公元 935

---

① 唐《杂令》规定一般债务的清偿担保顺序为"牵掣家财"（扣押债务人财产）、"役身折酬（债务人及男性家属为债权人提供劳役)"、"保人代还"。而所谓"保人"大多是债务人的子女，"保人代还"实际上只是"父债子还"的另一种说法。参见郭建著：《中国财产法史稿》，第 250～252 页。

② 分别见《中国历代契约会编考释》，第 373、376 页。

③ 见《中国历代契约会编考释》，第 382 页。

年?）典儿契"、"癸卯年典身契"等。① 比较典型的如"乙未年（公元935年?）赵僧子典儿契"：

　　乙未年十一月三日立契。塑匠都料赵僧子，伏缘家中户内有地水出来，阙少手上工物，无地方觅。今有腹生男苟子，只（质）典与亲家翁、贤者李千定，断作典直（值）价数：麦贰拾硕、粟贰拾硕。自典已后，人无雇价、物无利润。如或典人苟子身上病疾疮出病死者，一仰兄佛奴面上取于本物。若是畔（叛）上及城内偷劫高下之时，仰在苟子祗当。忽若恐怕人无凭信，车无明月，二此（主）之间，两情不和。限至陆年，其限满足，容许修（收）赎；若不满之时，不喜（许）修（收）赎。伏恐后时交加，故立此契，用为后凭。

　　　　　　　　　只（质）典身　　男苟子（押）②
　　　　　　　　　只（质）典口承　兄佛奴（押）
　　　　　　　　　商量取物　　　　父塑匠都料赵僧子（押）
　　　　　　　　　知见亲情　　　　米愿昌（押）
　　　　　　　　　知见亲情　　　　米愿□（押）
　　　　　　　　　知见并畔村人　　杨清忽（押）

---

① 《敦煌资料》第1辑，第327、329、331页。
② 画押是五代以后民间普遍采用的用以代替署名的文书签署方式，由唐代文人以草书连笔署名的"花押"转变而来。百姓们在签署契约文书时，模仿士大夫草书连笔署名，在自己的名字后面画上一个符号，代表花押。一般比较简单，大多为王字形、五字形、七字形的，最为平常的就是画一个十字，即所谓"十字花押"。参见（明）郎瑛：《七修类稿》卷二五《押字》，上海书店，2001，第262页；（清）赵翼：《陔余丛考》卷三三《花押》，中华书局，1963，第697页。

知见亲情开元寺　僧愿通（押）①

又如"癸卯年（公元 943 年?）敦煌吴庆顺典身契"：

　　癸卯年十月廿八日，慈惠乡百姓吴庆顺兄弟三人商拟（议），为缘家中贫乏，欠负广深，今将庆顺已身典在龙兴寺索僧政家。见取麦壹拾硕，黄麻壹硕陆斗、准麦叁硕贰斗，又取粟玖硕，更无交加。自取物后，人无雇价、物无利头，便任索家驱驰。比至还得物日，不许左右。或若到家被恶人构卷（勾结）、盗切（窃）他人牛羊园菜麦粟，一仰庆顺祗当，不忏（干）主人之事。或若兄弟相争，延引抛功，便同雇人，逐日加物三斗。如若主人不在，所有农〔具〕遗失，亦仰庆顺填陪（赔）。或若疮出病死，其物本在，仰二弟填还。两共面对商量为定。恐人无信，故立此契，用为后凭。又麦壹硕粟贰斗。恐人不信，押字为凭。叔吴仏婵（押）

　　　　　　　　　　　只（质）典兄　　吴庆顺（押）
　　　　　　　　　　　同取物口承弟　吴万升（押）
　　　　　　　　　　　同取物口承弟　吴庆信（押）
　　　　　　　　　　　口承见人房叔　吴仏婵（押）
　　　　　　　　　　　见人　　　　　安寺主（押）

这些"典身"契约都以人身作为不计息债务的担保，实际上同时也以一定期限的人身劳役在折抵债务的应该发生的利息，

①《敦煌资料》第 1 辑，第 329~330 页。

是原来"贴"的代替称呼而已。

4. 关于"当"

"当"也是后世经常与"典"混用的字。当字原具有"相对"、"相向"的字义，《说文解字·田部》："当，田相值也。从田，尚声。"段注："值者，持也，田与田相持也。"从而引申为"对等"、"相当"的字义，《玉篇·田部》："当，直也。"又进一步可引申为"当作"，以某事物当作另一事物，比如《三国志·吴·韦曜传》言韦曜不胜酒力，吴主孙权为照顾他，在宴会时"密赐茶荈以当酒"。① 因此，当字在汉唐时期的法律用语中经常具有"抵销"、"顶替"的字义。比如《隋书·刑法志》载：南陈律规定"五岁、四岁刑，若有官，准当二年。……其三岁刑，若有官，准当二年。"隋律亦规定了"以官当徒"，"犯私罪以官当徒者，五品已上一官当徒二年，九品已上一官当徒一年，当流者三流同比徒三年。"② 这里的当字明显作动词解，表示"抵销"、"顶替"、"代替"的意思。

唐宋法律均有"以官当徒"的规定。而当时民间也常将当字用于表示顶替、代替的意思，如唐代诗人白居易《长庆集》卷七一《自咏老身示诸家属》诗中就有："走笔还诗债，抽衣当药钱。"唐宋之际的倚当、抵当均由这一字义而得名。

另外，当字又具有"相当"、"对等"的字义，也从很早开始就用于表示抵押，以人或物为抵押品。《左传·哀公八年》："以王子姑曹当之而后止。"杜预注："复求吴王之子以交质。"③ 这里的当字就表示是提供人质。但值得注意的是在唐宋时期当字

---

① 《三国志》卷六四《吴书·韦曜传》，中华书局，1959，第1462页。
② 分别见《隋书》卷二五《刑法志》，中华书局，1999，第476、482页。
③ 见《十三经注疏》影印本，下册，第2164页下。

的这一用法还远远不如上述"抵销"、"顶替"、"代替"的用法普遍。唐及北宋时期习惯以典、质表示抵押，当字还很少和典、质混用。但到南宋时期的立法，已经开始混用质、当。南宋绍兴四年（1134 年）敕："始令诸路依旧质当金银匹帛等，每贯收息三分"。①

　　元代民间已经开始将"当"作为"质"、"典"等表示担保、表示质押的用字。比如元杂剧《包待制陈州粜米》台词："他是权豪势要，一应闲杂人等，再也不敢上门来。俺家尽意的奉承他，他的金银钱钞可也都使尽俺家里。数日前将一个紫金锤当在俺家，若是他没钱取赎，等我打些钗儿戒指儿，可不受用。"这里的"当"字明显是担保、质押的意思。元代还经常将"质"与"当"连称，作为担保、质押的意思。如元杂剧《宜秋山赵礼让肥》中台词："放你去呵，你有甚么质当？（正末云）有，小生当下这个信字。"在这两句对话里，"质当"和"当"，也应该是同义词。"质当"同样也可以表示人质、人身担保的意思，比如元杂剧《诸葛亮博望烧屯》中台词："（张飞云）既然这等，罢、罢、罢，将你那着刀中箭的小军来权为质当。（夏侯惇云）我知道三叔张飞不肯，着我们一个着刀中箭的小军儿权为质当。您那一个来与他权为质当？"又比如《罗李郎大闹相国寺》里的台词："俺弟兄两人，学成满腹文章，待去上朝取应，争奈无有盘缠，将这一双男女质当些小钞物，进取功名去也。"②将"一双小男女"质当来换取钱财，明显是"典雇"交易的又

---

① （宋）李心传：《建炎以来系年要录》卷八六"绍兴五年闰二月壬申"，中华书局，1988，下册，第 1432 页。

② 以上元代杂剧分别可见《全元曲》，张月中、王刚点校本，中州古籍出版社，1996，第1904、1244、1504、1988 页。

一种说法了。

在《水浒传》里"质当"一词主要表示人质意思。第六十八回"宋公明夜打曾头市　卢俊义活捉史文恭","次日曾长官又使人来说:'若要郁保四,亦请一人质当。'宋江、吴用随即便差时迁、李逵、樊瑞、项充、李衮五人前去为信。"第八十一回"燕青月夜遇道君　戴宗定计出乐和","高太尉提督军马,又役天下民夫,修造战船征进,不曾得梁山泊一根折箭;只三阵,杀得手脚无措,军马折其三停,自己亦被活捉上山,许了招安,方才放回,又带了山上二人在此,却留下闻参谋在彼质当。"①

5. 典与当的混用

"当"既然可以与"质"混用,很自然已与"质"混用的"典"也逐渐和"当"开始混用。

典、当合流的过程可以从收取质押财物放贷的营业机构的称呼的演变来考察。收取质押财物放贷的营业机构一般认为起源于两晋南北朝时期的佛寺"长生库",②以后一般称为"质库"。前文所引唐律有关条文说明,唐代法律正式称呼也是"质库"。宋代法律仍然沿袭唐律的称呼,没有改动。在南宋的《名公书判清明集》中所引"淳熙十四年申明之敕"内容:"其说曰:若甲家出钱一百贯,雇倩乙家开张质库营运,所收息钱虽过于本,其雇倩人系因本营运所得利息,既系外来诸色人将衣物、金帛抵当之类,其本尚在,比之借贷取利过本者,事体不同,即不当与私债一例定断。"③但在有关官营质库的很多规定方面,已经开始

---

① (明)施耐庵:《水浒全传》,上海人民出版社点校排印本,1975,第858、1012页。
② 参见谢重光:《晋唐寺院的商业和借贷业》,《中国经济史研究》1989年第1期。
③ 中国社会科学院历史研究所宋辽金元史研究室点校:《名公书判清明集》卷之九《库本钱·质库利息与私债不同》,中华书局,1987,第336页。

混用典、当（详见下文）。

元代已经不再流行"质库"称呼，一般叫做"解典铺"。至元十六年（1279 年），元朝廷针对新占领的江南地区，发布圣旨："亡宋时民户人家有钱官司听从开解。自归附之后，有势之家方敢开解库，无势之家不敢开解库，盖因怕惧官司科扰，致阻民家生理。乞行下诸路，省会居民，从便生理。"① 允许民间自设解典库，禁止豪强垄断这一行业。《元史·刑法志》载元朝法律："诸典质不设正库、不立信帖、违例取息者，禁之。"②

检索现存的元代杂剧文本，已经没有了"质库"的称呼，凡是收质放贷的，称"解典库"或"解典铺"。比如《看钱奴买冤家债主》第二折，"此处有一个是贾老员外，有万贯家财，鸦飞不过的田产物业，油磨坊，解典库，金银珠翠，绫罗缎目，不知其数。他是个巨富的财主"。《相国寺公孙合汗衫》第一折，"俺在这竹竿巷马行街居住，开着一座解典铺，有金狮子为号，人口顺都唤我做金狮子张员外"。而在解典库质物举债的行为，就可以叫做"当"。比如《晋陶母剪发待宾》第一折陶侃的自白："小生也无计所奈，写了个钱字、信字。有个韩夫人，他是个巨富的财主，开着座解典库。小生将着这两个字，直至韩夫人家，折当三五贯长钱来，请那范先生，也是小生出于无奈。"③

既然质物举债称为"当"，很自然也就可能以这项业务来称呼这类营业机构，因此到了明代已有"解当库"的名称。比如明初以北平或北京为标准音而编写的、专供朝鲜人学汉语的课本《朴通事谚解》，就有这样的语句："一个放债财主，小名唤李大

---

① 《通制条格》卷二八《杂令·解典》，浙江古籍出版社，1986，第283 页。
② 《元史》卷一〇五《刑法志》，中华书局，1999，第1784 页。
③ 《全元曲》点校本，第326、837、1250 页。

舍，开着一座解儅库，但是直钱物件来当时，便夺了那物，却打死那人，正房背后，掘开一个老大深浅的坑，颩在那里头。"①

《朴通事谚解》课本里又有这样的一段对话练习：

　　"你今日那里去？"

　　"我今日印子铺里儅钱去。"

　　"把甚么去儅？"

　　"一对八珠环儿、一对钏儿。"

　　"那珠儿多大小？"

　　"圆眼来大的，好明净。"

　　"儅的多少钱？"

　　"儅的二十两银子。"

　　"儅那偌多做甚么？多儅时多赎，少儅时少赎。"

　　"二十两也不勾，我典一个房子里（哩）。我再把一副头面、一个七宝金簪儿、一对耳坠儿、一对窟嵌的金戒指，这六件儿儅的五十两银子，共有二百两银子，典一个大宅子。"②

　　这段对话里的"儅"，是表示质押的"当"字的异体字，但没有长久流传。"儅"的是动产，但是对不动产的"大宅子"，使用的是"典"字。由此看来当时民间使用典、当还是有所区别。

　　明代小说大多都做"解当铺"。比如《金瓶梅》第二十回"傻帮闲趋奉闹华筵　痴子弟争锋毁花院"提到西门庆暴发后如何部署生意："又打开门面两间，兑出二千两银子来，委傅伙

————————

① 汪维辉编：《朝鲜时代汉语教科书丛刊》，中华书局，2005，第1册，第267页。

② 汪维辉编：《朝鲜时代汉语教科书丛刊》，第1册，第224页。

计、贲第传开解当铺。女婿陈敬济只掌钥匙，出入寻讨。贲第传只写帐目，秤发货物。傅伙计便督理生药、解当两个铺子，看银色，做买卖。潘金莲这边楼上，堆放生药。李瓶儿那边楼上，厢成架子，搁解当库衣服、首饰、古董、书画、玩好之物。一日也当许多银子出门。"① 也有的小说写作"典当铺"，如《西游记》第七十二回"盘丝洞七情迷本　濯垢泉八戒忘形"，"那呆子迎着对沙僧笑道：'师父原来是典当铺里拿了去的。'沙僧道：'怎见得？'八戒道：'你不见师兄把他些衣服都抢将来也？'"②

　　从收取质押财物放贷的营业机构的称呼演变来看，在元明之交的时候，民间已经混用典、当，典当已可以合为一个固定的词语。比如另一本元末明初朝鲜人所用的汉语学习课本《老乞大》里，已经有"典当"的固定搭配词语的用法："后来使的家私渐渐的消乏了，人口头疋家财金银器皿都尽卖了，田产房舍也典当了，身上穿的也没，口里吃的也没，帮闲的那厮们，更没一个肯瞅睬的。"③ 既是一种动词的用法，也可以用作名词，指收取质押财物放贷的营业机构。因此明清时"典当"也可以原来的"质库"完全同义，典铺、当铺、典当等等之类的名称普遍使用，民间也普遍以典当作为同义字使用 。④

　　在正式法律上典当连称，始见于《大明律·户律·钱债》

---

① 《新刻绣像批评金瓶梅》，第 286 页。

② （明）吴承恩：《西游记》，岳麓书社标点排印本，1987，第 553 页。

③ 汪维辉编：《朝鲜时代汉语教科书丛刊》，第 1 册，第 44 页；同册《老乞大新释》作"田产房子也都佃儅了"，见第 147 页。

④ 参见刘秋根著：《中国典当制度史》，上海古籍出版社，1995，第 7～17 页。又如《俗谚》收集的民间俗谚有"当不压卖"（上册第 158 页）；"当地当发，卖地卖怕"（上册第 160 页）；"一当千年在，卖字不回头"（下册第 333 页）；中国第一历史档案馆、中国社会科学院历史研究所编：《清代地租剥削形态》，中华书局，1982，上册第 151 页，载清乾隆三十二年（1767 年）安徽凤台县的一件"当地契"；这些"当"实际上都是"典"的另一种讲法。

"违禁取利"条：

> 凡私放钱债及典当财物，每月取利并不得过三分，年月虽多，不过一本一利。违者，笞四十，以余利计赃。重者，坐赃论。罪止杖一百。若监临官吏，于所部内举放钱债，典当财物者，杖八十。违禁取利，以余利计，赃重者，依不枉法论。并追余利给主。[①]

明代立法上采用"典当"连称，应该是对民间久已成俗的语言习惯的吸收，将汉唐以来法律用语的"质"予以取消。

但是由于明律本身又有"典买田宅"的专门条文，导致无论动产、不动产的交易，只要是在交易时规定转移占有的，也都可以混称"典"，在法律上将这两种从今天的眼光来看是两类不同性质的民事行为混为一谈。这样的立法自然反过来也会使民间更广泛的混用"典当"。

不过即便如此，实际上直到明清时期，"当"用以表示抵押，往往依然被认为是一种民间的俗例，如明代编著的《正字通·田部》："当，凡出物质钱，俗谓之当。"而在文人的笔下，往往依然采用"质"。

（二）均田制度下的"帖"与"贴赁"、"质"

1. 涉及到土地的"帖"的出现

出典作为一种保留收赎权的、特别的不动产转移方式，典权

---

① 怀效锋点校：《大明律》卷九《户律六·钱债》"违禁取利"条，法律出版社，1999，第82页。

作为一种能够完全占有不动产若干年收益的财产权利，其形成有一个长期的演变过程。很可能在汉唐间，民间在以财物质押、担保债务习惯的影响下，已经出现了这样的交易方式：将土地房屋转让给债权人占有使用，作为债务的担保。比如南陈末年，术士韦鼎预测南陈将亡，"尽质货田宅，寓居僧寺"。① 但是这种交易是否担保计息债务、当时的法律中是否对此已有明确的规范，根据现有史料还不能得出结论。

（1）北朝均田制对于土地买卖的限制。

从目前所能见到的史料来看，作为一项朝廷法律规范的民事制度，典权制度的直接起因是北朝隋唐实行均田制时期对于土地买卖以及土地转让行为的限制。北魏于孝文帝太和九年（公元485 年）下诏"均给天下民田"，凡十五岁以上的男子朝廷授予四十亩"露田"，二十亩"桑田"；妇女只能受二十亩"露田"；奴婢按照平民数额受田；每一头耕牛可受田三十亩，但一户最多只能四头牛受田。露田在受田人年老免役及死亡后应归还政府，只能算是具有期限占有权；而"诸桑田皆为世业，身终不还，恒从见口"，可视为具有永久占有权。但是接受桑田者并不具有真正的处分权，不准自由买卖："盈者得卖其盈，不足者得买所不足。不得卖其分，亦不得买过所足。"② 只能在限额之内买卖调剂。至于贵族官僚受田数额，该法令本身没有直接提及，只是明确规定"奴婢依良，丁牛一头受田三十亩，限四牛"。奴婢按照平民的数额进行土地授受，这应该是为了便利拥有众多奴婢的贵族官僚集团占有大量土地；而每一头耕牛可以授田三十亩，一户限在四头，也就是说一户人户耕牛再多也只能授予一

---

① 《隋书》卷七八《艺术·韦鼎传》，中华书局，1999，第 1191 页。
② 《魏书》卷一一〇《食货志》，中华书局，1999，第 1906 ~ 1907 页。

百二十亩土地。

北魏开创的均田制并不能从朝廷全面干预土地私有制、将全国耕地进行全面重新分配的角度去理解。正如有的研究者所指出的，均田制可以理解为是一种以国有土地的外貌来包含土地私有制，而这是战国秦汉以来中原皇朝的传统政策的延续。① 这一制度的根本目的，是在于通过向农民授予国有的土地（荒地及由罪犯没收等途径获得的官田），将农民固定于耕地，保证朝廷的赋役收入；② 同时也可以使官府得以根据一个理论上的授予土地的数额，来直接按照户口来征收赋税，而不必经过代价昂贵、耗时耗力的土地丈量及等级评定登记等手续，从而降低征收成本。北魏就在公布均田令的第二年（公元 486 年）规定"民调"："一夫一妇，帛一匹，粟二石"；如果户内已有年满十五岁以上的未婚男子，每四人按照"一夫一妇"的定额缴纳；能够工作的奴婢每八人、每二十头耕牛按照"一夫一妇"同样数额缴纳；凡是不适合养蚕的地区，改为征收麻布，每一夫一妇缴纳麻布一匹。③

以后北朝隋唐各代都沿袭了这种均田制（授受田的数额略有不同，授受土地的名称也有不同），并继承了限制土地自由买卖的法律原则。作为人户限期占有的"露田"不准买卖、转让，作为人户永久占有的"桑田"也只能在严格的限制下进行买卖转让，而且土地买卖不得形成突破私有土地限额的后果。

---

① 参见赵俪生著：《中国土地制度史》，齐鲁书社，1984，第 262 页。并可参见郭建著：《中国财产法史稿》，第 50～52 页。
② 参见韩国磐著：《北朝隋唐的均田制度》，上海人民出版社，1984，第 96 页。
③ 《魏书》卷一一〇《食货志》，中华书局，1999，第 1906～1907 页。

（2）北齐的"帖"。

北齐的均田制基本继承了北魏的制度。北齐河清三年（公元564年）的法令规定：所有年满十八岁以上的男子，由国家授予"露田"八十亩，作为"永业"的"桑田"二十亩。妇女授予四十亩"露田"。凡是"露田"是需要归还政府的，死亡或年满六十六岁以上就应该"还田"。奴婢仍然依照平民的数额授田，耕牛的授田数额高于北魏，每头耕牛可以授予六十亩，但仍然"限止四牛"。突出强调朝廷授予的土地原则上不得买卖的原则。所谓"成丁而授，丁老而退，不听卖易"。另外北齐对于贵族官僚拥有的可以受田的奴婢数量进行了明确的限制，这也可以解读为对于贵族官僚私有土地的限制额度。"奴婢受田者，亲王止三百人，嗣王二百人，第二品嗣王以下及庶姓王百五十人，正三品以上及皇宗百人，七品以上八十人，八品以下至庶人六十人。"换言之，这个限制奴婢受田制度就是一个贵族官僚占有土地的限额。①

可是根据《通典·食货·田制下》所载宋孝王《关东风俗传》一书对于北齐均田制度的批评，恰恰正是集中在严重的土地兼并，"强弱相凌，恃势侵夺，富有连畛互陌，贫无立锥之地"。该书认为北齐均田制原来抑制土地兼并目的之所以不能实现，主要原因一是"授受无法"（不能确实按照制度施行）；二是对于贵族官僚"赐田"过度，"河渚山泽有可耕垦肥饶之处，悉是豪势，或借或请，编户之人不得一垄"；三是"纠赏"（奖励揭发），"口分之外知有卖匿，听相纠列，还以此地赏之"，导致很多人诬告、讹诈、破坏社会秩序；四是"广占"，即奴婢与

_____

① （唐）杜佑：《通典》卷二《食货·田制下》，中华书局，1988，第27页。

平民同样授田，"以无田之良口，比有地之奴牛"。

宋孝王《关东风俗志》认为造成北齐土地兼并严重、土地占有极度两极分化的重要原因，除了上述四项外，更主要的就是"帖、卖"。所谓帖、卖："帖、卖者，帖荒田七年、熟田五年，钱还地还，依令听许"。① 帖即贴的假借字，和"质"相通。这种"帖"，从债权的角度来看，可以说是出让方以自己的田产作为债务的担保，并又以若干年该项田产的收益抵销债务的利息，是一种特殊的"贴"（质）；从物权的角度来看，帖也可以被视为一种附有买回条件的买卖，或者也可以视为是对于若干年中田产的收益权的转移买卖。因此从"钱还地还"而言，这种"帖"制度已具有了后世不动产典权制度的基本要素。"帖荒田七年"，是因为荒田的收益比较少，"熟田五年"的收益则被认为已经足够抵销原来"帖"价的利息。

根据《关东风俗志》，"帖"是法律允许的土地转让方式。而且"露田"应该是禁止买卖的，但是"卖买亦无重责"。"贫户因王课不济，率多货卖田业。至春困急，轻致藏走。亦有懒惰之人，虽存田地，不肯肆力，在外浮遊。三正卖其口田，以供租课。比来频有还人之格，欲以招慰逃散。假使蹔还，即卖所得之地，地尽还走，虽有还名，终不肯住，正由县听其卖、帖田园故也。"露田是提供官府赋役的依据，当农民被授予的土地严重低

① 以上引文均见《通典》卷二《食货·田制下》，第27页。值得注意的是，该段文字的句读，一般是将"帖卖"视为一个词汇，但该段文字的结尾部分明言"正由县听其卖、帖田园故也"。如果"帖卖"为一固定词汇，不应在短短的一段文字内马上换位称呼。而且仔细研读此段文字，显然是讲两类破坏均田制的问题：先言"帖"，后言露田的买卖，最后总结再言"卖、帖"为主要因素。因此应该是分言"帖"与"卖"，予以加点顿号断开更为合理。

于法定标准，① 就难以缴纳赋税和提供劳役。很多农民只好"货卖田业"后逃离家乡。也有的是耕耘不力、收获不丰，无法完成赋役，逃亡外地。当地的乡官"三正"将逃亡人户的土地卖掉，来缴纳朝廷赋税。后来当朝廷下达赦令，允许逃户回乡，重新授予土地。但弊病依旧存在，农民继续为了应付朝廷赋税而出卖土地，直到"地尽"，再次逃亡。因此《关东风俗志》认为农民逃亡的主要原因是政府允许人户出卖以及"帖"土地田园所导致的。②

（3）北周与隋朝的均田制。

与北齐对峙的西魏—北周政权，在西魏恭帝三年（公元556年）颁行均田令。在《隋书·食货志》与《通典·食货·田制》，对于这一制度记载都比较粗略。只知道这一均田令还明确了宅地的授受，"凡人口十以上宅五亩，口七以上宅四亩，口五以下宅三亩"。耕地的授受标准是已结婚的"有室者"为一百四十亩，未婚的成年者为"田百亩"。③ 土地买卖的制度不得而知。

继北周而起的隋朝，其均田制却是以延续北齐制度为主的。但一户的授田标准维持了北周的一百四十亩，以及北周授予宅地的制度（每户口三人授予宅地一亩，奴婢每五口一亩）。但是授田的露田比例、授受的年龄等等都沿用北齐制度。另外一个特色是直接规定了授予各级贵族官僚的"永业田"数额，不再采用奴婢、耕牛数量的换算方法。自诸王的一百顷，以下逐级递减，

---

① 均田制授田不足是一个相当普遍的现象，尤其是经过几代人的授受后，官府能够控制的荒地或官田总趋势趋向于减少，而在和平时期的人口的正常增长会使需要授田的人丁增加。参见唐耕耦：《从敦煌吐鲁番资料看唐代均田令的实施》，《山东大学学报》1963年第1期。

② 《通典》卷二《食货·田制下》，第28页。

③ 《通典》卷二《食货·田制下》，第28页。

最少的仅四十亩。但没有关于土地买卖制度的详细记载。

2. 唐代均田制对于土地买卖的限制

唐朝实行均田制，允许农民限期占有的称之为"口分田"，允许农民永久占有、继承的称之为"世业田"（后为避唐太宗李世民的名讳，改称"永业田"）。按照开元二十五年（公元737年）的《田令》，年满十八岁的男子授予给永业田二十亩，口分田八十亩；老男（六十岁以上男子）、笃疾（严重残疾）、废疾（一般残疾）各给口分田四十亩，寡妻妾各给口分田三十亩；道士、和尚给口分田三十亩，女冠（女道士）、尼姑给口分田二十亩；工商户在土地资源富裕的"宽乡"可以给口分田四十亩。受田者在年老、发生残疾等情况下都要按额向官府归还口分田，死后口分田应全部归还。另外在农村地区也授予园宅地，"良口三口以下给一亩，每三口加一亩；贱口五口给一亩，每五口加一亩，并不入永业、口分之限"。特别规定"京城及州郡县郭下园宅，不在此例"。

唐代均田制还包括了对于贵族官僚的授田，全部按照官阶等级分配：

其永业田：亲王百顷，职事官正一品六十顷，郡王及职事官从一品各五十顷，国公若职事官正二品各四十顷，郡公若职事官从二品各三十五顷，县公若职事官正三品各二十五顷，职事官从三品二十顷，侯若职事官正四品各十四顷，伯若职事官从四品各十顷，子若职事官正五品各八顷，男若职事官从五品各五顷。上柱国三十顷，柱国二十五顷，上护军二十顷，护军十五顷，上轻车都尉十顷，轻车都尉七顷，上骑都尉六顷，骑都尉四顷，骁骑尉、飞骑尉各八十亩，云骑尉、武骑尉各六十亩。①

　　这些"永业田"并不一定都授予足额，均田制下农民所受的土地也往往并不足额，等级分明的制度的主要意义是在于限制私有土地的限额。虽然制度很明确，但是正如有的研究者所指出的，唐代的均田制的实际目的是以一个理论上平均的土地数额来确定每个丁男所应承担的赋税，实行按丁征收租庸调，以简化征税程序。而且很早就并不切实实施，农民受田不足是普遍现象，而超过限额按照法律处罚的事例则一件也找不到。② 当公元780年实行"两税法"改革，将赋税的征课对象从丁男转为资产后，均田制实际上已经瓦解。

　　和前代均田制一样，唐朝的律令也同样禁止土地的自由买卖。《文献通考·田赋考二·历代田赋之制》记载唐朝于高祖武德七年（公元624年）首次颁布的均田令，仅允许平民在"贫无以葬"（因为丧葬涉及到最重要的孝道）、迁居他乡的情况下"得卖世业田"；自狭乡（土地无法足额授受地区）迁往宽乡（土地按照人口授受尚有多余的地区）的情况下"得并卖口分田"。除了买卖以外并不认可其他形式的土地转让。③

　　《通典·食货·田制下》载唐开元二十五年（公元737年）的《田令》，对于均田制下的土地买卖活动进一步放宽限制，平民仍然只有在有"身死家贫、无以供葬者"，才可以出卖永业田。另外，如果被判处流放及移乡，也同样可以出卖永业田。在

---

① 以上引唐开元二十五年《田令》文字，均见于《通典》卷二《食货·田制下》，第29～30页。
② 参见张建一：《〈唐律〉具文考述》，载叶孝信、郭建主编：《中国法律史研究》，学林出版社，2003，第72～74页。
③ （元）马端临：《文献通考》卷二《田赋二》，中华书局影印本，1986，第41页。

主动愿意"乐迁"前往宽乡居住的情况下，才可以出卖口分田。可是在出卖的土地是用做住宅、邸店（栈房和批发店铺）、碾硙（水力磨坊）的情况下，也允许出卖永业田。官员按照其品级获得的永业田、朝廷恩赐的"赐田"都可以出卖。还有一个主要的制约条件，是买地后买方占有的土地总额不得超过其社会等级的限制。稍微通融的是，可以比照宽乡的制度，额度加倍。卖方在出卖土地后不得再向官府申请授予土地。[1] 这在《唐律疏议·户婚律》里也设有专门的"占田过限"罪名："诸占田过限者，一亩笞十，十亩加一等；过杖六十，二十亩加一等，罪止徒一年。若于宽闲之处者不坐。"律疏的解释是："王者制法，农田百亩，其官人永业准品，及老小寡妻受田各有等级，非宽闲之乡不得限外更占。"农民只能是一夫百亩，官僚"准品"以外的私有土地也要受到处罚。[2]

在土地买卖的程序上，必须要向本地官府"申牒"，得到批准后才可以进行。年终时官府改换买卖双方的土地登记。"若无文牒辄卖买，财没不追，地还本主"。[3]

制度虽然很严密，不过杜佑在《通典·食货·田制下》感叹说："虽有此制，开元之季、天宝以來，法令弛宽，兼并之弊，有踰于汉成、哀之间。"[4]

3. 唐代的"贴赁"与"质"制度

另外，唐开元二十五年《田令》继承了北齐的制度，有条件的允许以买卖以外的形式转让土地。这种形式有两种，即

---

① 《通典》卷二《食货二·田制下》，第32页。
② 《唐律疏议》卷一三《户婚律》"占田过限"条，第244页。
③ 《唐律疏议》卷一三《户婚律》"妄认公私田"条引《田令》，第246页。
④ 《通典》卷二《食货二·田制下》，第31页。

"贴赁"和"质"。《通典·食货·田制下》载唐开元二十五年《田令》："诸田不得贴赁及质，违者财没不追，地还本主。若从远役、外任，无人守业者，听贴赁及质。其官人永业田及赐田，欲卖及贴赁者，皆不在禁限。"① 只有在被朝廷征发前往遥远地区服役、以及被朝廷任命为官员前往外地就任这两种情况下才允许转让土地（包括了永业田、口分田）。转让的形式限制于"贴赁"和"质"。但是官员的永业田和赐田都可以自由"贴赁"。

开元二十五年《田令》并列规定之"贴赁"和"质"，显然应该是指两类性质不同的交易。

"赁"是租赁的意思，但"贴赁"并非一般意义上的租赁，② 也应该不同于北齐的"帖"。"帖"应该具有买卖的形式，而"贴赁"应该具备租赁的形式。"帖"是如同"贴"的交易，允许"地还钱还"，出让方必须要还钱，可以收回土地。"贴赁"是如同"贴"一般的租赁，出让方或者作为出租土地的地主，在租期届满后，无须再还钱，就可以收回土地；或者出让方作为债务人，清偿一定数额的债务后也可以收回土地。只是贴赁不同于一般租赁的是，出让土地的一方是立即获得了一笔代价，表面上就如同传统的"贴"的情况一样；而获得土地的一方得以在约定的一段时间内占有、使用这一土地，就如同一般的"赁"（租赁），只是获得土地的一方可以得到在这一时间段内的全部收益。从现代民法的债权法角度来观察，可以视为这是一种债务人向债权人提交自己的不动产，以该项不动产的收益来抵消债务

---

① 《通典》卷二《食货二·田制下》，第 32 页。
② 中国古代耕地租赁一般使用"佃"字，"佃"的本意是"耕种"，《广韵》："佃，作田也。"《集韵》："佃，治土也。"转意为租种他人土地。"赁"适用于房屋及其他财产的租赁。《唐律疏议·名例律》律疏："赁，谓碾磑、邸店、舟船之类，统计赁价为坐。"参见郭建著：《中国财产法史稿》，第 257 页。

的原本和利息；然而从另一角度来考察，这类交易也可以视为预先一次性缴纳地租的租赁。

"质"显然应该就是质押，一方以土地质押给另一方以换取一笔现金或实物财产，应该就是北齐的"帖"。如上文所已分析的，"贴"和"质"虽然有一定的细微差别的同义字，但"质"是一切转移债务担保财产的总称，北齐的"帖"也就是"质"的一种。唐初立法将"贴"与"赁"联称，表示一种专门的交易。为避免混乱，就不能继续沿用北齐的"帖"称呼，势必以"质"这一总称来称呼土地的质押。不再区分提交动产的担保和提交不动产的担保，一律都称之为"质"。正如唐《杂令》所规定的"子孙弟侄等不得辄以奴婢、六畜、田宅及余财物私自质举"，[①]田宅和奴婢、六畜、其余财物并列，都可以作为"质"的标的（由于根据现有资料还无法得知唐初均田制度是否允许以"质"的方式转移土地，只能推测唐《杂令》的这一关于"质"土地程序的条文或许应当是在唐开元二十五年以后制定的）。

有条件的允许以贴赁、质的方式转移土地，表明唐朝立法者力图贯彻按照社会等级占有土地田产的原则，尽力以国家的均田制度来包容现实生活中的土地私有制，禁止自由买卖土地。而同时又不得不承认土地私有和转让的现实，力图以质押、租赁的名称来包容土地的转移方式。而从民间实际民事交易的角度来看，出贴、出质的一方通过贴赁、质可以迅速获得所急需的现款，规避官府禁止出卖口分田、永业田的法令，并且避免债权人的高利（当时法律限制利率为月利6%，而实际上民间的借贷利率往往

① 〔日〕仁井田陞编，栗劲等译：《唐令拾遗》，长春出版社，1990，第788页。

高达月利 10%）① 盘剥，保存着在若干年后能够返还原土地的希望；受贴或受质的一方则可以远低于买价的价格获得田产，只要出质的一方无法归还原价，按着"地还钱还"的规定就可以长期占有田产，并且还可以规避官府法律有关土地买卖及私有土地面积方面的限制。由于这些原因，贴赁和质在民间相当普及，成为当时最重要的土地转移方式之一。

4. 唐代民间的"贴赁"与"质"

从唐代史料、以及吐鲁番、敦煌出土的唐代文书中，可以发现实际上从唐初开始民间就已经习惯采用这两种方式来转移土地的占有，如武则天长安末年（约公元 704 年前后），武则天打算在长安白司马坂建造大佛像，国子祭酒同平章事李峤上疏劝阻，称："天下编户贫弱者众，亦有佣力客作以济糇粮，亦有卖舍贴田以供王役。②"唐开元二十五年《田令》这项规定只是对已有事实的承认，同时也是企图对这两种民间普遍存在的交易进行限制的措施。

（1）民间的"贴赁"。

在吐鲁番、敦煌出土的很多以出租、"出夏"为名的契约，实际上就是贴赁。而且这种交易也要经过官府的批准，吐鲁番出土的唐永徽元年（公元 650 年）云骑尉严慈仁请求出租常田的牒陈就是一件具有典型意义的材料：

　　　　常田四亩　　　　车渠③
　　牒：慈仁家贫，先来乞短，一身独立，更无兄弟。唯租

---

① 参见叶孝信主编：《中国民法史》，第 269～272 页；郭建著：《中国财产法史稿》，第 240 页。
② 《旧唐书》卷九四《李峤传》，第 2027 页。
③ 见国家文物局古文献研究室等辑：《吐鲁番出土文书》第 6 册，文物出版社，1985，第 223 页。

上件田，得子已（以）供喉命。今春三月，粮食交无，遂将此田租与安横延。立卷（券）六年，作练八匹。田既出赁，前人从索公文。既无力自耕，不可停田受饿。谨已牒陈，请裁。谨……

永徽元年九月廿 日

　　　　云骑尉　　　严慈仁

　　牒陈所请求批准的交易实质，是严慈仁以自己的四亩常田（即口分田）以八匹练[①]的代价贴赁给安横延六年，所谓的出租人是出于生活艰窘才不得已贴赁土地，完全没有一般意义上的地主出租土地、收取地租的主动地位。在吐鲁番、敦煌出土的不少以租、夏为名的契约文书中，凡租田人一次性付清地租（绝大多数情况下都是以货币形式的），没有地租质量、交租时间条款的，所规定的悔约罚金是入承租人，而且在契末签署处只有出租人画指、而承租人不画指的（表明承租人的优势地位），实际上就是贴赁，而并不是一般意义上的租赁。如贞观二十三年（公元 649 年）八月高昌傅阿欢夏[②]田券：

　　〔贞观廿三〕年八月廿六日，武城乡傅阿欢……范酉隆边夏孔进渠廿四年中常田贰亩。即交与夏价银钱拾陆文。钱即日交相付了，□到廿四年春耕田时，傅、范边不得田时，

---

① 本件契约中的"练"是起货币作用的纺织品。北朝隋唐时期中国的货币制度为"绢帛铜钱并行本位制度"，绢帛等纺织品（以匹、尺为单位）作为价值尺度（唐代律令一律以绢帛表示价值）、支付手段、大额流通手段；而铜钱主要起小额流通及贮藏功能。参见彭信威著：《中国货币史》，上海人民出版社，1958，第 139～142 页，第 201～202 页。

② "夏"在吐鲁番出土文书中往往作用作表示租佃的动词，可见《吐鲁番出土文书》第 2 册第 326 页，第 3 册第 177 页，第 4 册第 142 页，第 5 册第 18、20、240 页等。

壹□譴银钱叁文入傅。田中租殊伯役，仰田主承了；渠〔破〕〔水〕譴，仰傅自承了。两和立卷（券），画指为信。

田主　　　〔范〕酉隆（画指）

夏田〔人〕　傅阿欢

知见〔人〕　□□恩（画指）

知见……①

又如吐鲁番出土的唐总章三年（公元 670 年）左憧憙夏菜园契：

总章三年二月十三日，左憧憙于张善憙边夏取张渠菜园壹所，在白赤举北分墙。其园叁年中与夏价大麦拾陆斛，秋拾陆斛。更四年，与银钱叁拾文。若到佃时不得者，壹罚贰入左。祖（租）殊（输）伯（佰）役，仰园主；渠破水譴，仰佃人当。为人无信，故立私契为验。

钱主　　左

园主　　张善憙（画指）

保人　　男君洛

保人　　女如资

知见人　王父师（画指）

知见人　曹威②

---

① 见《吐鲁番出土文书》第 5 册，文物出版社，1983，第 78 页。

② 《吐鲁番出土文书》第 6 册，第 428 页。此类契约还可见《吐鲁番出土文书》第 6 册，第 253、421 页，第 7 册第 406 页等；另见张传玺编：《中国历代契约会编考释》，北京大学出版社，1995，第 307、309、314、316、317 页等。

　　这件契约文书虽以夏为名，但没有通常租佃契约所常见的对于地租质量的规定，所强调的是出租人必须按时转移不动产的占有（"若到佃时不得者"）。规定分两次支付实物和货币"地租"，承租人改称"钱主"，且不书名、不画指，相反出租人却要画指，还要将自己的子女（"男、君洛"，"女、如资"）列为保人，显然在契约的成立过程中承租人完全据有主动地位。因此这件契约可以认为其交易的性质就是贴赁。

　　（2）民间的"质"。

　　在吐鲁番、敦煌出土的唐代契约文书中也有不少"质"地的契约。如吐鲁番出土的唐显庆四年（公元659年）白僧定举麦契：

　　　　显庆四年十二月廿一日，崇化乡人白僧定于武城乡王才欢边，举取小麦肆斛，将五年马埫口分部田壹亩、更六年胡麻井部田壹亩，准麦取田。□到年年不得耕作者，当还麦肆斛入王才〔欢〕。租殊（输）百役，一仰田主；渠破水譎，一仰佃人。两和立契，获指为信。

　　　　　　　　　　　　麦主　　王才欢
　　　　　　　　　　　　贷麦人　白僧定（画指）
　　　　　　　　　　　　知见人　夏尾信
　　　　　　　　　　　　知见人　王士开（画指）
　　　　　　　　　　　　知见人　康海……①

　　这件契约文字里有"举取"字样，而同时又有"租输百役，

———————————

① 《吐鲁番出土文书》第7册，第370页。

一仰田主；渠破水滴，一仰佃人"这样的租佃契约的惯语，似乎又是租佃契约。但据"准麦取田"的条款来看，这一件契约实际上是质地契约，即白僧定向王才欢转让自己的两亩口分田，作为向王才欢"举取"的四斛小麦债务的担保。按照唐代语言习惯，"举取"是指计息的消费借贷，但这件契约里并没有任何关于利息计算的文字。因此可以认定这实际上是和北齐时的"帖"相同的交易，转让的土地由债权人王才欢耕种，由此获得的收益事实上抵充了债务的利息。

如果所"质"的是收益不如耕地明显的房屋（有时不能及时出租获得收益），仍然会发生计息问题。比如吐鲁番出土的唐贞观二十二年（公元648年）的一件文书：

贞观廿二年〔八〕月十〔六〕日，河南县张〔元隆〕、〔索〕法惠等二人，向县诉桓德琮〔赎〕宅价钱三月未得。今奉明府：付坊正〔追〕向县。坊正、坊民令遣两人和同别立私契：其利钱限至八月卅日付了，其赎宅价钱限至九月卅日还了。如其违限不还，任元隆宅与卖宅，取钱还足，余乖（剩）任还桓琮。两共和可，〔画〕指为验。（押）

负钱人　　桓德琮（画指）琮

男　　　　大义（画指）义

同坊人　　成敬嗣（画指）嗣

坊正　　　李差经①

这件文书被整理小组释读为"典契"，但通观全文，并没有

---

① 《吐鲁番出土文书》第4册，第269页。

"典"字。原件首句"向县诉桓德琮〔赎〕宅价钱"方括号内的字体无法辨别，整理小组认为是"典"字，并由此确认整个交易为"典"。但是实际上文书以后的文字很清楚，桓德琮所应清偿的是"赎宅价钱"及其利息，因此无法辨认的字应为"赎"字。契约最后的署名，桓德琮是作为"负钱人"（即债务人），和儿子（桓）大义共同画指的。这件契约实际上是一件质房纠纷的调解契约：

桓德琮以自己的房宅为"质"向张元隆、索法惠二人举债，但过期三个月仍未清偿债务（因唐代律令并不保护计息债务，举债的纠纷"任依私契，官不为理"，而本件文书是在官府指导下的调解，所以不可以直接以计息债务形式出现，计息债务由此转化为"赎宅价钱"）的本息，债权人张元隆等为此向县衙起诉。县令（即文书中所称"明府"）批示当地坊正（乡官）调解。坊正李差经会同双方以及坊民，做成该调解书：桓德琮应在八月三十日以前清偿利息、九月三十日以前清偿原本，否则的话就要由张元隆出卖房宅，以卖价抵偿债务。

值得注意的是，唐代民间的"质"还有一种是并不立即转移土地的占有的"指质"。如吐鲁番出土的唐总章二年（公元670年）白怀洛举钱契：

总章二年三月廿一日，顺义乡白怀洛于崇化乡左憧憙边举取银钱拾文，月别生利钱壹文，到月满日，白即须送利。左须（需）钱之日，白即须子本酬还。若延引不还，听牵取白家财及口分，平为钱直（值）。仍将口分蒲桃（葡萄）用作钱质。身东西不在，一仰妻儿酬还钱直。两和立契，获指为验。

钱主	左
取钱人	白怀洛（画指）
保人	严士洛（画指）
知见人	张轨端（画指）
知见人	索文达（画指）

白怀洛负左憧憙枣树壹根，好者。①

　　在本件契约中"口分蒲桃（即以口分田做成的葡萄园）用作钱质"，应该看做是指定以该葡萄园作为债务的担保，如债务人不及时清偿，即将葡萄园移交债权人。在交易发生的同时并没有立即转移葡萄园的转移，因为契约并未就葡萄园土地所承担的租税、水利的利用与保护规定条件；而且契约本身规定了明确的利息计算方法和利息缴纳时间。如果发生葡萄园转移的话，葡萄园的收入就应当可以抵充债务的利息，债务人不必再缴纳利息。这在当时一般称之为"指质"，与近代民法中的设定抵押权类似。

（三）唐末五代典权制度的形成

1. 法律上"质"与"典"的定位

　　由于"质"作为转移财物的担保债务方式总称，既包括计息的债务、也包括不计息（实际上是以田产的收益抵充了利息）的债务；尤其是按照唐代律令，计息债权应该是"任依私契，

---

① 《吐鲁番出土文书》第6册，第432页。同样的契约可见《吐鲁番出土文书》第6册，第422页；第7册，第453页。

官不为理"，采取不干涉的法律原则，使用"质"为统称，难免有所混淆，会与不干涉计息债权的法律原则冲突。因此唐朝以后的立法逐渐将动产的"质"与不动产的"质"分别称呼，逐步以"质"的同义字"典"来称呼转移不动产的担保债务、"钱还地还"的交易行为。

事实上同样为开元二十五年《田令》，就有一条称："官人百姓，不得将奴婢田宅舍施、典、卖与寺观。违者价钱没官，田宅奴婢还主。"① 在法律用语里已经开始出现了"典"的概念。不过当时还是混用"典"、"质"。至开元以后的立法，凡提及有关转移田产行为都使用"典"、"卖"、"贴"，在需要对偶的情况下则采用"典质"，而不再单用"质"（详见下文所引各条）。

唐代民间以及史籍记载中依然混用"典"、"质"。比如唐中期名臣卢群（公元741～800年）曾寓居郑州，曾经在当地"典质良田数十顷"。以后任天成军节度使、郑滑观察使重回郑州，"各与本地契书，分付所管令长，令召还本主。时论称美"。② 《旧唐书·白居易传》记载唐初名臣魏征后代魏稠贫困不堪，将原先朝廷赐予魏征的宅第"典"、"贴"换钱。元和四年（公元809年），"淄青节度使李师道进绢，为魏征子孙赎宅。居易谏曰：'（魏）征是陛下先朝宰相，太宗尝赐殿材成其正室，尤与诸家第宅不同。子孙典、贴，其钱不多，自可官中为之收赎，而令（李）师道掠美，事实非宜。'宪宗深然之"。③ 经白居易建

---

① 〔日〕仁井田陞编、栗劲等译：《唐令拾遗》，第915页。此条《田令》系仁井田陞未定稿《唐令拾遗补》所载，引据日本《养老令·田令》第26条，《元典章》卷一九。
② 《旧唐书》卷一四〇《卢群传》，中华书局，1999，第2606页。
③ 《旧唐书》卷一六六《白居易传》，第2958页。

议，唐宪宗下诏"出内库钱二千缗，赎赐魏稠。仍禁卖质"。①

2. 法律对于典、贴等土地转移行为的认可

随着土地兼并的加剧，到了唐中期均田制度已经难以为继。大批农民得不到国家授予的足额土地，又要按照人丁缴纳租庸调，被迫流离失所。而土地兼并的主要方式就是法律有严格限制的"贴赁"和"典质"。唐玄宗天宝十一载（公元752年）十一月乙丑诏书承认："如闻王公百官及豪富之家，皆置庄田，恣行吞并，莫惧章程。……爰及口分、永业，违法买卖，或改藉书，或云典、贴，致令百姓无处安置，乃别停客户，使其佃食。既夺居人之业，实生浮惰之端。远近皆然，因循已久。"② 但是唐统治者仍然坚持限制土地转移、强调按照身份等级占有土地的法律制度。这件诏书规定了一系列维持原有均田制度的措施，对于诏书所提到的"典"、"贴"行为，不予以正面的确认、也没有加以规范。

至"安史之乱"后唐皇朝统治力量已大大削弱，已无力对于民间的土地转移行为加以干涉。政策的重点逐步转移至适应这种转移、以建立新的财政赋税制度。因此逐步放宽对于土地转移的限制，承认民间土地转移行为的合法性。

唐肃宗乾元元年（公元758年），唐朝廷因财政困难，企图以货币贬值政策来度过难关。朝廷规定一个新铸发行的"乾元通宝"，可以兑换十个原来的"开元通宝"；不久又发行"乾元重宝"，规定一比五十兑换原来的"开元通宝"。③ 货币流通大为

① （宋）司马光撰、（元）胡三省音注、《资治通鉴》点校组点校：《资治通鉴》卷二三七，元和四年闰三月己未。中华书局，1956，第7657~7658页。

② （宋）王钦若等编：《册府元龟》卷四九五《邦计部·田制》，中华书局影印本，1960，第6册，第5928页下。

③ （宋）王溥：《唐会要》卷八九《泉货》，中华书局，1955，第1625页。

混乱，物价飞涨，民间盗铸铜钱成风，"长安城中，竞为盗铸，寺观钟及铜象，多坏为钱。奸人豪族犯禁者不绝。京兆尹郑叔清擒捕之，少不容纵，数月间榜死者八百余人"。① 两年后的上元元年（公元 760 年）唐朝廷又宣布原来一当五十的"乾元重宝"改为可以一当三十在市面流通。这样混乱的货币局面，朝廷也意识到对于"典、贴"这样具有时间延续性财产交易会造成大量的纠纷。因此在上元元年年底，发布诏书："应典、贴庄宅、店铺、田地、磑碾等，先为实钱典、贴者，令还以实钱价；先以虚钱典、贴者，令以虚钱赎。其余交关，并依前用当十钱。"这里所谓"虚钱"，就是指"当十钱"、"当五十钱"；"实钱"是指原来的"开元通宝"。这项诏令本身只是规范铜钱流通的货币法令，但至少具有了承认、保护"典"、"贴"权利的性质，与原来指责、禁止"典"、"贴"土地的有关立法开始有了立场上的不同。

在"安史之乱"被平息当年的唐代宗宝应二年（公元 763 年）制敕宣布："客户若住经一年已上，自贴、买得田地，有农桑者，无问于庄荫家住、及自造屋舍，勒一切编附为百姓差科，比居人例量减一半，庶填逃散者。"② 规定"客户"（在现居住地区没有户籍者）若在当地居住一年以上、并且已在当地收买或"贴赁"了土地、开始农业生产的，无论是否已具有自己的住房，都一律视为在当地入籍，编入当地户籍，承担政府赋税，赋税额度可比当地原有户籍居民减少一半。这项法令不再强调买卖土地及"贴赁"土地的前提条件，承认既成事实，反映出朝廷事实上已经在法律上宣告原来的土地制度的取消。另外，这个法

令将"贴"与"买"并列，作为对于土地占有现状的确认，也就正式承认了民间贴赁行为的合法性。贴赁所占有的土地既然承担了政府的赋税，也就是从反面而言得到了官府法令确认的权利。按照古代法律以设定义务默认权利的传统，①贴赁的权利也就得到了承认。这是在目前可以看到的史料中首次明确承认贴赁行为的合法性。

随着均田制的瓦解，以人丁为本的租庸调制难以为继，唐朝廷已经无法从这个按照人头来计算赋役与税收的制度中得到财政收入。因此"自代宗时，始以亩定税，而敛以夏秋"，开始转而按照土地实际占有规模、向土地占有者征收赋税、征发徭役。至唐德宗建中元年（公元780年）开始推行"两税法"改革，正式宣布原有的租庸调赋役制度作废，赋税主要依据土地、资产征收，"夏输无过六月，秋输无过十一月。置两税使以总之，量出制入。户无主、客，以居者为簿；人无丁、中，以贫富为差。商贾税三十之一，与居者均役"。②"两税法"的两税，是指根据现有的土地占有关系、按照占有的土地面积及等级向土地权利人征收的"地税"；和按照现在居住地点申报户口的人户，以其所有土地以外财产评估排列出户等，按照户等"贫富为差"征收的"户税"。原则上户税应该是货币税，征收现钱，而地税征收纺织品与粮食。考虑到农业的季节性，分夏秋两季征收。官府需要的劳动力，"量出为入"，编制年度需求，按照户等分摊，征收现钱后由官府雇佣人力。没有报户口的流动商人，以其现有货物的三十分之一抽税，并分摊力役的费用。因此，"两税法"是一

---

① 参见郭建著：《中国财产法史稿》，第22～23页。
② 《新唐书》卷五二《食货志二》，中华书局，1999，第887页。

种根据土地资产征税的税制大改革。①

"贴赁"与"典"从理论上而言，并不转变原来的均田制度所规范的土地关系。正如前文所引，当时有关民间契约也都是约定"租殊（输）百役，一仰田主；渠破水㳠，一仰佃人"，与一般的租赁契约相同，土地的赋税是由原地主承担的。这是因为在原来的租庸调制度下，原来土地负担的赋税种类不多，主要是义仓税（各地为预防灾荒而按照土地面积征收的粮食，贮藏于专门的仓库）、色役（按照身份为上层贵族服役）等等，赋税的负担也不是很重，因此丧失土地的"田主"还能够负担。可是自"两税法"改革后，赋税主要由土地负担，通过"贴赁"或"典"得到土地的一方占有土地的收益但却可以不承担赋税，显然是极不合理的，尤其是可能会导致官府的赋税落空。因此朝廷立法加速认可这两种非买卖的土地转让行为，并强调在这种转让过程中，土地所负担的赋税必须随之转移到实际受让方承担。

《旧唐书·宪宗本纪》记载元和八年（公元813年）十二月辛巳敕："应赐王公、公主、百官等庄宅、碾硙、店铺、车坊、园林等，一任贴、典、货卖，其所缘税役，便令府县收管。"②承认官僚贵族所得到的不动产可以自由出卖和贴赁、出典，但是受让方必须要承担相应的赋税。既然要求受让方承担义务，那么也就是默认受让方具有相应的权利。

唐穆宗长庆元年（公元821年）正月三日南郊改元赦文再次强调这一原则，并强调出典一方的收赎权："应天下典人庄田园店，便合祗承户税。本主赎日，不得更引令、式云依私契征

① 参见陈登原著：《国史旧闻》卷二四《两税为从田税说》，中华书局，1962，第2册，第34页。
② 《旧唐书》卷一五《宪宗本纪下》，第303～304页。

理，以组织①贫人。"② 该赦文所言"更引令、式云依私契征理"
是指在原主要求收赎出典的土地时，各地官府不得引用有关计息
债务"任依私契，官不为理"的令文以及式条，推托不予受理。

　　该赦文的这项原则以后成为唐皇朝的即定方针，以后在多次
赦文中予以重复强调。唐敬宗宝历元年（公元 825 年）正月七
日赦文又有同样的内容："应天下典人庄园店地（一作庄田园
店），便合祗承户税。本主赎日，不得更引令、式云依私契征
理，组织贫人。"③ 同年四月二十日册尊号赦文将贴赁与出典并
列，再加规定："应天下典、贴得人庄田园店等，便合祗承户
税。本主赎日，不得引令、式及言私契，组织贫人。"④

　　唐武宗会昌五年（公元 845 年）正月三日南郊赦文："诸州
县逃户经二百日不归复者，其桑产居业便招收承佃户输纳。其逃
户纵归复者，不在论理之限。其有称未逃之时典、贴钱数未当本
价者，便于所典、买人户下据户加税，亦不在劫（赎?）收及征
钱之限。"⑤ 这道赦文的立法原则与以上赦文略有不同，承认典、
贴的效力，但作为对于逃户的惩罚，不准受理有关出典、贴赁的
纠纷，以及收赎的要求（将受贴人直接称之为"买"）。只是按
照典权人和受贴人实际所得到的资产，提高典权人、受贴人的户
等，增加户税税额。

---

① "组织"是构陷、刁难之意。《李太白诗》卷一〇《叙旧赠江阳宰陆调》："邀遮相组织，
　呵吓来煎熬"。
② （宋）李昉等编：《文苑英华》卷四二六《翰林制诰七·禋祀赦书三》，中华书局影印
　本，1966，第 3 册，第 2161 页上。
③ 《文苑英华》卷四二七《翰林制诰八·禋祀赦书四》，中华书局影印本，第 3 册，第 2164
　页下。
④ 《文苑英华》卷四二三《翰林制诰四·尊号赦书二》，中华书局影印本，第 3 册，第 2142
　页。
⑤ 《文苑英华》卷四二九《翰林制诰十·禋祀赦书六》，中华书局影印本，第 3 册，第 2175
　页下。

2.　对于出典行为的规范

唐末时期贴赁、典的权利逐渐得到法律的确认，同时也应当予以规范。据《宋刑统·户婚律》"典卖指当论竞物业"门的"臣等参详"的说法，自唐元和六年（公元811年）开始对出典行为进行规范："自唐元和六年后来条理典、卖物业敕文不一。"① 从现存史料中还未能发现完整的关于出典土地、房屋的唐代法令。但可以肯定的是，在认可民间自由贴赁、出典土地的同时，唐朝廷已制定有一些有关这类交易的具体规范。

在五代时立法倾向于将出典与买卖相提并论，一起加以规范，即不再将出典作为一种债权的担保方式，而是将其正式作为一种与买卖相当的转移方式，强调典权人应承担相当于所有权人的权利与义务。因此立法上一直是典、卖连称，为之规定相同的程序。最为典型的是后周广顺二年（公元952年）十二月的一条法令：

> 开封府奏："……又庄宅牙人，② 亦多与有物业人通情，重叠将产、宅立契典、当，或虚指别人产业及浮造屋舍，伪称祖父所置。更有卑幼骨肉，不问家长，衷私典、卖，及将倚当取债；或是骨肉物业，自己不合有分，倚强凌弱，公行典、卖。牙人、钱主通同蒙昧，致有争讼起。今后欲乞明降指挥……其有典质、倚当物业，仰官牙人、业主及四邻同署文契，委不是曾将物业印税之时，于税务内纳契白一本，务

---

① 《宋刑统》点校本，第206页。
② 牙人，指交易的中介居间人。汉代称之为"侩"。据《类说》卷五六引（宋）刘敛《贡父诗话》："本谓互郎，主互市事也。唐人书'互'相'乒'，以'乒'似牙，因转为牙。"见《辞源》合订本，商务印书馆，1988，第1070页。

司点检，须有官牙人、邻人押署处，及委不是重叠倚当，方得与印。如有故违，关连人押行科断，仍征还钱物。如业主别无抵当，仰同署契行保邻人，均分代纳。如是卑幼不问家长，便将物业典、卖、倚当；或虽是骨肉物业，自己不合有分，辄敢典、卖、倚当者，所犯人重行科断，其牙人、钱主，并当深罪。所有物业，请准格律指挥：如有典、卖庄宅，准例房亲、邻人合得承当；若是亲人不要及著价不及，方得别处商量，不得虚抬价例，蒙昧公私。有发觉，一任亲人论理。勘实不虚，业主、牙保人并行重断，仍改正物业。或亲邻人不收买，妄有遮悭，阻滞交易者，亦当深罪。"从之。①

为了制止民间在土地出典、买卖、倚当（详见下文）交易中的欺诈行为，防止纠纷发生，后周朝廷采用的对策一是要求征收契税②的衙门"税务"在征收契税的同时负责审核交易的合法性、真实性，契约必须要有亲属、邻居的签署证明；二是加重对于违法交易的处罚，尤其是加重牙人居间交易的连带责任；三是为证明交易的合法性，将原先在民间具有的亲属、邻居的先买权

---

① （宋）王溥：《五代会要》卷二六《市》，上海古籍出版社，2006，第416页。该条另见于《册府元龟》卷六一三《刑法部·定律令五》，中华书局影印本，第8册，第7364页下～7365页上。此条中在"仰官牙人、业主及四邻同署文契"之下的"委不是曾将物业"七字与后文词意并不连贯，当为传抄时窜入的衍文。

② 契税源于东晋南朝时的"估税"（交易税），税率为4%。北朝隋唐无此税。唐中期曾一度开征"除陌钱"，税率2%，建中四年（公元783年）提高至5%，后因朱泚兵变取消。买卖田宅的契税至晚于后唐天成四年（公元929年）已经开征："切（窃）见京城人买卖庄宅，官中印契，每贯抽税契钱二十文。"（《册府元龟》卷五〇四《邦计部·关市》，中华书局影印本，第6册，第6052页下）官府在民间土地房屋买卖契约上加盖官印，并征收契税，有一定的公证意义。参见叶孝信主编：《中国民法史》，第200页，第347页；郭建著：《中国财产法史稿》，第221～223页。从本条分析在这以前出典、倚当契约尚未要求印契和开征契税。

上升为法律，要求出典、出卖以前先要征求亲属、邻居购买意向，如果直接出卖其他人，亲属可以"论理"起诉。这一法令所提到的"例"究竟是指民间的习惯、惯例，还是在这之前已有这样的法律，现在还搞不清。这项立法影响深远，直接影响到了北宋法律对于这些不动产交易行为的规范。

在民间，出典房屋田产之类不动产的行为也逐渐与租赁、质举的形式脱离。既然典已得到官府的认可，且已和买卖一样成为田地、房屋等产业的正式的转移方式，民间的契约也就直接以典为名了。这种契约较为典型的有敦煌出土的后周广顺三年（公元953年）龙氏兄弟典地契：

广顺三年，岁次癸丑，十月二十三日立契。莫高乡百姓龙章佑、弟佑定，伏缘家内窘迫，无物用度，今将父祖口分地两畦子，共贰亩中半，只（质）典已（与）莲畔人押衙罗恩朝。断作地价，其日见过麦壹拾伍硕。字（自）今已后，物无利头、地无雇价。其地佃种限肆年内不喜（许）地主收俗（赎），若于年限满日，便仰地主还本麦者，便仰地主收地。两共对面平章为定，更不喜（许）休悔，如若先悔者，罚青麦拾驮，充入不悔人。恐后无信，故勒次（此）契，用为后凭。

地主　弟　龙佑定（画押）

地主　兄　龙章佑（画押）

只典地人　押衙罗恩朝

知见　父　押衙罗安进（画押）

知见人   法律福海知①

这件契约中"物无利头、地无雇价"一语，可称之为典契的实质性表述。其特点是典价不会生息，这是典和质举的区别；而出典的土地也没有地租或雇工之类的问题，这是典和一般意义上的出租及雇工契约的区别。并且明确规定不得收赎的期限。可见到了这一时期，民间早已明确区分了出典与租赁及质举的不同之处。这件契约中"四年内不许地主收赎"的期限，就是所谓的"典期"，这是双方认定在这段时间内从土地所得到的收益足以满足典权人所出与典价同等的放债额的利息收入。

同样在当时一些人身的"典契"里，也有与不动产出典相似的惯用语句。如敦煌出土的几件只有干支纪年、没有年号的"辛巳年（公元 921 年？）典儿契"、"乙未年（公元 935 年？）典儿契"、"癸卯年典身契"等，② 也都具有约定典期（不得收赎）的期限，以及"人无雇价、物无利润"的惯用语，恰与上件后周广顺三年龙氏兄弟典地契中的"物无利头、地无雇价"相似，说明本件交易不得计算利息、也不得计算地租或雇价的出典性质。不过因为人身与土地不同，具有疾病、受伤之类的生存风险，因此人身的"典契"一般还需要说明人身行为及风险的担保条款。

由于从表面上来看出典这种民事行为是一种无息的交易，勉强符合不保护有息债权的唐代法律原则；在均田制瓦解后，土地的交易也不必再遮遮掩掩。只是进一步对这种民事行为进行规范的法律还有待于宋朝。

---

① 《敦煌资料》第 1 辑，第 324 页。
② 《敦煌资料》第 1 辑，第 327、329、331 页。

4. 由"贴赁"转为"倚当"

唐末以后史籍记载中不再有关于"贴赁"的法令，却出现了一种称之为"倚当"、简称为"当"的交易形式。而从出土的这一时期的民间契约来看，贴赁依然很流行。如敦煌出土的一件唐天复四年（公元904年）的文契：[①]

天复四年，岁次甲子捌月拾柒日立契。神沙乡百姓憎（僧）令狐法性，有口分地两畦捌亩，请在盂受阳员渠上界。为要物色用度，遂将前件地捌亩，随共同乡邻近百姓价员子商量，取员子上好生绢壹疋，长捌；综毯壹疋，长贰丈伍尺。其前件地祖（租）与员子贰拾贰年佃种，从今乙丑年至后丙戌年末却付本地主。其地内除地子一色，余有所着差税一仰地主担当。地子逐年于官，员子逞（呈）纳。渠河口作两家各支半。从今已后，有恩赦行下，亦不在论说之限。更亲姻及别称忍（认）主记者，一仰保人担当，邻近觅上好地充替。一定已后，两共对面平章，更不休悔，如先悔者，罚□□□送纳入官。恐后无凭，立此凭检（验）。

地主　僧令狐法姓（性）

见人　宋员住

见人　都司判官氾恒世

见人　行局判官阴再盈

见人　押衙张

都　虞　候　卢

① 《敦煌资料》第1辑，第126页。"天复"是唐昭宗的第六个年号，至天复三年（公元903年）结束。但是敦煌地区处在与朝廷隔绝状态，因此依然沿用"天复"年号。

本件契约号为租佃，但既没有地租的规定，也不见地主对于佃户的种种在地租质量等等方面的规定，特别是契末承租人居然并不签署画指，显然所谓的承租人在这件契约中居于主动有利的地位。实际上显然是令狐法性将自己的土地转移给价员子耕种二十二年，其所从价员子处得到的生绢、综毯，以这二十二年中该项土地的收益抵偿。这种交易的实质应该就是"贴赁"。这件契约和一般的典契的区别在于：出典的契约一般规定不得收赎的期限比较短，多在三、四年间；出典人在归还了典价后才能够收回不动产，一般有"钱还地还"，"物无利头、地无雇价"之类的惯用语（参见上文）。

这件契约的见证人有两个作官的，表明这类交易在当时仍然是得到官方的确认的。直到后晋出帝开运二年（公元945年）七月，在大臣的奏文中仍然并提"典、贴"："左谏议大夫季元龟奏：'天下寺宇房屋，近日多闻元（原）住僧转与相典、贴，伏乞明行止绝。'从之。"①

也有的以"租佃"为名的契约，实际上就是无法清偿债务的债务人将土地交给债权人使用收益一段时期，以土地的收益抵偿债务。比如敦煌出土的天复七年（公元907年）的一件契约：

> 天复柒年丁卯岁三月十一日，洪池乡百姓高加盈，先负欠僧愿济麦两硕、粟壹硕，填还不办。今将宋渠下界地伍亩，与僧愿济贰年佃种，充为物价。其地内所著官布、地子、柴草等，仰地主祗当，不忏（干）种地人之事。中间或有识认、称为地主者，一仰加盈觅好地伍亩充地替。两共

---

① 《五代会要》卷一二《寺》，第196页。

对……〔后缺〕①

这件契约虽然仍然是以租佃命名，也保留了传统的由地主承担官府赋税的条款，但尤其突出的是以土地的收益抵销债务的特性。另一值得注意的特点是具有"中间或有识认、称为地主者，一仰加盈觅好地伍亩充地替"的占有担保条款，而传统上这种条款是买卖契约所特有的。② 表明民间习惯上早已注意到土地"贴赁"与一般的质押行为的不同性质。

现在史藉中可以找到的最早的关于倚当的立法，就是上引《五代会要》卷二十六《市》所载后周广顺二年（公元 952 年）十二月的法令。鉴于唐以来一直是"贴赁"与"典质"并称，而从这条法令所列举的当时的流弊来看，所谓的"倚当"在形式上与出卖、出典相近，也是一种转移土地之类不动产的方式。而且就目前能看到史籍资料，在这以后的朝廷立法中再也没有"贴赁"的内容，也没有了有关"贴赁"的记载。因此很有可能这种"倚当"实际上就是过去的"贴赁"。

从字义分析，倚当之"倚"字，据《说文解字·人部》："倚，依也。从人奇声。"倚字这一"依靠"、"凭借"的字义，是汉及唐宋时期所惯用的，《广雅》、《广韵》都以此解释倚字。倚与上述的抵销、顶替字义的当字结合组成的"倚当"，就可以用来表示"依据什么什么东西抵销、顶替掉某项事物"的意思，用于民事财产方面，即依靠某项财产的收益来抵销某项款项，或者就是债务。"倚"所强调的是依据、凭借，如果是直接以该项

---

① 《中国历代契约会编考释》，第 329 页。
② 参见叶孝信主编：《中国民法史》，第 201、265 页；郭建著：《中国财产法史稿》，第 133 ~136 页。

财产本身来抵销债务，这就不叫"倚当"了，在中国古代法律里就称之为"折抵"或"准折"（即比照折合的意思）。而根据以上列举的多项材料，"贴赁"交易可以说就是双方约定以田产的若干年收益来抵销贴价（实际就是债务及其利息），和"倚当"的字义是相通的。因此倚当应该就是贴赁的改称。

由于这一时期的史料记载相当零碎，现在还无法得知为什么要将"贴赁"改称"倚当"。不过可以合理的推想：至后周时期，中原地区唐末以来的混乱局面已逐步走向结束，后周皇朝开始一系列新的立法，想必立法者注意到已有必要统一各类自唐朝以来的法律名词。因此将"典"与"卖"连称，表示土地房屋的转移，与一般的动产质押有别。"质"一般仅用于表示动产的质押。"贴"已不再用以表示"贴赁"、或作为"质"的同义字，而一般用以表示"补贴"的意思，比如后周广顺二年（公元952年）十二月敕："诸道所差知管驿，不得于州县别差人户贴助，致扰贫民。"①

对于"赁"的用法，五代时期也有转变的过程。后唐长兴二年（公元931年）六月的一项关于京城内土地问题的敕："京城坊市人户菜园，许人收买。切虑本主占佃年多，以鬻菜为业，固多贫窭，岂办盖造？恐资豪猾，转伤贫民。若是有力人户及形势职掌曹司等，已有居地，外于别处及连宅买菜园，令人主把；或典、赁于人，并准前敕（指同月发布的有关官府统一定价出卖空闲城内土地、强制建筑房屋的敕）价例出卖。如贫穷之人，买得菜园，自卖菜供衣食者，即等地特添价值。仍卖者不得多悋田土，买者不得广占田地，各量事力，须议修营。"② 这件敕将

---

① 《五代会要》卷二六《馆驿》，第418页。
② 《五代会要》卷二六《街巷》，第413～414页。

"典"与"赁"对称，将自行耕种称之为"佃"。这里的"赁"应该是指"贴赁"，而不是一般的出租。显然与唐中期以后"贴赁"简称"贴"的惯例不同。而后周立法中表示土地租赁一般使用"佃"，不再混用"赁"。比如显德二年（公元955年）有关逃户土地处理的敕："应自前及今后有逃户庄田，许人请射承佃，供纳租税。如三周年内，本户来归业者，其桑土不以荒熟，并庄田交还一半；五周年内归业者，三分交还一分。应已上承佃户，如是自出力别盖造到屋舍及栽种到树木园圃，并不在交还之限。如五周年外归田者，庄田除本户坟茔外，不在交付。"①

随着"贴"、"赁"在法律上的用法发生变化，也就不再适合连为一个词表示这种特有的转让一定时期内土地全部占有、使用、收益权利的交易。后周朝廷因此用更能确切表示这种交易性质的"倚当"来代替已过时的"贴赁"。不过直到宋初，这种用法才真正确定。如《宋会要辑稿·食货六一之五六·民产杂录》载宋太祖建隆三年（公元962年）十二月的一件"臣僚上言"：

> 太祖建隆三年十二月臣僚上言："新条称：'应有典、赁、倚当物业与人，过三十周年，纵有文契、保证，不在收赎论索者。'凡典、当有期限，如过三十年后亦可归于现主。即未晓'赁'字如何区分？伏乞削去。亦未知典、当过三十周年后得许现主立契转卖与人否？欲请今后应典、当田宅与人，虽则过限年深，官印元（原）契见在，契头虽已亡殁，其有亲的子孙及有分骨肉、证验显然，并许收赎。若虽执文契，难辨真伪，官司参详，理不可定者，并归见

---

① 《五代会要》卷二五《逃户》，第406页。

主。仍虑有分骨肉隔越他处，别执分明契约，久后尚有论理，其田宅见主，只可转典，不可出卖。所有'赁'字伏请削去。"从之。①

　　这件材料中提到的"新条"在现有史料中无法找到，但可以确信是宋初发布的一项新的调整出典、倚当关系的法令。显然"新条"的起草者仍然在混用"赁"和"倚当"的概念，遭到其他"臣僚"的批评，因此要求删除法令中含糊不清的"赁"字。另外这条经过批准的"臣僚上言"也成为典权制度确立的重要标志（详见下文）。

---

① （清）徐松辑：《宋会要辑稿》第一五一册《食货六一之五六·民产杂录》，影印本，中华书局，1997，第5901页。

二 典权制度的定型

两宋时期是古代法制史的一个重要时期，宋朝统治者注重立法，在立法的广度与深度上都有相当的发展。① 对于在唐末五代时期逐渐形成的典权制度也制定了一系列具体规范，可以说典权制度就在这一时期得以定型。

(一)《宋刑统》有关典权制度的规定

北宋建立后不久，就在宋太祖建隆四年②（公元 963 年）公布了《宋刑统》，作为最基本的法典。《宋刑统》的基本内容沿袭了《唐律疏议》，但是增加了很多唐末以来新发布的法律，将有关的律、令、格、敕等法规编为门类。虽然两宋时期大量发布并编纂敕条，但"终宋之世，《宋刑统》依旧是宋代通行的法典，并没有失去它的法律地位"。③

1. 正式确认四种不动产交易方式

《宋刑统·户婚律》特设"典卖指当论竞物业"门，将唐末

---

① 参见戴建国著：《宋代刑法史研究》，上海人民出版社，2008，第 1~49 页。
② 当年十一月改元"乾德元年"。
③ 参见戴建国著：《〈宋刑统〉制定后的变化》，见氏《宋代法制初探》，黑龙江人民出版社，2000，第 37 页。

以来有关不动产出典、买卖、指质、倚当的法规整编于一门，并以"臣等参详"起首，以这种"起请"的方式，进行一些新的立法，对这四种土地房屋的交易方式加以一定的规范，从而正式确立了这四种民间主要的不动产交易方式的合法地位。

在该门中，"典"由北齐的"帖"、唐朝的"质"发展而来，是专指土地房屋有价转让后，经过一段时间后即可以原价回赎的交易。"卖"专指土地房屋的买卖行为。"指"，全称是"指名质举"，一般也称"指质"，即指定某一项土地房屋为债务的担保（一般需要同时转移土地房屋的产权证书，如土地的买卖契约、分家析产时的"分书"等等，因此清偿债务往往表现为"赎契"），如违限不偿，该项土地或房屋就转归债权人。"当"即"倚当"的简称，由唐朝的"贴赁"发展而来，转让土地房屋一段时间内的全部占有、使用、收益，以抵销原"当价"。

从立法的角度来看，当时设置此门的立法者的主观意图主要是要减少"论竞"，即希望能够通过这些立法使得官府能够比较简单、比较容易地处理"物业"（田产、房屋）纠纷。因此该门的立法出发点是从最容易产生纠纷的一些方面入手进行整理，并不是对这四种交易行为的性质、内容、程序等等进行全面的立法规范，也不是从保障从这四种交易中得到"物业"权利一方利益的角度出发来进行立法。因此该门并没有为这四种交易设定完整的规范。其主要的意义在于立法本身就是承认了这四种交易为合法。

2. 有关出典的具体制度

《宋刑统·户律》"典卖指当论竞物业"门，确立了四种合法的土地房屋交易方式，而其中相当主要的一种就是"出典"。中国古代的典权制度也就由此正式定型。不过这部宋初法典的规范主要在于程序方面，对其内容方面的规定并不具体。而且有意将典、卖的程序规定相同，使出典交易完全脱离了原来借贷担保形式的痕迹，成为具有接近于近代民法中物权概念的民事财产制度。

（1）出典与买卖、指质、倚当交易一样都必须由家长出面立契。

《宋刑统》该门首先援引唐《杂令》有关交易必须家长出面立契的规定，然后以"臣等参详"的形式作出进一步明确的立法，强调出典必须要由家长出面立契：

> 应典、卖物业或指名质举，须是家主尊长对钱主、或钱主亲信人当面署押契帖。或妇女虽难于面对者，须隔帘幕亲闻商量，方成交易。如家主尊长在外，不计远近，并须依此。若隔在化外，及阻隔兵戈，即须州县相度事理，给与凭由，方许商量交易。如是卑幼骨肉蒙昧尊长，专擅典、卖、质举、倚当；或伪署尊长姓名；其卑幼及牙保引致人等并当重断，钱、业各还两主。其钱已经卑幼破用、无可征偿者，不在更于家主尊长处征理之限。应田宅、物业，虽是骨肉，不合有分，辄将典、卖者，准盗论，从律处分。①

总之，仍然强调家长对于财产的处分权利。如果家长身在境外、或者被战乱隔绝，要申报官府，由当地官府进行核实，发给证明，才可以进行出典、买卖、指名质举交易。如果卑幼欺骗家长，私下进行了出典、出卖、质举（在成立计息借贷的同时即

---

① 《宋刑统》点校本，第205～206页。

转移质押财物，称之为"质举"）、倚当交易，导致财产当场转移他人后果的，卑幼以及牙人、保人之类的交易中介人要予以严惩，已转移的财物、已支付的价金都要归还原主。如果卑幼已经将所得到的价金花费掉的，不得向家长追讨。如果父母家长已经去世，而将自己继承分额以外的田宅物业出典、出卖的，就要"准盗论"，按照法律进行严惩。

（2）明确出典以及倚当的收赎期限。

《宋刑统》该门其次引用了经节选的建隆三年（公元962年）十二月五日敕文：

> 今后应典及倚当庄宅物业与人，限外虽经年深，元（原）契见在，契头虽已亡没，其有亲的子孙及有分骨肉、证验显然者，不限年岁，并许收赎。如是典、当限外，经三十年后，并无文契；及虽执文契，难辨真虚者，不在论理收赎之限，见（现）佃主一任典、卖。①

这条敕显然就是从上章所引的建隆三年十二月"臣僚上言"变化而来的。原来宋初曾有"新条"规定出典、倚当过三十周年后，不得收赎。显然是有利于通过典、当获得田宅的"见（现）主"一方。但建隆三年十二月"臣僚上言"的立法方针完全倒转，强调的是出典人、出当人一方的收赎权利。"欲请今后应典、当田宅与人，虽则过限年深，官印元（原）契见在，契头虽已亡殁，其有亲的子孙及有分骨肉、证验显然，并许收赎。若虽执文契，难辨真伪，官司参详，理不可定者，并归见主。仍

---

① 《宋刑统》点校本，第206页。

虑有分骨肉隔越他处，别执分明契约，久后尚有论理，其田宅见主，只可转典，不可出卖。"①《宋刑统》该门引的建隆三年十二月五日敕节文只是略加文字上的修改，并删除了原来规定的为防止出典、出当人的其他继承人保有契约原件、事后再来收赎的情况，要求"见主"只得转典、不得出卖的规定。

根据这一立法原则该条规定了出典田房的收赎年限和倚当相同：只要原立契约存在，收赎权利就是无限期的。而且收赎权可以继承：只要确实有继承人、没有发生"户绝"情形，即使当事人已经去世，其继承人仍然可以执契收赎。如果在出典、倚当期限过了三十年后不能出示原立契约文本、或出示的契约文本难辨真伪的，才不得收赎，占有人可以自由处分。换言之，如果在三十年内，即使契约灭失，只要有证人证言、其他书证等证据足以证明契约曾经存在，出典人仍可以收赎。

（3）承认典权及倚当权。

同时，另一需要注意之处是，上引的《宋刑统》该门所载建隆三年（公元 962 年）十二月五日敕也承认典权人以及倚当权人的权利。所谓"见（现）佃主"的称呼，就是表明现在的占有、使用人也被法律认定具有做"主"的资格。

从"佃"字本义而言，是指耕作使用的意思，《史记·苏秦列传》"民虽不佃作而足于枣栗矣"；②《汉书·韩安国传》注："佃，治田也"。③ 以后转指使用耕种他人土地，产生"租佃"、"承佃"的意思。但在该法条中将典、当得到、使用他人土地的人称之为"主"，就说明"现佃主"与一般的佃户

---

① 《宋会要辑稿》第一五一册《食货六一之五六·民产杂录》，第5901页。
② 《史记》卷六九《苏秦列传》，中华书局，1999，第1772页。
③ 《汉书》卷五二《韩安国传》，第1836页。

不同，是具有自行做主（用现在的法律用语即具有处分权）
权利的。

在前引的后周广顺二年的法令中，提到获得土地一方的称呼
是"钱主"，即在契约中支付了现金的一方，和一般的借贷契约
中的债权人"钱主"称呼相同，并不涉及到支付现金"钱主"
对于土地有何"做主"的权利。同样在吐鲁番敦煌出土的唐末
五代的"贴赁"、"质典"契约中，获得土地的一方也是落款为
"钱（或麦）主"①、"佃田人"②、"夏（或租）田人"③、"只
（质）典地人"④ 等等，可见民间当时尚未形成获得土地的一方
为"主"的概念。而至北宋初年，立法者已经注意到在这类交
易中获得并占有土地一方的权利，首次将其命名为"主"，为
以后进一步发展为与"地主"或"业主"相对的"典主"概
念打下了基础。这可以说是在法律上"典权"概念形成的关键
性转变。

（4）确认土地房屋纠纷的普通诉讼时效为二十年。

《宋刑统》该门"臣等参详"认为"自唐元和六年后来，条
理典、卖物业敕文不一"，因此"酌详旧条，逐件书（应为画）
一如后"。即对唐宪宗元和六年（公元811年）以后的一百五十
多年来有关典、卖物业的法律进行了清理，重新制定划一的法
律。不过实际上仅新定了三条而已。其中的第一条就是重新明确
了有关土地房屋纠纷的诉讼时效：

---

① 见《吐鲁番出土文书》第5册，第78页；第6册第428页。《中国历代契约会编考释》，
　　第312、316、317页。
② 见《吐鲁番出土文书》第5册，第81页。
③ 见《吐鲁番出土文书》第5册，第76、85页；《中国历代契约会编考释》，第314页。
④ 《敦煌资料》第1辑"罗思朝典地契"，第324页。

　　一应田土、屋舍有连接交加者，当时不曾论理，伺候家长及见证亡殁、子孙幼弱之际，便将难明契书扰乱别县，空烦刑狱、证验终难者，请准唐长庆八月十五日敕：经二十年以上不论，即不在论理之限。有故留滞在外者，即与出除在外之年。违者并请以不应得为从重科罪。①

　　该条规定对于因土地、房屋出典、买卖、倚当等等而形成的纠纷，采用唐穆宗长庆二年（公元 822 年）的法令精神，规定二十年的诉讼时效。超过二十年后才提起诉讼的，一律不再受理。但是如果可以证明因故滞留在外、无法回到家乡的，计算时效时可以扣除在外的时间。如果已经超过这一时效，以无法证明的契约反复缠讼、扰乱官府正常工作的，要处以"不应得为"之罪，从重处罚（杖八十）。

　　值得注意的是，这一时效与上条关于收赎的时效有一定的冲突，因为收赎的时效在具有"证验"的情况下，即使契约文本已经灭失，仍然长达三十年。因此可以将关于收赎的时效视为一种特殊时效。

　　（5）出典与买卖、倚当行为同样必须"先问亲邻"。

　　考虑到出典、倚当与买卖都必须立即转移不动产的占有，在形式上有相同之处，《宋刑统》该门"起请"新立法的第二条力图为这三种民事行为设定共同的"先问亲邻"程序：

　　一应典、卖、倚当物业，先问房亲；房亲不要，次问四邻；四邻不要，他人并得交易。房亲著价不尽，亦任就得价

---

① 《宋刑统》点校本，第 206～207 页。

高处交易。如业主、牙人等欺罔邻、亲，契帖内虚抬价钱，及邻、亲妄有遮悇者，并据所欺钱数与情状轻重，酌量科断。①

这一制度显然是由后周广顺二年（公元952年）的法令发展而来，进一步明确了亲属的先买权优先于邻居。另外明确了对于故意刁难、影响正常交易行为的处罚方法，按照"虚抬价钱"与正常价格之间的差额的大小、情节的轻重，由官府自由裁量处罚。

3. 典、卖形式的合流

由于唐末以来有关土地交易的法律都尽量为典、卖这两种交易设定相同的程序，逐渐形成了典、卖在交易形式上合流的局面。并影响到民间的实际土地交易。比如在敦煌出土的北宋太平兴国七年（公元982年）吕住盈兄弟卖地契：

〔前缺〕

清城北宋渠中（上）界，有地壹畦，北头壹□，共计肆亩。东至……南至地田。于时太平兴国柒年壬午岁，二月廿日，立契赤心〔乡百姓吕住盈及弟〕阿鸾，二人家内欠少，债负深广，无物填还，今……与都头令狐崇清，断作地价每亩壹拾贰硕，通……当日交相分付讫，无升合玄（悬）欠。自卖余（已）后，任……有住盈、阿鸾二人能辩（办）修渎（收赎）此地来，便容许。……兄弟及别人修渎（收赎）此地来者，便不容许修渎（收赎）。……便入户。恩赦

流行上，亦不在（再）论理。不许休悔，〔悔〕者〔罚〕
□壹匹，充入不悔人。恐后无信，故立此契用。

〔后缺〕①

这件契约最值得注意的是，虽然定名为出卖契约，但是契约中却有收赎的约定，显然应该是一件出典性质的交易。说明北宋初期民间就已经开始混用典、卖名称。和过去为掩饰土地转移而采用"帖"、"典质"等名称的情况相反，到了宋代，买卖可以是其他土地转移方式的总称了。

由于逐渐形成的这种典、卖合流情形，对以后各代产生深远的影响。民间土地交易契约上如果仅写"卖"字，习惯上都被认为是可以收赎的、和出典性质相同的"活卖"；如果确实为买卖交易，则必须明言为交易性质为"绝卖"、"永卖"、"根卖"、"杜卖"、"断卖"等等，出卖方还必须在契约中声明"永不收赎"等等表示双方以后断绝往来、不再就标的权利进行交涉的字词。这在宋代已经形成了习惯，并且得到官府裁判的默认。比如在南宋的《名公书判清明集》一书所载的官府裁判文书中，就有"今游朝之契，系是永卖"；"况元契既作永卖立文，其后岂容批回收赎"；"所有定僧父判官契内田，必有陈偓断卖骨契"；"绝卖已及一年，初无词说"；②等等的说法。

---

① 《中国历代契约会编考释》，第 520 页。
② 分别可见《名公书判清明集》卷之四《户婚门·争业类》"游成讼游洪父抵当田产"，第 104 页；"吴肃吴鎔吴桧互争田产"，第 111 页；卷之九《户婚门·取赎类》"妄执亲邻"，第 310 页。

（二）宋朝立法对于典权制度的补充与完善

两宋时期朝廷针对出典行为的合法性、出典契约的标准化、出典的程序、典权的内容等等一些涉及到典权制度的基本问题，颁布了大量的敕条"指挥"。其总的立法特点是不作全面的规范，主要围绕着确保或增加政府的财政收入、减少影响统治效率的诉讼纠纷而展开。并且典、卖连称，尽量将出典与出卖行为做同样的规范，

1. 出典行为的合法性

（1）在典、卖标的方面的限制。

宋代法律规定，即使是私人所有的土地，也并非都允许自由出典或出卖。这主要是针对被认为具有礼教意义的田产。

墓田。古代将坟地附近一定范围之内的土地称为墓田，不得耕种放牧，以保持坟地的尊严。《唐律疏议·户婚》专设"盗耕人墓田"罪名，"诸盗耕人墓田，杖一百；伤坟者，徒一年"。① 墓田的大小严格按照身份限定。根据唐《丧葬令》，"诸百官葬，墓田：一品，方九十步，坟高一丈八尺；二品，方八十步，坟高一丈六尺；三品，方七十步，坟高一丈四尺；四品，方六十步，坟高一丈二尺；五品，方五十步，坟高一丈；六品以下，方二十步，坟不得过八尺。其域及四隅，四品以上筑阙，五品以上立土堠，余皆封茔而已"。宋朝的制度与唐相近。② 南宋绍兴十二年（1142 年）都省指挥："庶人墓田，依法置方一十八步。"敕令

---

① 《唐律疏议》卷一三《户婚律》"盗耕人墓田"条，中华书局，1983，第 246 页。
② 见〔日〕仁井田陞：《唐令拾遗》，第 764 页。

所看详："四方各相去一十八步，及系东西南北共七十二步。"①
宋哲宗元祐六年（1091 年）闰八月，"刑部言：'墓田及田内材
木土石，不许典、卖及非理毁伐，违者杖一百，不以荫论。仍改
正。'从之。"② 这是因为重孝的礼教原则，不允许将父祖的墓地
及其周边的土地出典或出卖卖给他人，以防神圣的父祖坟墓遭到
破坏和亵渎。如要出典、出卖土地首先必须迁走坟墓，而迁坟又
必须报告官府，"迁、改父祖坟墓，在法虽当经官自陈，然今人
子孙以风水不利而迁、改父祖坟墓者往往有之"。③

　　族产。族产是属于宗族团体所有的田宅物业，称义庄或
"义田"，由苏州范氏宗族首创，北宋皇祐元年（1049 年）范仲
淹出资买田千亩，并且创立"义庄规矩"。④ 这一举措对于宗族
的发展起到了积极作用，在宋代反响很大，各地宗族组织纷纷仿
而效之，兴置义庄。公共族产也由此而生。宋朝廷对此采取了积
极的鼓励政策，不仅允许官僚士大夫捐为族产的土地可以免除赋
役负担，不计入"限田"的限额；而且还进一步制定法令，禁
止出典、出卖族产。元祐六年（1091 年）"十一月五日诏：'诸
大中大夫、观察使以上，每员许占永业田十五顷。余官及民庶愿
以田宅充奉祖宗缮祀之费者，亦听。官给公据，改正税籍，不许
子孙分割典、卖，止供祭祀，有余，均赡本族。'"⑤

　　私荒田。属于私人的荒地是允许私人自由出典、出卖的，但
当时有不少地主为逃避政府赋役，将良田称作荒地出典、出卖给
佛教寺庙。宋徽宗政和元年（1111 年）立法予以禁止。"七月

① 《名公书判清明集》卷之九《户婚门·坟墓》引，第 323 页。
② 《宋会要辑稿》第一五一册《食货六一之六一·民产杂录》，第 5904 页。
③ 《名公书判清明集》卷之一三《惩恶门·告讦》"告讦服内亲"，第 494 页。
④ 见（宋）范仲淹著，李勇先、王荣贵点校：《范仲淹全集》，中册，第 797 页。
⑤ 《宋会要辑稿》第一五一册《食货六一之六一·民产杂录》，第 5904 页。

二十日，臣僚言：'私荒田，法听典、卖与观寺。多以膏腴田土，指作荒废。官司不察。而民田水旱，岁一不登，人力不继，即至荒废，观寺得之，无复更入民间。为农者受其弊，欲除官荒田许观寺请佃外，余并不许典、卖。'从之。"①

值得注意的是，北宋还曾一度规定田产房屋必须整段出典、出卖，不得分割部分留为自用或再行出典、出卖。

> 雍熙四年（公元987年）二月，权判大理寺殿中侍御史李范言："……准雍熙三年二月诏依右拾遗张素所请：'民贸易物业者，不得割留舍屋及空地，称为自置，卖与他人。'参详虽似除奸，未能尽善。盖小民典、卖物业，急于资用，其间亦有不销全典、卖，或是业主自要零舍及空地居住者。自有此诏，颇难交易。乞自今应典、卖物业或有不销竭产典、卖，须至割下零舍或空地，如委实业主自要者，并听业主取便割留，即仰一如全典、卖之例。据全素所至之邻，皆须一一遍问，候四邻不要，方得与外人交易。"从之。②

从本条记载来看，原来的立法意图应当是企图防止土地房产的畸零，减少纠纷。但是实际执行时难以贯彻，这项立法仅一年就被废除了。

（2）禁止盗典、盗卖。

《宋刑统·户婚律》仍然保留原《唐律疏议》"妄认盗贸卖公私田"条文："诸妄认公私田若盗贸、卖者，一亩以下笞五

---

① 《宋会要辑稿》第一二一册《食货一之三一·农田杂录》，第4817页；另见《宋会要辑稿》第一五五册《食货六三之一九二·农田杂录》，第6082页。

② 《宋会要辑稿》第一五一册《食货六一之五六·农田杂录》，第5901页。

十，五亩加一等；过杖一百，十亩加一等；罪止徒二年。"① 从唐末五代以来典、卖连称的立法惯例来看，这一法条自然也可以适用于盗典行为。以后宋代的立法设置了专门的盗典、盗卖田业的条文："在法：盗典、卖田业者，杖一百；赃重者准盗论，牙保知情与同罪。"②

可以包括于盗典、盗卖罪名的一种行为是卑幼擅自出典、出卖田宅。这在《宋刑统·户婚律》的"典卖指当论竞物业"门已经有了明确的规定，而宋代以后的立法又进一步明确了对于这种行为的起诉时效为五年："在法：诸同居卑幼私辄典、卖田地，在五年内者，听尊长理诉。又：诸祖父母、父母已亡，而典、卖众分田地，私辄费用者，准分法追还，令原典、卖人还债，即满十年者免追，止偿其价。"③

对于尊长盗典、盗卖卑幼亲属的田宅、或串通进行欺诈行为，宋代以后的立法也予以明确规定："在法，若盗卖卑幼田产，则先合给还卑幼后，监盗卖人钱还钱主；若尊长与卑幼通同知情典、卖，则合先监钱还钱主足日，方给还产业。"④ 作为对于尊长的尊敬，对于该种行为不视为犯罪，不给予刑罚处罚，只是要求归还卑幼土地，并由官府监督归还典、买人所支付的价金；如果是卑幼与尊长串通欺诈典、卖，则要先在官府监督下归还价金，然后才归还土地。

另一种情况是无子孙的寡妇擅自出典、出卖夫家的财产，则是作为犯罪行为加以处罚："又法：诸寡妇无子孙，擅典、卖田

---

① 《宋刑统》点校本，第203～204页。
② 《名公书判清明集》卷之五《户婚门·争业下》"从兄盗卖已死弟田业"，第144页。
③ 《名公书判清明集》卷之六《户婚门·争屋业》"叔侄争·再判"，第190页。
④ （宋）黄榦《勉斋先生黄文肃公文集》卷三八"陈安节论陈安国盗卖田地事"，可见点校本《名公书判清明集》，第599页。

宅者，杖一百，业还主，钱主、牙保知情与同罪。"① 有子孙的寡妇具有的处分财产的权利是代表亡夫的，并不表示她为家产的所有人。因此如果没有子孙的寡妇就没有这种权利。

（3）禁止重叠典、卖。

上章所引后周广顺二年法令已经禁止重叠出典、出卖行为，规定重叠出典、出卖田宅的，"应关连人并行科断，仍征还钱物。"《宋刑统》严禁重叠倚当，没有直接规定对于重叠出典、出卖行为的处罚，或许另有沿袭自后周的法令。

南宋高宗绍兴十二年（1145 年）二月，因户部侍郎王鈇的建议，加重对于重叠典、卖田宅的处罚。"契勘人户有将田宅已典、卖与人后，因今来措置，却行依旧供作己业，意在图赖。若不严立罪赏，窃恐词讼不绝，证定之后，苗税无归。今欲令人户并于结甲帐内着寔供具，如有违戾，后来到官根究得寔，从杖一百科罪，追理卖钱一百贯文入官，其田归还合得产人。其重叠典、卖田产人，自合依条。令先典、买人供具入帐。"②

在南宋的司法实践中也是适用这一法令的。如《名公书判清明集》卷之九《户婚门·违法交易类》所载的两道判词中分别援引法律："诸以己田宅重叠典、卖者，杖一百，牙保知情与同罪。""在法：交易诸盗及重叠之类，钱主知情钱没官，自首及不知情者理还。犯人偿不足，知情牙保均备（赔）。"

（4）禁止以计息债务"准折"价钱。

"准折"一词意为以某事物代替或抵销另一事物。如《唐律疏议·名例》"若徒年限内无兼丁者，总计应役日及应加杖数，

---

① 《名公书判清明集》卷之九《户婚门·违法交易》"鼓诱寡妇盗卖夫家业"，第304 页。
② 《宋会要辑稿》第一二三册《食货六之四三·经界》，第4900 页。

准折决放。"① 如果以典、卖形式立约，并不实际支付价金，而是以原有的计息债务抵销价金，就称之为"准折"，为宋代法律所禁止。

唐代法律仅仅正面规定只有为偿还官债时才可以用不动产直接抵销债务，如《宋刑统·杂律》"受寄财物辄费用"门所引唐长庆二年（公元822年）敕："若是本分合得庄园，即任填还官债。"② 但到宋代时，债权人如果要求债务人以大牲畜、不动产抵偿计息债务的，就构成一项犯罪行为。《续资治通鉴长编》卷八八载北宋大中祥符九年（1016年）诏书："民负息钱者，无得逼取其庄土、牛畜以偿。"③《庆元条法事类·杂门》"出举债负"："诸以有利债负折当耕牛者，杖一百，牛还主。"并对于米谷之类的借贷又规定："元（原）借米谷者止还本色，每岁取利不得过五分（注：谓每斗不得过五升之类），仍不得准折价钱。"④

《名公书判清明集》的《户婚门》所载的判词中有不少引用禁止以计息债务准折交易价金的法条。有的明确说明所引的法律为敕条，如："敕……诸典、买田宅，以有利债负准折者，杖一百。"⑤ 也有的并不说明所引的究竟为何种性质的法律，如："在法：典、卖田地，以有利债负准折价钱者，业还主，钱不追。"⑥

宋代法律允许原业主起诉准折行为，诉讼时效为三年。"准

① 《唐律疏议》卷三《名例律》"犯徒应役家无兼丁"条，中华书局，1983，第73页。
② 《宋刑统》点校本，第413～414页。
③ 并可见《宋会要辑稿》第一六五册《刑法二之一三·刑法禁约》，第6502页。
④ （南宋）谢深甫撰、戴建国点校：《庆元条法事类》卷八〇《杂门·出举债负》，见杨一凡、田涛主编《中国珍稀法律典籍续编》第1册，黑龙江出版社，2002，第902页。
⑤ 《名公书判清明集》卷之一二《惩恶门·豪横》"豪横"，第452页。
⑥ 《名公书判清明集》卷之九《户婚门·违法交易类》"重叠"，第302页。

法：应交易田宅，过三年而论有利债负准折，官司并不得受理。"① "在法：诸典、卖田地满三年，而诉以准折债负，并不得受理。"②

宋代法律为防止"准折"，还进一步规定禁止互易田产："为无价钱贸易田产，于法虽不许，然彼此各立卖契、互有价钱，凭此投印，亦可行使。"③

南宋人袁采在其著作《世范》卷三《治家》"兼并用术非悠久之计"中写道："兼并之家，见有产之家子弟昏愚不肖，及有缓急，多是将钱强以借与。或始借之时，设酒食以媚悦其意。既借之后，历数年不索取，待其息多，又设酒食招诱，使之结转并息为本，别更生息。又诱、勒其将田产折还。法虽严禁，多是幸免。"可见，当时以田产直接折抵有息债务一直是一件法律所严禁的犯罪行为，只是这种犯罪相当普遍，以至于"法不责众"。

（5）典、买土地不得超过限额。

两宋时期土地兼并愈演愈烈，尤其是因为官僚豪强的土地具有免役特权，土地兼并的直接后果就是减少政府财政收入。为此朝廷一直试图推行"限田"法。

北宋乾兴元年（1022年）十二月宋仁宗刚即位，就有人上书建议限田，"请自今见仕食禄人同居骨肉、及衙前将吏，各免户役者，除见在庄业外，不得更典、卖（买）田土。如违，许人陈告，典卖田土没官。自然减农田之弊，均差遣之劳"。宋仁宗"诏三司委众官，限五日内定夺"。三司检索了有关的法条：

---

① 《名公书判清明集》卷之四《户婚门·争业上》"游成讼游洪父抵当田产"，第104页。
② 《名公书判清明集》卷之六《户婚门·抵当》"以卖为抵当而取赎"，第168页。
③ 《名公书判清明集》卷之四《户婚门·争业上》"陈五诉邓楫白夺南原田不还钱"，第108页。

"准《农田敕》：'应乡村有庄田物力者，多为免差徭，虚报逃移，与形势户同情启悻，却于名下作客，影庇差徭，全种自己田产。今与一月自首放除，限满不首，许人告论，依法断遣支赏。'又准天禧四年（1020 年）敕：'应以田产虚立契典、卖于形势豪强户下，隐庇差役者，与限百日，经官首罢，改正户名。限满不首，许人陈告，命官使臣除名，公人百姓决配。'"并提出了更为明确的限田方案："应臣僚不以见在任、罢任，所置庄田，定三十顷为限；衙前将吏合免户役者，定十五顷为限。所典、买田只得于一州之内典、买数目。如有祖父迁葬，若令随庄卜葬，心恐别无莹地，选择方所。今除前所定顷数，许更买坟地五顷为限。如经条贯后辄敢违犯，许人陈告，命官使臣，科违制罪；公人永不脱免职役，田产给告事人。若地有崖岭，不通步量，刀耕火蓐之处，所定顷亩，委逐路转运使别为条制，具诣寔申奏。"①

这个三十顷的限额至宋徽宗政和（1111 ~ 1117 年）年间，发生重大变化："品官限田，一品百顷，以差降杀，至九品为十顷；限外之数，并同编户差科"。具体而言，每差一品，限额降低十顷，"一品一百顷，二品九十顷；下至八品二十顷，九品十顷。"此后，经周麟之建议，立法进一步完备：

今措置官户用见存官立户者，许以见行品格；用父祖生前曾任官若赠官立户名者，各减见存官品格之半。父祖官卑见存，同居子孙品高，如未析户听从高。及官户于一州诸县各有田产，并令各县纽计，每县并作一户，通一州之数，依

---

① 《宋会要辑稿》第一二一册《食货一之二〇·农田杂录》，第 4811 页。另见《宋会要辑稿》第一五五册《食货六三之一七〇·农田杂录》，第 6071 页。

品格并计，将格外顷亩并令依编户等，则于田亩最多县分衮同比并差役。若逐县各有格外之数合充役者，即随县各差坐，募人充役。即役未满而本官加品，并令终役。逐州委通判或职官、县丞、尉专一主管，将诸县官户及并计到田产数置籍，如本州遇逐县申到升降，并仰于当日销注。如县内出入田产已过割讫，或官员加品，限一日申州主管司注籍。如人吏违限不注籍，从杖一百科断讫，勒罢。如别有情弊、故作稽滞、因事发觉者，徒二年。有赃则计赃论。其主管官仰监司具名申尚书省。自指挥到日，许各家将子户诡名寄产限三月从实首，并作一户拘籍。如出限不首，并许诸色人告，不以多少，一半充赏，一半没官。其见立户名官员或品官子孙并取旨重作行遣。如告首不实，并依条断罪。及日下，州委知、通职官，县委令、佐，取索官户户籍编排。若已编排讫，却有隐匿、盖庇、不实，及奉行灭裂、及于差役时观望不公，并许人户越诉，其当职官取旨重作黜责，人吏断配。仍仰逐路监司常切觉察，令御史台弹奏。①

这一法令后来也被称作《限田条格》。南宋将限额降低一半，从一品官的五十顷递减至九品官的五顷。品官子孙的限额又减一半。"准法：品官限田，合照原立《限田条格》减半与免差役。其死亡之后，承荫人许用生前曾任官品格，与减半置田。如子孙分析，不以户数多寡，通计不许过减半之数。"②

---

① 以上可见《宋会要辑稿》第一二三册《食货六之一至六之三·限田杂录》，第 4879~4880 页。又见同书《食货六一之七八至八〇·限田杂录》，第 5912~5913 页。前者"乾道八年"以前内容与后者互见。

② 参见《名公书判清明集》卷之三《赋役门·限田》，第 77~93 页。该类共收有关于限田的十道判词。

在成书于嘉泰二年（1202 年）的《庆元条法事类》的《田格》中，对品官限田的一般规定是："品官之家乡村田产免差科 ①（注：山堰、竹园、白面沙地、山林园圃及坟营地段之类不理为数，芦场顷亩折半计数。如子孙用父、祖生前官立户者，减见存官之半；若析居，共不得过减半之数。谓如一品子孙析为十户，即每户二顷半。余品仿此）。一品，五十顷；二品，四十五顷；三品，四十顷；四品，三十五顷；五品，三十顷；六品，二十五顷；七品，二十顷；八品，十顷；玖品，五顷。"②

根据这些限田法令，官僚士大夫等具有免役特权阶层在限额之外所典、买得的土地都必须和普通百姓土地同样承担差役。而在某些时候也会采取激烈的手段进行"限田"。比如淳祐六年（1246 年）谢方叔奏请"限民名田"，虽"许之"，但不见下文。至景定四年（1263 年），陈尧道等建议"依祖宗限田议，自两浙东西官、民户逾限之田，抽三分之一买充公田"，得到权臣贾似道支持。据此，征购并非所有逾限田，且仅实施于平江、嘉兴、安吉、常州、江阴和镇江等六处，将官、民超过限额的田产强行征购三分之一，总共被征购的田产三百五十万亩。③"浙西田亩有值千缗者，（贾）似道均以四十缗买之。"④而且全部是以严重贬值的纸币"会子"支付，导致了严重的通货膨胀，朝廷每天要印会子十五万贯。⑤ 而这批被征购的土地实际上仍然由原来的地主出租转让，只是要承担远比一般田赋为高

---

① 此言"免差科"，但参照其他记载，均仅称"限田免役"，实际案例中亦如此。其制在绍兴年间已定，未见有变。故"免差科"应即指"免役"。

② 《庆元条法事类》卷四八《赋役门二·科敷》，第 668 页。

③ 《宋史》卷一七三《食货上一·农田》，中华书局，1999，第 2799、2808 ~ 2809 页。

④ 《宋史》卷四七四《奸臣·贾似道传》，第 10660 页。

⑤ "会子"是南宋朝廷发行的纸币。参见彭信威：《中国货币史》，第 333 页。

的"官田租"。

2. 出典契约的形式要件

（1）出典契约应为"合同契"。

出典要求"原钱还原地"，而且约定只要能够出示契约原件，收赎期就可以是无限期的，因此契约原件的形式就相当重要。宋代法律对此有相当多的规定。

中国古代契约受到竹木简时代"破券"（在竹木简侧面刻写上记号后纵向破开，双方各持一片）习惯的深远影响，三国两晋南北朝隋唐时期虽然契约以纸张书写，但书面契约往往仍然采用一式二份、骑缝画上一些代表原来竹木简侧刻写记号的符号。当时的官府文件也是采用这样的办法来防止伪造，据说魏晋律令对此有专门的规定，称之为"款缝"。① 而在民间一般取骑缝记号在核对时"合则相同"的意思，在竹木简契约时期就已经以简侧书写"同"或"合同"作为记号，到了纸张契约时代改为在一式两份的契约纸边骑缝书写"合同"、或"合同大吉"字样。宋以后又出现了"合同"的合体字"盒"，专门用于骑缝书写记号。唐代起一般的契约如买卖、借贷、租赁等开始普遍使用单本书面形式，凡有骑缝记号的复本契约因此习惯上被称之为"合同契"。②

出典契约为便于收赎时核对原件无误，民间习惯上一般都采用合同契方式。五代期间开征契税，契约上必须加盖政府官印，也就需要在官府税务部门留一份存底。北宋乾兴元年（1022 年）

---

① 参见程树德编：《九朝律考》，中华书局，1963，第 212 页。
② 可参见《陔余丛考》卷三三《合同》，中华书局，1963，702 页；叶孝信主编：《中国民法史》，第 82～84、199、250 页；并参见《中国历代契约会编考释》，第 30 页、第 87 页注释 6、第 1019 页、第 1043 页。

的敕条在此基础上规定出典契约必须一式四份：

　　　　乾兴元年正月开封府言："人户典、卖庄宅立契，二本付钱主，一本纳商税院。年深整会，亲邻争占，多为钱主隐没契书，及问商税院，又检寻不见。今请晓示：人户应典、卖、倚当庄宅田土，并立合同契四本，一付钱主、一付业主、一付商税院、一留本县"从之。①

　　这种要求看来是过于烦琐了，以后宋朝的法律又改为典契只须为一式二份的合同契即可。南宋高宗绍兴十五年（1145年），"八月七日，知台州吴以言：人户出典田宅，依条有正契、有合同契，钱、业主各执其一，照证收赎"。显然这里所谓"依条"就是指按照法律要求的意思。可见宋朝后来有法律否定了乾兴元年（1022年）的要求。这件臣僚上言还提到了当时民间的习惯："近来多是私立草契，领钱交业，至限将满，典主方赍草契赴官请买正契，其合同契往往亦为典主所收。既经隔年岁，或意在贪占，则多增交易钱数，或揩改元典年限，或广包界至，种种昏赖，互有论诉。官司既不能与夺，致限满不得收赎。"说明当时民间往往有些豪强故意不将契约副本给予出典人，在出典人收赎时就百般刁难，改动契约文字。这位知州为此建议："欲乞今后应有人户典业，并与钱主同赴官请买正契并合同契，一般书填所典田宅交易钱数、年限，责付正身，当官收领。如田主印契出违条，即自依没官条法外，若辄行计会，擅领合同契，许业主陈告，究实，即给还元典田宅，不成交易，仍从重断罪。"这项建

----

　　① 《宋会要辑稿》第一五一册《食货六一之五七·民产杂录》，第5902页。

议被朝廷接受，成为新的立法，规定出典人有权和典权人一起到官府印契，并且有权获得合同契约文本。如果典权人拒不给予，出典人可以向官府起诉，经查验属实，田宅即交还原主，交易作废，典权人要受处罚。①

经这次立法，双方各持一份出典合同契约成为法定要件。这种契约形式也在民间普遍流行，如南宋的《名公书判清明集·户婚门·争业》中提到："在法：典田宅者皆为合同契，钱、业主各取其一。此天下所通行，常人所共晓。"

（2）要求使用官方印制的正式标准契约文本。

北宋太平兴国八年（公元 983 年），有人向朝廷建议："庄宅多有争讼，皆由衷私妄写文契，说界至则全无长尺，昧邻里则不使知闻，欺罔肆行，狱讼增益。请下两京及诸道州府商税院，集庄宅行人众定割移典、卖文契各一本，立为榜样。"② 这一统一民间契约文本格式的建议得到采用，由各地召集专门中介民间土地房屋买卖的"行人"（即牙行）制订标准的典、卖合同文本。

由于印刷术的迅速普及，有可能由官府直接印制标准契约文本，卖给民间在买卖时填写使用。据《文献通考·征榷考六·牙契》称，在北宋元丰年间（1078～1085 年）已开始"民有交易则官为之据，因收其息"。至崇宁三年（1104 年）正式立法："诸县典、卖牛畜契书并税租钞旁等、印卖田宅契书，并从官司印卖，除纸笔墨工费内，外收息钱，助赡学用。"③ 这里提到的"税租钞旁"是一种纳税收据，也要求民间购买，才可以纳税。

---

① 《宋会要辑稿》第一五一册《食货六一之六五·民产杂录》，第 5906 页。
② （宋）李焘：《续资治通鉴长编》卷二四，太平兴国八年三月乙酉。上海师范学院和华东师范大学古籍整理研究所整理标点，中华书局，1979，第 3 册，第 542 页。
③ 《文献通考》卷一九《征榷六·牙契》，中华书局影印本，第 187 页上。

牛畜、田宅契约文本也要由官府印制发卖。

　　而《宋会要辑稿·食货三五·钞旁印帖》记载更为详细："《实录》元丰六年（1083 年）七月十九日御史翟思言：'闻京西转运司下州县，责卖钞旁，人纳纸，官以小条印为记纸转输，一应人户税钱，非印钞不受。苟细伤体。'有诏止之。余未见。"① 可见实际上元丰年间并没有官卖钞旁和契约文本的举措。"徽宗崇宁三年（1104 年）六月十日敕：诸县典、卖牛畜契书并税租钞旁等印卖，田宅契书并从官司印卖，除纸笔墨工费用外，量收息钱，助赡学用。其收息不得过一倍。"文本的价格除了要包括印刷成本外，还要包括一倍于成本的"收息"（利润），并指定将这笔利润补贴各地官学的费用。五个月后，又由于尚书省建议，进一步下诏："府界诸路官卖钞旁契书等收息得过四倍，随土俗增损施行。如旧卖钱数多，仍先次施行。"将利润限制放宽到可达成本的四倍。不过至大观二年（1108 年）就因为"事涉苛细，可行寝罢"，在发布大赦的赦书中宣布废除此制。②

　　官府印卖契约文本名义上是为了防止诈伪交易，实际上基本的出发点是增加财政收入。政和六年（1116 年）"四月十一日诏：'两浙转运司拘收管下诸县，岁额外合依淮南例，收纳人户典、卖田宅赴官收买定帖钱。'淮南体例：人户典、卖田宅，议定价直，限三日先次请买定帖，出外书填，本县上簿拘催，限三日买正契。除正纸工墨钱外，其官卖定帖二张，工墨钱一十文省；③ 并每贯收贴纳钱三文足。如价钱五贯以上，每贯

----

① 《宋会要辑稿》第一三八册《食货三五之二·钞旁印帖》，第 5409 页。

② 《宋会要辑稿》第一三八册《食货三五之一·钞旁印帖》，第 5408 页。

③ "省"是"省陌钱"的简称。宋代法律规定七百七十文可以作为一贯（一千文）流通，但必须注明为"省陌"。如果确实是以一千文为一贯，就应注明"足贯"，简称"足"。"一十文省"实际只是七或八文。参见彭信威著：《中国货币史》，第 320 页。

贴纳钱五文足。"① 不仅恢复官印典、卖契约文本"正契"的办法，还增加官印"定帖"发卖。所谓"定帖"是对于民间典、卖契约加以证明的文件，贴在契约原件之上。不仅"定帖"要卖工墨钱十文，粘贴定帖于"正契"还要按照价金收 2‰~5‰ 的"贴纳钱"。

到了宣和元年（1119 年）八月，又一次宣布官卖"钞旁"，"久远可以照验，以防伪滥之弊。政和修敕令删去，不曾修立，反降指挥，不许出卖。今后应钞旁及定帖并许州县出卖，即不得过增价直。"② 第二年八月又规定按照崇宁三年十一月的指挥"收息"（即可以达到成本的四倍），"如敢数外增减钱及邀阻乞取者，官吏并以违制论。疾速申明行下。"当年十二月尚书省建议官卖"钞旁"、"定帖"，如果有官吏乘机作弊的要予以惩罚，"遇人户请买，当官依法出卖；不当官给卖者，杖一百；公吏人等揽买出外、增搭价钱，转者各徒二年。"③

既然是为了增加财政收入，成本自然越少越好。因此宣和七年（1125 年）四月又规定不再印卖"钞旁"、"定帖"，"止令人户从便自写钞旁纳官，置单名历，用合同印记，令人户量纳合同印记钱以杜绝阻节之弊"。只要官府在文本上加盖一个"合同"（骑缝）印章，就算是经过了官府的验证。成本低，又可以防止官吏偷卖。这个制度才实行了半年，"钦宗靖康元年正月十七日诏，罢钞旁定帖钱。令归常平司。自是民间输纳，任便书钞，纳合同钱，后改为勘合钱"。④ "钞旁"、"定帖"的名目没有了，

---

① 《宋会要辑稿》第一五一册《食货六一之六三·民产杂录》，第 5905 页。
② 《宋会要辑稿》第一三八册《食货三五之二·钞旁印帖》，第 5409 页。
③ 《宋会要辑稿》第一三八册《食货三五之二·钞旁印帖》，第 5409 页。
④ 《宋会要辑稿》第一三八册《食货三五之五·钞旁印帖》，第 5410 页。

却变成了一种加盖验证印章的手续费"勘合钱"。

　　南宋建立后再次推广官府印刷并出卖标准典、卖合同文本的制度，同时也不放弃对于契约文本征收手续费"勘合钱"。绍兴五年（1135 年）三月，根据两浙西路提刑司和户部的建议，"人户典、卖田业，计价每贯收纳得产人勘合钱一十文足"。[①] 即统一规定勘合钱为契约价金的 1%。

　　同年同月，"二十日，两浙转运副使吴革言：'在法：田宅契书，县以厚纸印造，遇人户有典、卖，纳纸墨本钱买契书填。缘印板系是县典自掌，往往多数空印，私自出卖，将纳到税钱，上下通同盗用，是致每有论诉。今相度欲委逐州通判，用厚纸，立千字文为号印造，约度县分大小、用钱多寡，每月给付诸县，置柜封记。遇人户赴县买契书，当官给付。仍每季驱磨卖过契白。收到钱数内纸墨本钱，专一发赴通判厅，置历拘辖，循环作本。既免走失官钱，亦可杜绝情弊。仍乞余路依此施行。'从之。"[②] 从这一条记载中可以得知当时已经有法律规定由官府印刷出卖典、卖田宅的契约文本，但当时规定的是由县一级印刷发卖，存在着基层官吏偷卖的弊病。这项新的法律则规定改由各州的通判来负责印刷，并且采用千字文为序的编号，发放各县出卖。每季度核查盘点一次。

　　州印县卖官制典、卖契书的制度一直维持到南宋灭亡。其间乾道六年（1170 年）曾一度改为由各路的提举常平司统一印制、发放各县发卖，但究竟不方便。乾道七年七月户部尚书曾怀建议："人户请买契纸，若令本路提举司印给，缘所属州军繁多，其间又有相去地里窎远去处，窃虑却致留滞。今欲乞依旧令逐州

---

① 《宋会要辑稿》第一三八册《食货三五之六·钞旁印帖》，第 5411 页。
② 《宋会要辑稿》第一三八册《食货三五之六·钞旁印帖》，第 5411 页。

通判印给。"① 因此维持了原有制度不变。

官府发卖标准格式的典、卖契约文本，由当事人填写，是统一交易行为的措施。但是在当时却往往变成官吏害民的手段。如淳熙七年（1180年）六月的一道"随敕申明"："民间典、买田产，就买官契，投纳税钱。今州县却以人户物力大小给目子，科配预借室契纸，候有交易，许将所给空纸就官书填。名为'预借牙契钱'。既无交易而预借其钱，岂法意哉！如有被借之家，许经台省越诉，仍委监司、御史台常切觉察。敢有违戾，即重加黜责。"②

（3）明确出典契约生效的要件。

两宋先后有关典、卖田宅契约的法令众多，而且还由官府印卖标准合同，但是究竟典、卖契约形式上、内容上有哪些瑕疵才可以认定为违法的无效合同，在很长的一段时期里并未明确。如绍兴三十一年（1161年）的这一记载：

　　六月二十二日，户部员外郎马骐言："窃谓典、卖田宅条令所载契要格式备矣。或不如式，在法未尝不许执用，所有执用者，准条明言违法，如私辄典、卖之类，是诚不可以执用也！然则契要不如格式，非违法明矣！乌可不使之执用乎？绍兴十年申明，将上件不依格式、并无牙保、写契人画字，并作违法断罪，不许执用；绍兴十九年宋贶申明，典、卖田宅不赍砧基簿对行批凿，并不理为交易。夫违法者，私辄典、卖是也，今契内一项不如式、及未批砧基簿，与私辄典、卖，情犯绝远，而一概以违法处之，则伦类不通，非所

---

① 《宋会要辑稿》第一三八册《食货三五之一五·钞旁印帖》，第5415页。
② 《庆元条法事类》卷四八《赋役门二·科赋》，第669~670页。

以为法也。"户部看详:"乞下敕令所,检照旧法及申明续降,参照看详,颁降遵守施行。""本所看详旧来臣寮申请,乞今后人户典、卖田产,若契内不开顷亩、间架、四邻所至、税租役钱,立契业主、邻人、牙保、写契人画字,并依违法典、卖田宅断罪,难以革绝交易不明、致生词讼之弊;不对批凿砧基簿,难以杜绝减落税钱及产去税存之弊。缘村民多是不晓法式,欲今后除契要不如式不系违法外,若无牙保、写契人亲书押字、而不曾经官司投印者,并作违法,不许执用(已经投印者止科不应为之罪)。所有对行批凿砧基簿事,合依原降指挥施行(不曾批凿已经投印者,令再行批凿)。"从之。①

这段史料来看,在这之前,法律有明文规定典、卖契约违法无效的情况,仅包括"私辄典、卖"(即子孙未经父祖授权私下出典、出卖);至于契约不合乎格式、未经过割等等情况,各地官府的理解并不尽相同。为此户部转请敕令所统一前后法令,作出明确的规定。敕令所作出的规定是:典、卖田宅契约未按照官府统一标准格式(包括未使用官府统一印制的契纸)的不算违法,仍然有效。但典、卖田宅契约必须至少要有牙人、保人、写契人的画押签署,并经过官府加盖官印,否则就作为违法,不仅无效,而且还要治罪。

宋代法律严格贯彻依照契约文本判定事实的文本主义。《宋刑统·户婚律》"典卖指当论竞物业"门即明确,收赎必须具有可靠的契约。宋仁宗皇祐三年(1051 年),"二月十二日诏:

---

① 《宋会要辑稿》第一五一册《食货六一之六六·民产杂录》,第 5906 页。

'详定诸典、卖田宅已成契后争论，虽步数不同，并止据元契四至为定。'"① 严格按照契约所记载的四至来判定事实。

出典契约的开始时间也由契约在官府印契的日期起算，但如果交业在印契之后的，则由交业日期起算。绍兴二年（1132 年）"闰四月二十三日诏：'应典田宅，若故违投契日限，经隔年月，遇赦恩方始自陈即印契者，其所典年限，并自交业日为始。'"②

南宋的判词中也往往引用这些法令，并依照法令规定进行裁判。"准法：诸典、卖田宅，已印契而诉亩步不同者，止以契内四至为定；其年限者，以印契之日为始，或交业在印契日后者，以交业日为始"。"在法，交易只凭契照。""凡人论诉田业，只凭契照为之定夺。"③

3. 出典交易的程序

（1）先问亲邻。

《宋刑统》颁行后不久，开宝二年（公元 969 年）北宋朝廷就又一次制定敕条明确规定问亲问邻的顺序：

> 开宝二年九月，开封府司录参军孙屿言："每奉中书及本府令勘责京畿并诸道州府论争事人，内论讼典、卖物业者，或四邻争买以何邻为先、或一邻数家以孰家为上。盖格文无例，致此争端。累集左右军庄宅牙人议定，称：'凡典、卖物业，先问房亲；不买，次问四邻；其邻以东、南为上，西、北次之，上邻不买，递问次邻。四邻俱不售，乃外

---

① 《宋会要辑稿》第一五一册《食货六一之六〇·民产杂录》，第 5903 页。

② 《宋会要辑稿》第一三八册《食货三五之六·钞旁印帖》，第 5411 页。

③ 《名公书判清明集》卷之四《户婚门·争业上》"吴肃吴镕吴桧互争田产"，第 111 页；卷之五《户婚门·争业下》"争山各执是非当参旁证"，第 160 页；卷之九《户婚门·取赎》"伪作坟墓取赎"，第 318 页。

召钱主。或一邻至著两家已上，东西二邻则以南为上，南北二邻则以东为上。'此是京城则例，检寻条令，并无此格，乞下法司详定可否施行。所贵应元典、卖物业者详知次序，民止端端。"据大理寺详定所进事件："乞颁下诸道州府，应有人户争竞典、卖物业，并勒依此施行。"从之。①

这项先问亲邻的立法是与"庄宅牙人"的讨论后作出的，很可能是当时开封地区的民间交易习惯。因此相当具体：规定先亲后邻；而四邻按照东、南、西、北的顺序，两邻以南、北或东西的顺序。

但至神宗熙宁、元丰年间变法，先问邻至之法被废除。出典、出卖田宅只需会问亲属即可。但哲宗"元祐更化"恢复旧制，不几年"绍圣绍述"又进行变革，绍圣元年（1094 年）臣僚建议："元祐敕'典、卖田宅，遍问四邻'，乃于贫而急售者有害。乞用熙宁、元丰法，不问邻以便之。应问邻，止问本宗有服亲、及墓田相去百步内与所断田宅接者。仍限日以节其迟。"②从此改为出典、出卖田宅，只需要问"有亲之邻"和与墓田相邻的地邻就可以了。

这一制度一直沿用至南宋。绍兴二年（1132 年）的立法规定了亲邻先买权纠纷的诉讼时效为一年。"闰四月十日，诏：典、卖田产，不经亲邻及墓田邻至批退，并限一年内陈诉，出限不得受理。"③当年又进一步明确。"八月二十九日，臣僚言：'典、卖田宅，批问邻至，莫不有法比。缘臣僚申请以谓近年以

① 《宋会要辑稿》第一三九册《食货三七之一·市易》，第5448 页。
② （元）马端临著：《文献通考》卷五《田赋考》，第61 页上。
③ 《宋会要辑稿》第一五一册《食货六一之六四·民产杂录》，第5904 页。

来，米价既高，田价亦贵，遂有诈妄陈诉，或经五、七年后，称有房亲、墓园邻至，不曾批退。乞依《绍兴令》：三年以上，并听离业。又缘日限太宽，引惹词讼，请降诏旨，并限一年内陈诉。欲乞将上件指挥并行寝罢，只依绍兴敕令施行。'从之。"①再次明确规定具有先买权的亲邻对于未经"批退"的典、卖交易提起异议的诉讼时效为一年。

南宋宁宗庆元四年（1198 年）颁布的《庆元重修田令》完整地规定了先问亲邻的规范："诸典、卖田宅，四邻所至有本宗缌麻以上亲者，以帐取问。有别户田隔间者非。其间隔古来河沟、及众户往来道路之类者，不为邻。"但对于该项先买权的诉讼时效又延长为三年，"诸典、卖田宅满三年，而诉以应问邻而不问者，不得受理"。② 在三年允许未被"问"的亲邻，根据这项先买权有权提起诉讼、要求以交易价格"赎回"田产。而如果是有几个"有亲之邻"都提出要求的，则"邻赎之法，先亲后疏"，③ 依照五服亲等的亲疏，依次享有优先权。另外"幕田之相去百步内者，以帐取问……两姓有墓，防其互争，则以东、西、南、北为次"。④ 与北宋时期先问地邻的顺序略有不同。

当时法官对于这项法令立法宗旨的解释是这样："立法之初，盖自有意：父祖田业，子孙分析，人受其一，势不能全。若有典、卖，他姓得之，或水利之相关、或界至之互见，不无扞格。……墓田所在凡有锄凿，必至兴犯，得产之人倘非其所自

---

① 《宋会要辑稿》第一五一册《食货六一之六四·民产杂录》，第 5904 页。

② 《名公书判清明集》卷之九《户婚门·取赎》"有亲有邻在三年内者方可执赎"，第 308 页。

③ 《名公书判清明集》卷之四《户婚门·争业》"漕司送邓起江淮英互争田产"，第 109 页。

④ 《名公书判清明集》卷之四《户婚门·争业》"漕司送下互争田产"，第 120 页。

出，无所顾藉。故有同宗，亦当先问。"①

当时法官对于该项法律内容的解释也很明确："照得所在百姓多不晓亲邻之法，往往以为亲自亲、邻自邻。执亲之说者，则凡是同关典、卖之业，不问有邻无邻，皆欲收赎；执邻之说者，则凡是南北东西之邻，不问有亲无亲，亦欲取赎。殊不知在法所谓应问所亲邻者，止是问本宗有服纪亲之有邻至者。如有亲而无邻、与有邻而无亲，皆不在问限。见于《庆元重修田令》与嘉定十三年（1220年）刑部颁降条册，昭然可考者也。"②

（2）印契税契。

自后周广顺二年后，出典、倚当田宅契约与买卖契约一样都必须加盖官印、并必须交纳契税。从理论上而言，这项立法颇具有相当的"公证"意义，而且上文也已经说明，宋代法律将印契作为契约生效的要件。五代时期是由税务机构加盖税务官印，宋代改为在税务部门缴纳契税后，再由州县政府部门加盖州县衙门的正式官印。

仔细观察有宋历朝的立法活动，可以发现有关印契税契的立法几乎都集中在征收契税上，主要的立法目的集中于增加财政收入上。值得注意的是，当时除了契税外，典、买方还必须向官府指定的田宅交易中介商"庄宅牙人"支付"牙钱"，这项牙钱甚至要高于契税钱，如后唐明宗天成四年（公元929年），"七月，兵部员外郎赵燕奏：'切（窃）见京城人买卖庄宅，官中印契，每贯抽税钱二十文，其市牙人每贯收钱一百文。甚苦贫民，请行条理。'从之"。③究竟是如何进行"条理"的，史无明文。但以

① 《名公书判清明集》卷之四《户婚门·争业》"漕司送下互争田产"，第120页。
② 《名公书判清明集》卷之九《户婚门·取赎》"亲邻之法"，第308页。
③ 《册府元龟》卷五〇四《邦计部·关市》，中华书局影印本，第6册，第6052页下。

后史籍中不再有类似的收取牙钱的记载，而官府所收的契税往往统称为"牙契钱"、"田契钱"。

北宋初年再次强调典、卖田宅都必须同样交纳契税。开宝二年（公元969年）规定出典必须和买卖一样印契及税契，"令民典、卖田宅，输钱印契，税契限两月。……违者依漏税法"。①然而根据现有史料还无法得知当时的税率是多少，或许仍然维持着五代时期2%的税率。据《文献通考·征榷六·牙契》引"止斋陈氏"的说法：庆历四年（1044年）"十一月，始有每贯收税钱四十文省之条"。②而据宋人俞文豹《吹剑录·四录·牙契钱》的说法，至嘉祐末年（约1063年左右），"每千输四十"。这一4%的契税税率维持了相当长的一段时间。

偷漏契税的处罚也相当重。天圣五年（1027年）八月因太子中舍牛昭俭、新授西京转运使高渎觌建议，三司重新"详定"有关法律。"三司据旧条：'典、卖物业，须依次第问邻里，商量相当后，限两月印契纳税。应有偷谩商税，许人告，捉将所偷税物，先纳正税外，立为三分，二给本主，一纳官，仍支一半赏捉事人。典、卖田土纳税，除倚郭县依旧就本州外，其外县人户就本县收税印契。'今详二臣所奏，昭俭说乞展限抽罚给赏，已有编敕施行外；乞应典、卖庄田宅契，本州投下，令佐验认，如无诈伪，便关所属税场依例纳钱。觌所乞下诸路晓示人户，日前典、卖未印契者，与限百日批印，只纳本税。欲并依所奏施行。从之。"③"旧条"即旧有法律规定，纳税期限为交易成交后的两个月内；偷漏契税的处罚是将应税的财物扣除应税税额后的部分三分之二还

---

①　《文献通考》卷一九《征榷六·牙契》，第187页上。
②　《文献通考》卷一九《征榷六·牙契》，第187页上。
③　《宋会要辑稿》第一五一册《食货六一之五九·民产杂录》，第5903页。

给出卖人或出典人，余下的三分之一中一半赏给告发人，一半由官府没收；"附郭县"（州政府所在县）征收契税的机构为州的税场（税务机构），其他县为县的税场，但均应经官府验证无误才可至税场纳税。新的立法改投印纳税期限为"百日"。

宋徽宗统治时期穷奢极欲，朝廷费用大增，因此百般设法搜刮。宣和四年（1122 年）为镇压方腊起义后料理地方，"六月九日，发运使经制两浙江东路陈亨伯奏：'诸路州县税契钱多寡不等，欲淮、浙、江、湖、福建七路典、卖田宅，契勘每一贯文足，增修钱二十文足，通旧收，不得过一百文省（谓如旧收钱六十文足，更只添钱二（引者注：应为一）十七文；又旧收钱七十七钱以上，即更不增添钱数）。充经制移用钱，应副被贼州县。'从之。"① 从这段史料可以发现到这时各地的契税税率已不再统一，有的地方已高达 7.7%，有的地方则为 6%。陈亨伯的建议是各地契税原则上一律多收二十文，统一调拨到两浙；但不得突破"每贯一百文省"，也就是说原则上以 7.7% 税率为准。因此原来已经每贯收七十七钱的地方就不必再增加，原来每贯收六十文的就要增收十七文。

宣和四年的这项法令将契税税率普遍提高到了 7.7%。南宋建立后，军费浩大，百废待举，建炎三年（1129 年）即重申契税，规定将契税纳入往中央输送的款项"经制钱"，"委逐路提举司兼领，逐州变转轻赍，限逐季起赴行在送纳。如州县稍有隐漏、擅便支使、起发违限，并依上供法科罪。提刑司失拘催与同罪。"② 绍兴五年（1135 年）三月，又将"人户典、卖田业，计价每贯收纳得产人勘合钱一十文足"，也作为契税的附加税，一并征收，纳

---

① 《宋会要辑稿》第一五一册《食货六一之六三·民产杂录》，第 5905 页。
② 《庆元条法事类》卷三〇《财用门一·经总制》，第 463 页。

入另一项上缴朝廷的款项"总制钱",限季上供。[①]

绍兴十二年（1142 年）十二月，南宋朝廷又下令将契税税率提高到10%，并为提高地方官催征契税的积极性，规定契税及其附加税的收入地方可以部分留成："人户典、卖田宅交易，如系足钱，每贯收一百文（除三十五文充经制钱，余一半州用、一半作总制钱）。及人户自首典、卖田宅违限投纳牙契倍税钱，三分州用，七分总制钱。"[②]

宋孝宗乾道五年（1169 年）十二月，又因为户部尚书曾怀建议，认为只要地方官着实催收，契税大有可为，"昨来四川立限，许人首，纳拘收到钱数百万贯。并婺州一州，得钱三十余万贯，其他诸路州县视为常事，恬不加意，是致收纳不尽，兼循习旧例，并不依限投税"。因此进一步加重对偷漏契税行为的处罚："人户应违限未纳契税，并已前首契不尽白契，并自今降指挥到日，限一季，许于所在州县陈首，与免罪赏。自下状日更与限一百日，送纳税钱。专委本州通判拘收，入总制帐，令作一项解发。如一州解发及一十万贯以上，从户部具知，通名衔，申朝廷推赏。若违限不首、或虽曾陈首，违百日限不纳税钱之人，并许诸色人陈告，依条断罪给赏。拘没田宅入官，仍逐旋开具拘没到数，申户部籍记，务在必行。以后更不展限。"[③]

两年后的乾道七年（1171 年）七月，户部尚书曾怀再次建议契税附加"头子钱"（南宋时对于一切现金出纳所征收的出纳税，一般为1%）等附加税。并进一步明确地方留成比例："人户合给牙契税钱，每交易一十贯，纳正税钱一贯。除六百七十五

---

① 《宋会要辑稿》第一三八册《食货三五之六·钞旁印帖》，第5411 页。
② 《庆元条法事类》卷三〇《财用门一·经总制》，第463 页。
③ 《宋会要辑稿》第一三八册《食货三五之一三·钞旁印帖》，第5414 页。

文充经总制钱外，其三百二十五文充本州之用。今欲乞将本州所得钱三百二十五文数内存留一半充州用，其余一半钱入总制钱帐，如敢隐漏，依上供钱断罪。……人户投纳契税，契钱每交易一贯，纳正税钱一百文，并头子等钱二十一文二分。"① 而据乾道九年（1173 年）三月，淮南转运司判官冯忠嘉的说法，地方官府在这之外还巧立名目：'契勘人户典、卖田宅，合纳牙税、契纸本钱、勘合朱墨、头子钱，访闻州县巧作名目，又有朱墨钱、用印钱、得产人钱，欲望重立法，禁契税正钱外敛取民钱，许人户越诉。入私历者坐赃论。'从之。"②

南宋契税的附加税以后还在增加。"先是牙税外每千收'勘同钱'（即勘合钱）十文，后又增三钱，并入总制。后于牙契勘同十钱外，又收五十六钱，分隶诸司。大率买产百千，输官者十千有畸。而买契纸、赂吏案之费不与焉。"③ 实际的税率要达到 11.66%。也有的记载称"大率民间市田百千，则输于官者十千七百有奇，而请买契纸、贿赂胥吏之费不与。"④ 如此则实际税率高达 17% 以上。

由于契税税率不断提高，而且到官府投印不可避免的还要受到胥吏的勒索，因此民间往往并不按法投印纳税，而情愿收执违法的、没有盖上官府红印的"白契"。宋朝廷为了增加财政收入，在加重匿税罪处罚的同时，也频频宣布凡有白契者，只要自首就可以免除处罚，无须罚缴"倍税"，甚至宣布可以减免一半税额。如宋徽宗建中靖国元年（1101 年），"户部状：'近据两

① 《宋会要辑稿》第一三八册《食货三五之一五·钞旁印帖》，第 5415 页。
② 《宋会要辑稿》第一三八册《食货三五之一八·钞旁印帖》，第 5417 页。
③ （宋）俞文豹：《吹剑录·四录·牙契钱》。
④ （宋）李心传：《建炎以来朝野杂记·甲集·财赋二》卷一五《田契钱·王瞻叔括契本末》，中华书局，2000，第 320 页。

浙转运使申：访闻民间日前多有典、买田宅、孳畜、船车等，私立契书。因为少得见钱，赴官投纳印税，内因循出违条限，避免倍输，多是收藏白契在私，不曾经官纳税钱。本司申请省部画降指挥，许与展限，首纳只收一重正税官钱。所展限内稍有首税名件，今来欲乞逐次已得指挥，自指挥到日为始。'从之。"① 而且惯例上，每隔若干年发布大赦令时往往宣布同时赦免匿税之罪，只要补交税额即可。如宋高宗建炎元年（1127 年）"五月一日赦：'应在今日以前典卖田宅马牛之类违限印契、合纳倍税者，限百日，许自陈，特与蠲免。事发在限内者，亦准此。'二年（1128 年）十一月二十二日赦、绍兴元年（1131 年）正月一日德音、九月十五日赦、二年（1132 年）九月四日、四年（1134年）九月十五日、七年（1137 年）九月二十二日赦同此制。"②

　　这种临时措施反而使民间产生等待赦令的副作用。甚至有的地方官府为增加契税的留成，也鼓励民间等待赦令后再行投印纳税，以至于朝廷要专门颁发禁令，指示地方监察部门严加纠察。如南宋嘉定十四年（1221 年）的一项赦条：

　　　　二月二十九日，臣僚言："……限之四月，听其投税，限满则有罚，告者以其半予之，法非不善也。自放限之说行，正限之与放限，分隶不同，正限则以其七隶经总制，放限则以其七归州用。虽系守倅通签，然倅之权非敢与郡比。故正限少而放限多，州郡利其所得，往往放限合纳官钱，明明减三之一。民乐于限外投税，则匿而不到官者多矣！此经总制之额所以日亏。甚者郡置一库名曰白契，民以匿税来

————————————
① 《宋会要辑稿》第一二九册《食货一七之二七·商税》，第 5097 页。
② 《宋会要辑稿》第一三八册《食货三五之五·钞旁印帖》，第 5411 页。

首，许犯人从便投税而贷其罪。又甚者，县官到任未暇理民
事而先议借契钱，讼牒在庭，乃以纳契钱之有无为重轻。如
此等类，未易枚举。……乞下诸路州军，自今民间交易，既
给官纸，必用官牙人立契，仍令登时申主管司附籍稽考。限
满不税，照条追究。姓名既挂官籍，白契自难隐藏。或居民
去城颇遥，限内投税不及，官司量欲放限，亦须申明朝廷，
以凭遵守。每岁不得过月。下至诸县，辄以借契钱为名科抑
民户，并仰日下禁戢。尚敢违戾，委提刑司廉察按治。提刑
司容纵不职，许本台觉察弹劾以闻。……"从之。①

（3）过割赋税。

唐末以来，为保证土地的转移不致影响到官府的赋税收入，
法律一直强调在土地占有、使用、收益权转移的同时，必须转移
土地所承担的赋税，防止"产去税存"。以后一般称之为"过
割"（典、买方将土地的赋税"过户"，出典方、出卖方将土地
的赋税"割除"）。

《宋刑统·户律》"典卖指当论竞物业"门并未提及有关过
割的制度，显然当时另有典、卖土地的过割制度，但根据现有史
料尚难以搞清其具体细节。从北宋仁宗天圣元年（1023 年）二
月一项有关人户出逃后土地赋税征收问题的立法来看，北宋初年
已有完整的过割制度。

　　　江南东路劝农使宋可观言："《农田敕》：'人户逃移，
令佐书时下乡检踏庄田，或先将桑土典、卖与人未曾割税及

---

① 《宋会要辑稿》第一五六册《食货六四之一一二·经总制钱》，第 6155 页。

割税不尽者，即时改正。'今详此敕，止是条贯未逃巳前典、卖割税。今请应将土地立年限出典与人，其受典人供输不前而逃者，所抛税物，不计年限已、未满，并勒元主供输。既绝启悖，又免漏税。"事下三司。三司检会："《农田敕》：'卖田土未及五年，其买人不因灾伤逃者，勒元主认税；其卖人五年内不因灾伤逃者，户下所抛税数，却勒买人承认；若五年已上，依例检阁。'今详可观所奏，显与买卖田土事体一般。欲请：应将地土立年限出典与人，其受典人五年内不因灾伤逃移，抛下税物，不拘元限已、未满，并勒元主供输。兼处人户，先将沃土典过，少割苗税，留下瘠地，将家逃走，其典田人如五年内不因灾伤逃移，所抛税数，却勒受典人供输。或典与数户，亦第均摊。若已认供输，本户却来归业，税物亦改正输纳。如限外归业，见佃户不愿割送改正，所佃地土并元典钱及典外余价，并不许论理。"从之。①

原来的《农田敕》规定的是有关在土地出卖以后五年内，如果买方逃亡导致赋税失落的情况下，要由原业主（出卖人）承担土地赋税，没有涉及出典的情况。宋可观建议后，三司认为出典与出卖的情况相仿，因此仿照土地买卖情况下的处理方法，仍然划定以五年为界限，五年内出卖、出典人对于土地的赋税仍然作为第二顺序的缴纳义务人。这项立法的主要出发点是防止民间出于逃避赋税的目的，虚伪交易土地后逃亡，以至于官府的赋税无从征收。

---

① 《宋会要辑稿》第一五一册《食货六一之五七·民产杂录》，第 5902 页。

随着南方山区的开发，当地土著少数民族与汉族的移民之间土地交易情况日益增多。由于原来少数民族的土地并不缴纳土地赋税，因此汉族移民与之进行的土地交易并不过割赋税。北宋统治者注意到这是在原少数民族地区推行土地赋税制度的时机，开始立法要求随这类交易对土地确定赋税。熙宁七年（1074 年）"五月十一日，荆湖路相度公事尚书右司员外郎孙览言：'徽城蛮多典、卖田与外来户。乞立法：溪洞典、卖田与百姓，即计直立税。田虽赎，税仍旧，不二十年，蛮地有税者过半，则所入渐可减本路之费。乞下辰、沅、邵三州施行。'从之。"①

政和元年（1111 年）四月的立法将出典的印契和过割结合起来，印契时就必须当场登记改正交易双方的赋税簿册，并在三天内出具业主、邻人、牙人、保人、写契人等契约的当事人、见证人的书面证明，根据出卖、出典的土地的真实情况，改换赋税登记。

> 户部奏："臣僚言：'乞令县邑严立法禁：凡质、贸田业，印契之际，须执分书或租契赴官按验亩角税苗分数之实，勒户案人吏并乡书手即时注籍。其前状割不尽者，许催税保长于农隙时具实申县，专委丞、簿追呼众典、买户均摊批契，任满括刷一县移割之数，以为殿最之法。'"看详："欲诸以田宅契投税者，即时当官注籍，给凭由付钱主，限三日勘会业主、邻人、牙保、写契人书字圆备无交加，以所典、卖顷亩、田色、间架，勘验元业税租、免役钱，纽定应割税租分数，令均平取推，收状入案，当日于部内对注开

---

① 《宋会要辑稿》第一六二册《食货七〇之一六·赋税杂录》，第 6378 页。

收。"从之。①

　　南宋绍兴十二年（1142 年）十二月李椿年建议行"经界"，实行全面的土地登记。办法是要求所有土地的实际占有者，自行将土地的来源、坐落、面积、状况等情况登记于专门的"砧基簿"，并画出土地图样、界至所在，报官府审核。未登记的土地发现后一律没官。"砧基簿"一式四份，分别保存于乡、县、州、路，以后的典、卖交易都必须在"砧基簿"上注明，一方注销、一方登记，不登记的也是一律没官。这种"砧基簿"最大的作用就在于防止逃税。以后凡土地交易的过割也就根据"砧基簿"的记录进行。"令官民户各据画图了当，以本户诸乡管田产数目，从寔自行置造砧基簿一面，画田形丘段，声说亩步四至，元典、卖或系租产，赴本县投纳点检，印押类聚，限一月数足缴付，措置经界，所以凭照，对画到图子审寔，发下给付人户，永为照应。日前所有田产，虽有契书而不上今来砧基簿者，并拘入官。今后遇有将田产典、卖，两家各赍砧基簿及契书赴县对行批凿。如不将两家簿对行批凿，虽有契帖干照，并不理为交易。县每乡置砧基簿一面，每遇人户对行交易之时，并先于本乡砧基簿批凿，每三年将新旧簿赴州。新者印押下县照使，旧者留州架阁。将来人户有诉丢失砧基簿者，令自陈，照县簿给之。县簿有损，申州照架阁簿行下照应。每县逐乡砧基簿各要三本，一本在县，一本纳州，一本纳转运使司。如有损失，并仰于当日赴所属抄录。应州县及转运司官到任，先次点检砧基簿于批书到任内作一项批云：交得砧基簿计若干面，并无损失。如遇罢任批书

----

① 《宋会要辑稿》第一五一册《食货六一之六二·民产杂录》，第5904 页。

砧基簿若干面交与某官取交领有无损失。"①

高宗绍兴十五年（1145年），进一步明确过割为印契的前提，过割登记的义务人为买受人。并且加重了对于不及时过割行为的处罚，如不过割即丧失所买受的不动产、以及已经交付的价金。并允许知情者告发，告发可以获得标的土地的二分之一。

九月三日，夔州路转运判官虞祺言："人户典、卖田宅，准条：'具帐开析顷亩、田色、间架、元（原）业税租、免役钱数，均平取推，收状入案，当日于簿内对注开收讫，方许印契。'窃详：典、卖田宅出于穷途，遂将田产破卖；多是乡豪权贵公吏之家典、买。其买地之人，每遇投税，执会本乡保正，偕令别人诈作卖地人名字赴官对会推割，嘱托乡司承认些少税役，暗行印押契赤，批凿簿书，其实元不曾依条同卖业人正身赴县。……"给事中李若谷等看详："今来所陈，皆有成法详备，务在县司恪意奉行。……如限满不首，许元卖人陈告，将所买田产，比附诸色人告获诈匿减免税租未经减免法，给半还元业人，其价钱不追，余一半没官。"从之。②

以上虞祺的建议中提到了土地交易后过割之所以困难，正是因为受业的一方都是官僚之类有势力的权豪。因此绍兴十六年（1146年）即又有新的立法，以强调过割。再次加重对于过割中的违法行为的处罚：

---

① 《宋会要辑稿》第一二三册《食货六之三九·经界》，第4898页。
② 《宋会要辑稿》第一五一册《食货六一之六五·民产杂录》，第5906页。

六月十日，权知郴州黄武言："人户典、卖田宅应推税。"诏令户部立法。户部今修下条："诸典、卖田宅，应推收税租，乡书手于人户契书、户帖及税租簿内并亲书推收税租数目，并乡书手姓名。税租簿以朱书，令佐画押。又诸典、卖田宅，应推收税租，乡书手不预报人户契书、户帖及税租簿内亲书推收税租数目、姓名、画押令佐者，杖一百，许人告。又诸色人告获典、卖田宅应推收税租，乡书手不预报人户契书、户帖及税租簿内亲书推收税租数目、姓名、画押令佐者，赏钱一十贯。"从之。①

乾道七年（1171 年）再一次强调先过割、后印契，明确过割的义务人为"进产之家"，并规定由州县的主簿专门负责过割、印契、征收契税事项："应民间交易，并先次令过割而后税契。凡进产之家，限十日内缴连小契自陈，令本县取索两家砧基、赤契，并以三色官簿：系是夏税簿、秋苗簿、物力簿，却经（径）自本县，就令本县主簿对行批凿。如不先经过割，即不许人户投税。仍以牙契一司专隶主簿厅，庶几事权归一，稽察易见。若主簿过割不时及批凿不画、或已为批凿而一委胥吏，不复点对稽察者，则不职之罚以例受制书而违者之罪。"②

宋代制度：按照占有土地的面积来征收赋税，按照财产"物力"划分的户等来征发职役。但是土地是主要的"物力"，实际上划分户等的重要依据又是占有土地的多寡。当一方出典、出卖土地后，过割的只是土地赋税，出典、出卖户的"物力"

---

① 《宋会要辑稿》第一二七册《食货一一之一八·版籍》，第5001页；另见《宋会要辑稿》第一六一册《食货六九之二四·版籍》，第6341页。

② 《宋会要辑稿》第一三八册《食货三五之一六·钞旁印帖》，第5416页。

还要等到每三年一次的户等"推排"才能得到改正。因此南宋孝宗淳熙七年（1180年）的立法试图改正这一制度。"五月二十九日，吏部尚书王希吕言：'人户既典、卖产业之后，止割税赋，如物力之类必至三年，方许推排。则产去之户虚挂物力，横被追究。又，远方县邑有一二十年未尝推排者。窃谓应人户典、卖产业，令于推割税赋之际，即与物力一并推割；如系典业，即候他日收赎之日，却令归并。'从之。"①

（4）原主离业。

除了上述的几个程序外，南宋时法律还强调土地典、卖契约成立后，出典、出卖方必须"离业"，即必须转移土地的占有，不得自己充当买方的佃户，依然耕种原地，向买方交租。

《宋史·食货志上一》载："宁宗开禧元年，夔路转运判官范荪言：'本路施、黔等州荒远，绵亘山谷，地旷人稀，其占田多者须人耕垦，富豪之家诱客户举室迁去。乞将《皇祐官庄客户逃移之法》校定：凡为客户者，许役其身，毋及其家属；凡典卖田宅，听其离业，毋就租以充客户；凡贷钱，止凭文约交还，毋抑勒以为地客；凡客户身故、其妻改嫁者，听其自便，女听其自嫁。庶使深山穷谷之民，得安生理。'刑部以皇祐逃移旧法轻重适中，可以经久，淳熙比附略人之法太重，今后凡理诉官庄客户，并用皇祐旧法。从之。"②

开禧元年（1205年）该项法令所涉及的主要是有关佃农与地主的依附身份问题，禁止地主役使佃农人身，出卖土地者本人不得成为买主的佃户，不得将债务人抑勒为佃户，地主不得干涉佃户寡妇改嫁。因此可以得知，强调出典、出卖田产的一方必须

---

① 《宋会要辑稿》第一六三册《食货七〇之七三·赋税》，第6407页。
② 《宋史》卷一七三《食货志上一·农田》，第4178页。

离业的要求，主要是为了防止出典、出卖一方就此沦为地主控制下的佃户。此事见《宋会要辑稿·食货六九之六八·逃移》："六月二十五日，夔州路运判范荪言：'……凡典、卖田宅，听其徙条（居）离业，不许就租以充客户。虽非就租，亦无得以业人充役使。'"①

本条记载所提及的《皇祐官庄客户逃移之法》，是指北宋仁宗皇祐年间（1049~1053 年）的立法。据《宋会要辑稿·食货六九之六八·逃移》所记载的当时刑部就范荪的建议而做的"看详"：

> 皇祐敕："夔州路诸州官庄客户逃移者，并勒归旧处。"又敕："施、黔州诸县主户壮丁寨将子弟，旁下客户逃移入外界，委县司尽时会所属州县追回，令著旧业，同助把托边界。"皇祐旧法欲禁其逃移。后来淳熙间两次指挥："应客户移徙，立与遣还；或违戾彊般之家，比附略人法；般诱客丁只还本身而拘其父母妻男者，比附和诱他人部曲法；如以请佃卖田诈立户者，比附诡名挟户法；匿其财物者，比附欺诈财物法。"则是冲改皇祐之法别为比附之说，致有轻重不同。今看详皇祐旧条，轻重适当，是以行之，可以经久焉！可以略人之法比附而痛绳之，且略人之法最为严重，盖略人为奴婢者绞，为部曲者流三千里，为妻妾及子孙者徒三年。使其果犯略人之罪，则以略人正条治之可也，何以比附为哉！既曰比附，则非略人明矣。夫法意明白，务令遵守，加以比附，滋致紊烦。欲今后应理诉官庄客户，并用皇祐旧法

---

① 《宋会要辑稿》第一六一册《食货六九之六八·逃移》，6362 页。

定断，所有淳熙续降比附断罪指挥乞不施行。仍行下本路作一路专法，严切遵守。"①

从这段记载中可以看到，所谓《皇祐官庄客户逃移之法》是一组关于官庄佃户逃亡的敕条，并没有涉及到出典、出卖人必须离业的内容。而且这一关于强行遣送逃亡官庄佃户的敕条主要是针对边疆地区，出于"实边"的考虑。以后南宋淳熙(1174～1189 年) 时的敕条也是主要针对官庄佃户逃亡问题的，只是进一步规定不得强行或设法抑留官庄佃户，否则即比照略人（劫持）罪处罚。开禧元年刑部建议废除淳熙敕条，仍然依照皇祐有关敕条处理。而关于出典、出卖田产必须离业应当是开禧元年的新的立法，与所谓《皇祐官庄客户逃移之法》实际上并无联系。

南宋后期这一法律在司法实践中是加以贯彻的。如南宋《名公书判清明集》中提到："在法：诸典、卖田宅并须离业。"② "在法：应交易田业并要离业，虽割零典卖亦不得自佃赁。"③ 也有的官员指出：官府在处理田产纠纷时注意的主要是两大要点：一是否有红契，二是否交业："田产典、卖须凭印券、交业，若券不印、未及交业，虽有输纳钞（缴纳田赋两税的凭据）不足据凭。"④

对于以上这些由法律所规定的出典、出卖的程序，民间实际交易中一般也是遵循的。如南宋人袁采在他的笔记中告诫子孙典、买产业时的注意事项：

① 《宋会要辑稿》第一六一册《食货六九之六八·逃移》，6362 页。
② 《名公书判清明集》卷之六《户婚门·取赎》"抵当不交业"，第 167 页。
③ 《名公书判清明集》卷之四《户婚门·争业上》"游成讼游洪父抵当田产"，第 104 页。
④ （宋）陈襄：《州县提纲》卷二。

人户交易，当先凭牙家，索取阄书、砧基，指出丘段、园号；就问见佃人，有无界至交加、典、买重叠。次问其所亲有无应分人出外未回、及在卑幼未经分析；或系弃产，必问其初应与不应受弃；或寡妇、卑子执契交易，必问其初曾与不曾勘会；如系转典、卖，则必问其元契已、未投印，有无诸般违碍。方可立契。如寡妇、幼子应押契人，必令人亲见其押字。如价贯、年月、四至、亩角，必即书填。应债务货物不可用，必支见钱。取钱必有处所，担钱人必有姓名。已成契后，必即投印，虑有交易在后而投印在前者。已投印后，必即离业，虑有交易在后而管业在前者。已离业后必即割税，虑因循不割税而为人告论以致拘没者。官中条令惟交易一事最为详备，盖欲以杜争端也，而人户不悉，乃至违法交易，及不印契、不离业、不割税，以致重叠交易，词讼连年不决者，岂非人户自速其辜哉！①

4. 典权人的权利

（1）占有、使用、收益权利。

宋代法律承认典主（典权人）在约定的年限（一般为三至六年）内对于所典到田宅的全部占有、使用、收益的权利。并且也认可在典期届满后，只要出典人尚未以原典价收赎田宅，典权人仍然可以占有、使用、收益。

典权当然可以继承，但当典权人全户"户绝"时，按照宋朝法律规定遗产应全部没官。为防止纠纷，大中祥符七年（1014 年）规定在典期届满后，如果典权人死亡后没有继承人而

---

① （宋）袁采：《袁氏世范》卷三《田产宜早印契割产》。

"户绝"的，土地由当地官府接收，原业主（出典人）应在半年内以原价收赎；如果已出典三十年、出典人无法提供契约原件或契约难辩真伪的，丧失收赎权。不能在半年内收赎或丧失收赎权的，土地就没官，成为官产。"六月诏：'诸州典买与（于）人而户绝没官者，并纳官检估诣寔，明立簿籍，许典限外半年，以本钱收赎。如经三十年，无文契、及有文契难辩真伪者，不在收赎之限。'初，三司以旧无条制，请颁定式。状下法寺，故命条约焉。"①

《宋刑统·户婚律》"典卖指当论竞物业"门已经明确了出典人的收赎权也可以继承，但是并没有当出典人发生户绝情况，应该如何处理的法条。宋真宗天禧二年（1018 年）"二月梓州黄昭益、遂州胜世宁言：'川界多争论追赎远年典、卖庄土，及至勘诰（告），皆于业主生前以钱典、市，及业主户绝，本人不经官自陈，便为己业，直至邻里争讼，方始承伏，出钱估价。望自今每户绝，如有曾典得物业人，并须具事白官。或隐匿讹误，事发即决罚免，勿许复买。'诏法寺参议。且请：'自今以田宅典人上而业主户绝者，与限一年，许见佃人具事白官估值，召人收市。限满不告，论如法，庄宅纳官。'从之。"② 因此当得知出典人（业主）户绝时，典权人承担在一年之内报告官府的义务。田宅物业由官府估价，招人收买。如果不报告官府的，要按照法律处理（应当是按照"妄认公私田"处罚，一亩以下笞五十，五亩加一等；过杖一百，十亩加一等；罪止徒二年），田宅没官。

① 《宋会辑稿》第一二一册《食货一之一八·农田杂录》，第 4810 页；另见《宋会辑稿》第一五五册《食货六三之一六五·农田杂录》，6069 页。
② 《宋会辑稿》第一二一册《食货一之一八·农田杂录》，第 4810 页。另见《宋会辑稿·食货六三之一六六·农田杂录》，第 6069 页。

（2）处分权。

从近代民法的角度来看，出典的土地的所有权仍然属于原业主（出典人），作为所有权最重要的权利——处分权并未发生转移，因此典权人并不具备处分土地的权利。但是中国古代的民事法律以及民间的民事习惯上并不认为处分权具有排他性，处分权与所有权分离的现象相当普遍。① 因此宋代法律规定典权人也具有一定的处分权。

宋代法律所承认的典权人一定的处分权，主要有先买权、出租权和转典权。

①先买权。

由于五代以来的法律规定了亲邻的先买权，那么当出典人要出卖土地时，就会影响到典权人的利益。《宋刑统》颁行后不久，宋朝廷根据李范的建议，确定典权人拥有在原业主欲出卖该项产业时的先买权，并且典权人的先买权优先于出卖人的亲邻：

> 雍熙四年（公元 987 年）二月，权判大理寺殿中侍御史李范言："准《刑统》：'应典、卖物业，先问房亲；房亲不要，次问四邻；四邻不要，他人并得交易。房亲著价不尽，亦任就得价高处交易'者。今详敕文止为业主初典、卖与人之时立此条约，其有先已典与人为主后，业主就卖者，即未见敕条。窃以见典之人已编于籍，至于差税，与主不殊，岂可货卖之时不来询问？望今后应有已经正典物业，

---

① 参见郭建著：《中国古代民事法律文化基本特征概述》，韩延龙主编：《法律史论集》第 2 卷，法律出版社，1999，第 47～68 页；郭建等：《中国民事传统观念略论》，《华东政法学院学报》1999 年第 2 期。

其业主欲卖者，先须问见典之人承当，即据余上所值钱数，别写绝产卖断文契一道，连粘元典并业主分文契批印收税，付见典人充为永业。更不须问亲邻。如见典人不要、或虽欲收买着价未至者，即须画时批退。……"从之。①

既然承认了典权人对于所典得土地的先买权，相应的也就会发生当该项土地的地邻出典、出卖土地时的先买权问题。因此宋真宗大中祥符七年（1014 年）立法确定典权人对于邻接土地的先买权。"三月诏：'自今典、卖田宅，其邻至内如有已将田业正典人者，只问见（现）典人，更不会问元（原）业主。若元业主除已典外更有田业邻至，即依邻至次第施行。'先是，京兆奏：'民有讼田以典到地为邻至者，法无明文。'故条约。"②

宋代以后的立法规定"先问亲邻"只问"有亲之邻"，这并不影响作为"先问亲邻"第一顺序的典权人的地位。但是典权人第二种对于典得土地地邻的先买权，则实际上被取消。

②出租权。

唐末以后，租佃制成为地主阶级主要的剥削形式。典权人一般并不自耕，往往也不自行经营土地，而是将典到的土地出租给佃农耕种收取地租。比如《名公书判清明集·户婚门·争业上》"吴肃吴镕吴桧互争田产"判词中提到："吴肃嘉定十二年一契，典到吴镕帝字号田六亩二角、官字号田二亩三十步，约限九年，

---

① 《宋会要辑稿》第一五一册《食货六一之五六·民产杂录》，第 5901 页。
② 《宋会要辑稿》第一二一册《食货一之一八·农田杂录》，第 4810 页。

亦已投印。其间声载批破祖关、去失上手不在（再）行用，[①] 无不分明。吴肃拘收花利，过割税苗，凡经五年。"文中"拘收花利"即收取地租。又如该书《户婚门·争田业》"伪批诬赖"判词："其父吴亚休以田五亩三角一十步，典与陈税院之父，涉岁深远。吴五三同兄弟就佃。递年还租无欠。……甘从改佃，有状入案，即移与缪百六种。"《户婚门·违法交易》"伪将已死人生前契包占"判词："契内一十八丘田，出租谷一十五石，缘何只典钱三十贯？"可见典权人仅仅"管佃收租"而非实际占有使用的情况是极为普遍的。对此法律并不禁止，显然允许典权人具有出租所典得土地的权利。

③转典权。

上章所引北宋太祖建隆三年的敕条，已规定在典期届满、要求收赎方无法提交确切契约文件情况下"其田宅见主，只可转典，不可出卖"。可见转典概念很早就已形成。

现存宋代史料中没有关于禁止典权人转典所典得土地的法条，可以说典权人具有转典的权利。民间转典的现象很普遍，但朝廷并没有明确的法律规范在转典情况下收赎的顺序。如《名公书判清明集·户婚门·争业上》"曾沂诉陈增取典田未尽价钱"的案例：

　　曾沂元（原）典胡元珪田，年限已满，遂将转典与陈增。既典之后，胡元珪却就陈增名下倒租，曾沂难以收赎。虽是比元钱差减，然乡原体例，各有时价，前后不同。曾沂

---

① "批破祖关、去失上手"："祖关"是指出典人在继承该份田业时的"关书"（分家文书）、"上手"是指出典人原来置买该项田业时的契约，全句意思是由于出典人无法提交所有权证明文件，保证以后如发现这些文件都一律作废。

父存日典田，与今价往往相远，况曾沂元立契自是情愿，难于反悔。若令陈增还足元价，则不愿收买由此确立了当出典；再令曾沂收赎，无祖可凭。且目今入务已久，不应施行，仍乞使府照会。①

这件案件中，曾沂作为典权人，在典期届满后将土地转典给了陈增，而原业主胡元珪以曾沂转典的价格直接从陈增处赎回土地。由于曾沂父亲时所典胡元珪土地时的典价高于曾沂转典给陈增的典价，曾沂觉得吃亏而起诉。但是官府所作的裁判却没有援引任何法条，只是承认"乡原体例，各有时价，前后不同"，按照民间所行惯例，不支持曾沂的请求。可见当时并没有对于转典的价格、转典收赎顺序方面的明确法律规范。

5. 出典人的权利

（1）收赎权。

如上所述，《宋刑统·户婚律》"典卖指当论竞物业"门确定了出典人的无限期收赎权。以后宋代的立法进一步对出典后的收赎权予以保护。

典权人如果在获得的土地上种植树木，到收赎时也会造成纠纷。天圣八年（1030年）坊州（今陕西黄陵、宜君两县）民马固壮，在以六千钱典得马诞顺的土地后，种植了三百棵树木。当马诞顺提出收赎土地时，马固壮就要求马诞顺在典价之外按照每棵树木三十钱的价格付清树木价钱，才可以收赎。因为树木价值达九千钱，远高于原典价，马诞顺不愿付给，形成纠纷。"十二月，知坊州杨及言：'民马固壮典得马诞顺田，计钱六千。后添栽

---

① 《名公书判清明集》卷之六《户婚门·取赎》，第104页。

木三百，元契每根赎日理三十钱。臣详：显是有力百姓将此栽木厄塞贫民，占据地土，岂可元与六千，赎田之日却理钱十千，从租作悖，邀勒贫苦，永不收赎。如不止绝，恐豪猾人户，转侵孤弱，竞生词讼。自今后元（原）典地栽木，年满收赎之时，两家商量，要，即交还价直；不要，取便斫伐。业主不得占吝。'"①由此确立了当出典人收赎时典权人不得以树木之类的添附物要求增加典价的原则，明确典权人在出典人收赎时应使土地回复原状。

宋代沿袭唐代法律有关"婚田入务"的制度，在农忙时期官府不受理民事财产诉讼。为了防止典权人利用这一制度刁难要求收赎的出典人，保证出典人随时收赎的权利，南宋高宗绍兴二年（1132 年）曾一度规定业主收赎田宅不受务限法的限制。"三月十七日，两浙转运司言：'准《绍兴令》：诸乡村以二月一日后为入务，应诉田宅、婚姻、负债者，勿受理；十月一日后为务开。窃详上条入务不受理田宅等词讼，为恐追人理对，妨害农业。其人户典过田产，限满备赎，官司自合受理交还。缘形势豪右之家，交易故为拖延至务限，便引条法，又贪取一年租课，致佃民受害。"宋高宗为此下诏："应人户典过田产，如于务限内年限已满、备到元钱收赎，别无交互不明，并许收赎。如有词讼，亦许官司受理。余依条施行。"但是过了不到半年，八月十五日，"臣僚言：'法之有务限，要所以大为之防，今若一决其防，不免于争竞。但既在务限前投状，自可申饬，有司严行理赎。或寄钱在官，给据为凭业。今若改法，恐有其弊至于害民。'"宋高宗转令户部"契勘"。户部建议维持原来的务限法统一规定："人户典田，年限已满，于务限前收赎，自有见行条

---

① 《宋会要辑稿》第一二一册《食货一之二六·农田杂录》，第 4814 页；另见《宋会要辑稿》第一五五册《食货六三之一七九·农田杂录》，第 6076 页。

法。若于务限内年限已满或未满，钱、业主两情愿收赎，自听其便。若有论诉，自合依绍兴务限条法。"得到宋高宗批准。①

但是以后南宋的法律又有新的规定。如《名公书判清明集》卷九《户婚门·取赎》胡颖在"典主迁延入务"一判中引"在法：诸典卖田产，年限已满，业主于务限前收赎，而典主故作迁延占据者，杖一百"。即典权人故意将放赎时间拖延到官府不受理民事纠纷的期限内，使出典人无法起诉的，要处以杖刑。

南宋时使用纸币交易，但由于纸币贬值迅速，如果出典时典价为纸币、收赎时要求还铜钱，就很容易发生纠纷。对此宋朝廷没有明确的立法，不过在民间的习惯以及地方官府的司法实践上，"民户典买田宅、解库收执物色，所在官司则与之参酌人情，使其初交易元是见钱者，以见钱赎；元是官会（纸币）者，以官会赎；元是钱、会中半者，以中半赎。自畿甸以至于远方，莫不守之，以为成说"。②

《宋刑统·户婚律》"典卖指当论竞物业"已明确出典人行使收赎权的要件是必须执有出典时的契约原件。以后南宋时期法律坚持交易时间已过二十年、出示的契约难辨真伪、而当事人又已经去世的，就不得向官府起诉要求收赎。"在法：'契要不明过二十年，钱主或业主亡者，不得受理。'此盖两条也。谓如过二十年不得受理，以其久而无词也，此一条也。而世人引法，并二者以为一，失法意矣！"③"在法：典田宅者，皆为合同契，钱、业主各取其一。此天下所通行、常人所共晓。胡

---

① 《宋会要辑稿》第一六七册《刑法三之四六·田讼》，第6600页。
② 《名公书判清明集》卷之九《户婚门·取赎》"典、买田业合照当来交易或见钱或钱会中半收赎"，第311页。
③ 《名公书判清明集》卷之四《户婚门·争业上》"契约不明钱主或业主亡者不应受理"，第132页。

应卯父子生居县市，岂不晓此？自称典萧屯园屋与曾知府，而乃无一字干照。今人持衣物就质库，解百十钱，犹凭帖子收赎，设若去失，衣物尚无可赎之理，岂有田宅交易而可以无据收赎也哉！"①

（2）出卖权。

按照唐末以来的有关法律规定，虽然出典人丧失了田宅的占有，但是仍然具有将之出卖的处分权。当然在行使出卖权的时候，必须尊重典权人具有的先买权。先出典、后出卖，在当时称之为"卖田根"，如《名公书判清明集·户婚门·争田业》"伪批诬赖"一判中"将上项田根于嘉定八年并卖与陈税院之父，印契分明。……契内之'兄弟商议，卖故父亚休所典之田领钱'尤分晓。父典于其先，子卖于其后，尚复何辞？"或者称之为"断骨"，如《名公书判清明集·户婚门·取赎》"典主如不愿断骨合还业主收赎"判：范郦的父亲于淳熙四年（1177 年）将一处园屋出典给丁元珍的父亲，以后丁元珍于开禧元年（1205 年）又将该份园屋转典给丁伯威，"转典价与元典价已有十千之损"。二十年后，只因为当初范郦父亲在契约上的名字和户籍上的名字不同，丁元珍就故意刁难："范郦贫窘，欲断屋骨，则不为之断骨；欲取赎，则不与之还赎；欲召人交易，又不与之卖与他人。"法官判决："如丁元珍愿与断骨，合仰依时价；如丁元珍不与断骨，即合听范郦备元典钱，就丁伯威取赎；如范郦无钱可赎，仰从条别召人交易。"也有称之为"贴买"，即贴上若干差价，成为买断交易（见下文）。

如果典权人无力收买，出典人可以和第三人交易，将田宅出

---

① 《名公书判清明集》卷之五《户婚门·争业下》"典、卖园屋既无契据难以取赎"，第 148 页。

卖。在这种情况下买方实际获得的只是一个收赎权，仍然必须向典权人收赎后，才可以实际占有、使用标的物业。比如南宋的案例："至嘉定六年，尝典与张志通、杨之才；七年后，卖与朱昌。朱昌得业，系在张志通、杨之才名下赎回。皆有连押可证。"①

（3）加价权。

典价一般低于田宅的实际价格，特别是在一些特殊情况下出典的价格会远远低于正常价格。当以后田宅价格变化，出典人一方有时就会要求典权人增添典价。宋代法律对此不做禁止，只是规定在增添典价或已典再买的情况下，应当按照所增添的典价或已典而贴买价缴纳契税。天圣六年（1028 年）八月诏："应典田土税印契后，若于元（原）契上更添典钱数，或已典就买者，依京商税院例，只据添典及贴买钱收税，粘元契在贴典就买契前批印。先是，定武军民有割典田土后来就买者，所纳税钱未有定制。因命法寺详定颁下。"② 因此可以说宋代法律默认出典人具有加价的请求权。

（三）倚当制度及其废除

1.《宋刑统·户婚律》有关倚当的规定

由唐代"贴赁"转变而来的倚当，是《宋刑统·户婚律》"典卖指当论竞物业"确定的四种不动产交易方式之一。而按照《宋刑统·户婚律》"典卖指当论竞物业"门的规定，成立倚当契约的程序和出典、买卖并无不同。同样要由尊长出面立契，并需要"先问亲邻"。倚当的收赎年限也与出典相同，"今后应典

---

① 《名公书判清明集》卷之四《户婚门·争业上》"漕司送许德裕等争田事"，第 117 页。
② 《宋会要辑稿》第一五一册《食货六一之五九·民产杂录》，第 5903 页。

及倚当庄宅、物业与人，限外虽经年深，元（原）契见在，契头虽已亡没，其有亲的子孙及有分骨肉，证验显然者，不限年岁，并许收赎。如是典、当限外经三十年后，并无文契，及虽执文契，难辩真虚者，不在论理收赎之限，见（现）佃主一任典卖"。① 根据上述立法，只要倚当的契约保存完好，倚当和出典一样，收赎年限几乎是无限的。

《宋刑统·户婚律》"典卖指当论竞物业"专门针对倚当的规定只有严禁重叠倚当。在《宋刑统》该门"起请"新立法的第三条，特意规定要严惩重叠倚当的行为：

> 一应有将物业重叠倚当者，本主、牙人、邻人，并契上署名人，各计所欺入己钱数，并准盗论；不分受钱者，减三等。仍征钱还被欺之人。如业主填纳罄尽不足者，勒同署契牙保、邻人等，同共陪（赔）填。其物业归初倚当之主。②

出于上述承认典权、倚当权利的立法原则，该法条将重叠倚当行为列为欺诈犯罪行为，规定了严厉的处罚措施：凡是构成了重叠倚当的行为人，包括所有在契约上署名的人，都要根据所获得钱款的数额计赃"准盗论"，即按照盗窃罪处罚；即使没有获得实际收入（比如在契约上副署作为交易见证人的邻居、证人）仍然要按照盗窃罪减三等处罚（即按照欺诈的总额计赃减三等处刑）；而且要一律追赃归还受欺诈人，追赃的第一顺序是重叠倚当的业主，在业主已将钱财耗费一尽、无可追赃的情况下，要由在契约上全体署名人分摊偿还。这远比《宋刑统·户婚律》

---

① 《宋刑统》点校本，第206页。
② 《宋刑统》点校本，第207页。

所沿袭的"妄认盗贸卖公私田"罪名的处罚要重。

对于重叠倚当罪的处罚力度已经和擅自将自己继承份额之外家财私自典、卖罪相等，表明了立法目的在于强调保护财产权利。卑幼擅自处分家财罪触犯的家长权利，处罚是含糊的"重断"，并不计赃论罪。这是因为家长的财产最终是也会分配给卑幼的，并且根据对于家族内部侵犯财产罪名的处罚原则上是由疏至亲逐级减轻的法律传统，[1] 不必重罚。对于侵占其他继承人财产的典、卖行为，就是侵犯了既有的财产权利，要予以严惩。倚当的当价是预付的，以后全部依靠所当得的田宅产业的收益来抵偿，不会象出典那样还可以指望回收原典价。因此重叠倚当行为严重侵犯了权利人的利益，需要比照盗窃罪来处罚。

有人依据此条认为倚当和抵当相同，并不转移标的不动产的占有。[2] 这很值得商榷。如上所述，倚当这一名称所包含的字义已具有由权利人占有、收益的含义。倚当的立法均与出典、出卖的法条相同，显然这应该是一种在外表上看来相似的民事行为，所以宋朝的政府官员才会把这些行为合并加以规范。尤其是从下文提到的法律要求倚当必须过割赋税这一点来看，土地赋税是按照土地的占有、收益方来确定的，倚当和出典、买卖的情况类似，土地的占有转移、收益转移，因此在当时的立法者来看，自然土地的赋税也应该转移。况且在以后各个朝代的法律中皆有严禁"重叠典卖"的规定（可见下文），显然不能据此断定这些朝代的出典及买卖行为都是不转移占有的。

2. 北宋初期对于倚当的进一步立法

北宋在颁布《宋刑统》后的立法中依然坚持了将倚当和出

---

[1] 叶孝信主编：《中国法制史》，复旦大学出版社，2002，第166页。
[2] 孔庆明等著：《中国民法史》，吉林人民出版社，1995，第376页。

典、出卖同样予以规范的原则。比如《宋会要辑稿·食货六一之五七·民产杂录》所载乾兴元年（1022年）应开封府上言而制订的敕条，倚当和买卖、出典的契约形式也是一样的，"应典、卖、倚当庄宅田土，并立合同契四本，一付钱主，一付业主，一付商税院，一留本县"。①

　　和买卖、出典不动产一样，倚当时还必须要转移标的不动产所负担的政府赋税。宋太宗太平兴国七年闰十二月（公元983年）诏："民以田宅、物业倚当与人，多不割税，致多争讼起。今后应已收过及见倚当，并须随业割税"。② 上文所引的后唐天复四年的倚当契约也明确规定"地子"（从上下文句分析，"地子"与其他"差税"对称，很可能是当时民间对于地税的一种俗称）由收当一方承担。

　　倚当的收赎和出典一样是无限期的。只是在某些情况下，收赎的权利有所限制。如《宋会要辑稿·食货六九之三八·逃移》所载的北宋天禧四年（1020年）的规定："殿中丞杨日严言：'民有倚、典膏腴（腴）、抛下瘠薄之地，抱税逃移者。自今若来归业，请令先承认旧逃薄田，方得收赎前来待典土田。如已有人请射本户逃田，即元（原）倚、典田土亦不以多少，止许请射人收赎，并归一户，永为永业。如请射人不及收赎，即勒见（现）佃人莳，其本主更不得收赎。'从之。"③ 即业主以逃避赋税为目的而出典、出当土地后逃走的，在收赎原出典、出当的膏腴良田时，必须首先承认对原来抛弃的瘠薄土地的所有权；如果该项瘠薄土地已被人合法占有，占有人获得收赎权。即使是瘠薄

---

① 《宋会要辑稿》第一五一册《食货六一之五七·民产杂录》，第5902页。
② 《宋会要辑稿》第一五一册《食货六一之五六·民产杂录》，第5901页。
③ 《宋会要辑稿》第一六一册《食货六九之三八·逃移》，第6348页。

土地占有人未及收赎，仍由现占有人（当主）耕种，归来的原出当人依然不得收赎。

倚当制度和典、卖也有所不同。如宋代的法律规定典、卖必须要"离业"，即出典人、出卖人必须在成立契约的同时向交易的对方转移不动产的占有。而对于倚当并无这样的硬性规定。民间的实际情况可能有很多是将自己的土地出当给有钱财主，自己依然耕种，以租谷抵销当价。另外，凡典、卖土地田房必须缴纳契税，使用官府印制的契纸，加盖官府的官印成为"赤契"、"红契"。上述五代后周广顺二年的立法规定倚当必须和出典、买卖一样经过官府的印契程序，但宋代有关倚当的立法从无此项规定。

3. 倚当制度的废止

上述倚当与出典、买卖的不同之处只是从其外表而言，倚当真正和出典、买卖行为不同的是它的性质。倚当在实际上往往是一种债务的清偿方式，立契时双方所议定的当价实际上只是债务人所不能偿还的债务数额，和转移物权的出典、买卖行为性质不同。唐宋时期的法律都规定政府不受理有关计息债务的纠纷，不得以政府的强制力来为债权人追征私人计息债务，比如《宋刑统·杂律》"受寄财物辄费用"门所引唐《杂令》："诸公私以财物出举者，任依私契，官不为理。"另一条亦称："诸以粟麦出举、还为粟麦者，任依私契，官不为理。"[①] 这一法律在宋代依然有效。出举即放贷计息债务，凡出举者不能指望由政府帮他讨债，起诉债务人也不会被受理，也无法借助政府的强制力来迫使债务人履行债务、并对债务人进行处罚。由于这一法律原则，倚当所抵销的究竟是以当价形式出现的债务的原本、还是包括其

---

① 《宋刑统》点校本，第 412 页。

利息？从现有史料分析，北宋初年立法对于这个问题并没有明确的规定。

《宋会要辑稿·食货三七之一二·市易》载有北宋天圣六年（1028 年）八月间对于这一问题讨论：

> 审刑院、大理寺言："枢密副使姜遵言：'前知永兴军，窃见陕西诸州县豪富之家，多务侵并穷民庄宅，惟以债负累积，立作倚当文凭，不逾年载之间，早已本利停对，便收折所倚物业为主。纵有披诉，又缘《农田敕》内许令倚当，官中须从私约处分。欲乞应诸处人户田宅凡有交关，并须正行典卖，明立契书，即时交割钱、业。更不得立定月利，倚当取钱。所贵稍抑富民，渐苏疲俗。其自来将庄宅行利倚当、未及倍利者，许令经官申理，只将元（原）钱收赎，利钱更不治问。如日前已将所倚产业折过，不曾争理，更不施行。'寺司众官参详：'乞依所请施行。只冲改《农田敕》内许倚当田土宅舍条贯，更不行用。'"并从之。①

以上所引的这条资料极其重要，它说明在姜遵上言以前，北宋的立法是互有矛盾的。《农田敕》② 允许倚当，而当时的豪强借此以计息债务倚当穷民的不动产，往往在倚当当价之外另行按月计算征收利息。即使不动产的收益及所收利息实际上早已抵销

---

① 《宋会要辑稿》第一三九册《食货三七之一一至一二·市易》，第 5453～5454 页。
② 《农田敕》或是《景德农田编敕》的简称，据《宋史》卷七《真宗本纪》：景德二年"冬十月庚辰，丁谓上《景德农田编敕》"。另据《玉海》卷六六则言："三年正月七日，右谏议大夫三司使丁谓等上《景德农田编敕》五卷。"与本纪之说相差三个月。《农田敕》当为有关农田的敕条的汇编，后与《编敕》并行，至天圣四年（1026 年）编入《编敕》，合为一书。

了债务的原本、及相当于原本的利息——所谓"本利停对"，却仍然继续占有不动产，实际是以不动产准折债务。然而出当一方的债务人又不能起诉，因为倚当行为是合法的，从表面上看来并不是"有利债负准折"。而计息借贷行为又是"任依私契，官不为理"，官方只能按"私约处分"，不能强制受当的债权人归还所占有的不动产。按照唐宋法律，对于计息借贷，官府只受理债务人所提起的债权人有"违法积利、契外掣夺"行为的诉讼（《宋刑统·杂律》"受寄财物辄费用"门引唐《杂令》）。而在倚当的情况下，表面上看来债权人并没有在法律的限制利率之上收取利息，也没有强行掣夺债务人的财产。这样一来，官府对于这类以倚当为名剥夺穷民庄宅的行为就无法可依。原来立法所贯彻的保护贫弱的原则实际完全落空。姜遵为此建议：禁止以计息债务倚当田宅，凡不动产交易只能是出典或买卖。原有的此类交易，允许出当的债务人向官府起诉，只要债务人提供原本就可收回不动产。如果倚当的不动产已被债权人折为己有、债务人未起诉的，也不再追究。姜遵的这项建议经过大理寺的讨论，得到同意，大理寺并主张以这项新的立法取代《农田敕》中允许倚当的内容，原有关的条文不再使用。这项立法建议经皇帝的批准，成为新的法律。

就在上述立法讨论的一个月后，宋朝朝廷又进一步加强对于倚当的限制。《宋会要辑稿·食货一之二四·农田杂录》：

（天圣）六年九月，河北转运使杨峤言："真定民杜简等状称：近年水、旱、蝗灾被，豪富之家将生利斛斗倚、质桑土。"事下法寺，请应委实灾伤倚、质者，令放债主立便交拨桑土与业主佃莳，其所取钱斛候丰熟日交还。如拖欠不还本钱，官中催理，利息任自私断。自今后，更不得准前因举取倚、质桑土。实抑兼并，永绝词讼。从之。①

　　这一法令再次明确倚当、出典不得计息，实际上这两件天圣六年的立法宣布了倚当已不再是受到法律承认、保护的行为。从此宋朝政府立法时不再有将倚当与出典、买卖行为一起加以规范的情况，也不再有单独的关于倚当的立法。倚当逐渐成为了民间的习惯，其契约的强制力完全依靠当事人自身对于契约的认同及民间的惯行。因此史料中也少有倚当的记载。

　　倚当以后成为民间的"私契"。从债权人的角度来看，倚当得到一块土地，在占有、收益所约定的二三十年后，就要归还给债务人，如不能累计利息，那就远不如采用典地的方法，同样的土地，只要债务人（出典人、原业主）不能拿出典价来赎取，就可以一直占有收益下去。况且典权得到法律的保护，更为名正言顺。因此北宋后倚当这一不动产转移方法在民间经济生活中的重要性下降。

　　宋代史料中只有一些零星的记载，涉及到民间的倚当交易。如《宋会要辑稿·食货四一之四六·禁珠玉》载宋仁宗"景祐四年（1037 年）正月二十七日，衢州客毛英言：'将产业于蕃客处倚当，赊真珠三百六十两到京，纳商税院，行人估验价例称：近降诏，禁止庶民，不得用真珠耳坠、项珠，市肆贸易不行。只量小估价，缘自卖下真珠，方得限钱，纳税无所从出。乞封回广州，还于蕃客。'诏三司相度，许将真珠折纳税钱。"②

────────────

① 《宋会要辑稿》第一二一册《食货一之二四·农田杂录》，第 4813 页。该条另见于《宋会要辑稿》第一五五册《食货六三之一七七·农田杂录》，第 6075 页。
② 《宋会要辑稿》第一四二册《食货四一之四六·禁珠玉》，第 5559 页。

《名公书判清明集》卷之六《户婚门·抵当》有一篇名为"倚当"。但从其内容来看，通篇所言则为抵当。"所谓抵当者，非正典卖也。……大凡置产，不拘多少，决是移业易佃，况三十余亩，关涉非轻，何不以干人收起田土，却以牙人宋天锡保抱租钱？……可见原是抵当分明。"显然这是一桩并未转移标的占有的交易，并非倚当。实际这是一方指定特定的田产收益作为债务的担保，这在宋代称之为"抵当"，也是民间的"私契"，并非官府承认并保护的交易。"不过税、不过业，其为抵当，本非正条。"①

（四）与典权相关的抵当制度

宋代与典权制度有关的另一项法律规定的民事制度是"抵当"。"抵当"包括了动产的质押、以及指定不动产收益作为债务担保这样两种民事制度。

1. 抵当的字义

上文已经提到，"当"很早开始就用于表示抵押，而"抵当"一词中的"抵"字本身就具有"当"的字义。抵字原具有推、距、触等字义，《说文解字·手部》："抵，挤也。从手氏声。"《广雅·释诂三》："抵，推也。"而同时又具有接近于"当"字的抵偿、抵销含义的字义。如《小广雅·广言》："抵，当也。"《吕氏春秋·有度》："受赏者无德，而抵诛者无怨。"高诱注："抵，当也。"②《汉书·高帝纪》汉高祖刘邦入关，与秦

---

① 《名公书判清明集》卷之六《户婚门·抵当》"抵当不交业"，第167页。
② 《诸子集成》第6册《吕氏春秋》卷二五《似顺论·有度》，第323页。

民"约法三章",其中"伤人及盗抵罪",颜师古注:"抵,当也。"① 与当相比,抵字表示这种接近于"当"的字义的时候,一般是用于表现后果较为消极的、被动的场合。

"抵当"一词的出现很早。唐末五代法令中已可见到不少"抵当"的说法。如唐懿宗咸通八年(公元 867 年)五月发布的"德音":"举、便、欠负,未涉重条,如闻府县禁人,或缘私债,及锢身监禁,遂无计营生。须有条流,俾其存济。自今日以前,应百姓举、欠人债,如无物产抵当、及身无职任请俸,所在州县及诸军司,须宽与期限,切不得禁锢校科,令其失业。"② 五代时期提及抵当的法令也并不少见。如后唐长兴元年(公元 930 年)一月南郊以后的蠲复诏书:"应诸道商税课利、扑断钱额去处,除纳外年多蠲欠,枷禁征收,既无抵当,并可放免。"③ 后晋天福二年(公元 937 年)十月戊戌赦敕:"应欠省司课利场官院等,宜依近行宣命期限,磨勘征督。内有送纳所欠钱物得足者,其余限惩罪特放。如有没纳本人及本人家业尽抵外,尚欠钱物更无抵当者,其所欠并与蠲放。"④ 后周广顺二年(公元 952 年)开封府拟定指挥:"应有诸色牙人、店主人引致买卖,并须钱、物交相分付。或还钱未足,只仰牙行人、店主,明立期限,勒定文字,递相委保。如数内有人前却及违限,别无抵当,便仰连署契人同力填还。"⑤ 显德元年(公元 954 年)南郊蠲复诏书:"诸州府广顺二年已前逋欠税 征钱并放,其二年终已前主持省钱

---

① 《汉书》卷一上《高帝纪一上》,中华书局,1999,第 17 页。

② (宋)宋敏求编:《唐大诏令集》卷八六《政事·恩宥六》,学林出版社,1991,第 446 页。

③ 《册府元龟》卷四九二《邦计部·蠲复四》,中华书局影印本,第 6 册,第 5881 页上。

④ 《册府元龟》卷四九二《邦计部·蠲复四》,中华书局影印本,第 6 册,第 5885 页上。

⑤ 《五代会要》卷二六《市》,第 416 页。

及主仓库败缺者，据纳家业外无抵当者，并释放。"① 显德四年（公元 957 年）正月诏书："诸道州府应欠显德三年终已前秋夏税物并与除放。诸处败缺场院人员自来累行征督，尚有逋欠，实无抵当者，宜令三司具欠分析数目闻奏。"②

从上述的几项唐宋之际的立法来看，"抵当"两字连为一词，表示的是不能清偿的债务人所能提供的抵偿债务的财产，表示的是担保、抵押的词义。在债务成立的同时就可以设定抵当的财产，当债务未能清偿时，就将原来指定的抵当财产抵偿债务。因此抵当一词在唐宋时期，既可以指债务的担保及抵押的行为，又可以指设定了这种担保及抵押的财产；既可以用作动词，又可以用作名词，使用相当随便。

从上述的几件法令来看，仅唐咸通八年德音的效力是及于私人债务的，而且根据其规定可以看到，在当时无论是计息的"出举"债务、还是不计息的"便"、"欠负"债务，只要债务人家中尚有"物产"就应"抵当"清偿。而五代的几件法令，其效力都局限于私人欠下的官债，有的是不能完成向官府承包的商税额，有的是主管官府仓库亏损，在以家业尽抵后别无抵当的情况，可以被朝廷的赦令免除官债。至于私人债务是否可以这样以田宅来抵偿则并不明确。

2. 宋代的官营不动产抵当制度

抵当在宋代被法律规范。上文已经提到宋代的法律明确禁止以土地房屋"准折"计息债务，抵当的土地房屋之类的财产若是用以直接折抵各类债务，就和宋代法律所规定的不得以田宅"准折"有息债务的原则相抵触。因此宋代的法律所承认、所允

---

① 《册府元龟》卷四九二《邦计部·蠲复四》，中华书局影印本，第 6 册，第 5889 页上。
② 《册府元龟》卷四九二《邦计部·蠲复四》，中华书局影印本，第 6 册，第 5889 页下。

许的抵当，主要是指以田宅的收益来抵销债务的行为。设定抵当后，田宅依然由出抵人占有、使用，只是在未能清偿债务的情况下部分的收益才按规定要转移到债权人手中。

（1）为担保官府财经事业的抵当。

宋代广泛采用抵当担保和官府有关的经济关系。如宋代凡主持、管理官物者都必须以自己的财产设定担保。如衙前为宋代一项职役，承役人要为官府看管、运输物资，如有遗失，就要以财产抵当。甚至其同居的亲属也要承担连带责任，《庆元条法事类》卷三十二《财用门·理欠·令》载南宋令文："诸同居主持官物有欠（谓同供抵当者），虽已分居，并均纳（有欺弊者，先理犯人己分，不足者均备〔赔〕）。"该门所引的另一条令文又规定："诸抵保人主持官物，而保人于主持人未欠官物以前身故者，即取问保人本家有分人愿与不愿抵保，如不愿，即别召人抵保。"这里的抵保应该是"提供抵当并保证"的意思。该门又有一条令文规定："诸以财产借赁与人充抵当，有欠折者，勾收填纳，价钱不理。"① 即把财产租借给他人充抵当主持、经营官物的，一旦发生亏损，其财产同样要用以弥补官府财产损失，而且官府不插手处理其与租借人之间的租金价钱纠纷，出租人只能依靠自力救济来实现收回租金。

宋代在官府的一些具有营利性质的事业中，普遍采用了要当事人提供抵当的制度，以图确保官府的财政收入。上文所引的一些五代时期的法令中已可看到当时已经在承包商税、承包官营事业（"扑断钱额"）等等方面要责任人以自己的物产作为抵当，保证官府的利益不至于失落。北宋初年就连"请射"逃户田产

---

① 《庆元条法事类》卷三二《财用门三·理欠》，第513页。

也要有抵当。《宋会要辑稿·食货六三之一七一·农田杂录》载大中祥符六年（1013 年）敕："江南逃田，如有人请射，先勘会本家旧业，不得过三分之一。"其本家的田业就是作为请射的逃户田产（已被视为官府的产业）的抵当，"无田抵当，更不给付"。立法的原意是为了保证官府的地租收入。天圣元年（1023年）江西劝农使朱正辞上言，批评这一敕条："若旧业田有三分方给一分，则是贫民常无田业，请射唯物力户方有抵当。"后经三司使及司法机构的讨论，规定了新的敕条："应管逃田，许不问户下有无田业，并令全户除坟茔外请射充屯田佃种，依例纳夏秋租课，永不起税。"从此请射逃田才无需提供田产抵当。①

另外，北宋时法律规定幼年孤儿所继承的遗产要由官府"检校"管理，五千贯以下的田产允许他人在提供抵当后"借请"耕种，每年收"二分之息"（20%），作为官府抚养孤幼的资金。待孤儿长大后归还田产。政和二年（1112年）原汝州知州慕容彦逢上奏："孤幼财产，官为检校，不满五千贯，召人供抵当，量数借请，岁收二分之息，资以赡养，俟其长立而还之。法意慈恻，尽于事情。而形势户虚指抵当，或高估价直（值），冒法请领，不唯亏欠岁息，乃至并本不纳，迨其长立，冒法请领之人或役官远方，或徙居他所，或不知存在，或妄托事端，因致合给还之人饥寒失所。欲乞检校孤幼财产，不许形势户借请及作保，其所供抵当，委官验实，估定价值，方许借给。"②慕容彦逢的立法建议得到了批准，借请孤幼财产的抵当必须经过仔细的查验、估价，禁止"形势户"豪富之家参与。

---

① 以上过程见《宋会要辑稿》第一五五册《食货六三之一七一、一七二·农田杂录》，第6072 页。
② 《宋会要辑稿》第一五一册《食货之六一之六二·民产杂录》，第5904 页。

　　宋代是中国古代官营专卖事业最发达的时期，盐、酒、茶、醋、矾、铜、铅、锡、铁等等行业都曾采用官营专卖的制度，而且在具体的经营上也广泛采用召商承包经营的方式，即所谓"扑买"、"扑断"；或者是召商批发官营物资进行销售，进行批发及扑买者在批发官物及扑买官营事业时都必须要提供抵当。这种抵当有的可以是动产，并且在设立抵当的同时就转移财产的占有。如《庆元条法事类》卷三十六《库务门一·场务·令》所载的令文："诸买官酒、矾、铜、铅、锡，许以金银或匹帛丝绵之类充抵当（铺户买盐同），不得过所直（值）六分。经一年不赎，勒元（原）当人典、卖偿纳。过二年不赎者没官。"① 批发官物可以不直接缴纳现款，而以金银之类的贵重财产作为抵当，批发官物的价值不得高于其提供抵当的财产的60％，当经营不善导致官物无法在一年内售出，使得无法偿还官物价款时，抵当的财产就要被官府强迫典、卖偿债，过两年还未能赎取，全部抵当的财产就被官府没收。同卷又有一条令文是关于扑买的："诸承买官监酒务……随买价纳其见（现）在物，并估钱给（酒、麹、醋，估功料价；糟及柴薪什物之类，估实值，仍别供抵当），分三年随课利纳。"同卷另有一条《场务令》文是关于抵当财产可以免除商税的："诸以物赴官抵当及卖纳入官钱物……并免税。"②

　　然而以田宅为抵当的现象更为普遍，如《宋会要辑稿·食货五之二〇·官田杂录》载南宋绍兴元年（1131年）"臣僚言"，提到当时抵当的弊病："或有因抵请市易官钱营运，或买

---

① 《庆元条法事类》卷三六《库务门一·场务》，第539页。
② 分别见《庆元条法事类》卷三六《库务门一·承买场务》，第546页；《库务门一·商税》，第550页。

扑坊场，或赴场盐请盐，通出田产抵当，多是计会估量，官吏、田宅牙人虚添亩角，增抱钱数。"① 田产抵当有估价问题、土地的丈量问题等等，很容易被那些别有用心的人利用，为此，《庆元条法事类》卷三十二《财用门二·理欠·杂敕》载有敕条；"诸估抵当财产致亏官者，徒二年。"②

（2）王安石变法时期的不动产"抵当"。

北宋王安石变法时期，进行了大规模的改革。其在财政方面的改革措施尤多，尤其是大大加强了官府放贷机构的职能，意图以政府的放贷和民间的质库之类的高利贷业竞争，一方面为官府增加财政收入，另一方面号为"抑兼并"。宋神宗熙宁二年（1069 年），王安石主持下开始推行"青苗法"，将官府积贮的民间备荒粮食及其他物资、钱财作为本钱，春荒季节放贷给农户，夏秋征税时收偿，年息二分（20%）。乡村人户每五户为一保，按照户等确定放贷的数额，到时不还，保人承担连带责任。"坊郭户"（城镇居民）欲借贷青苗钱者则必须要有"物业抵当"。③ 这里所言的"物业"按照唐宋时的惯例即为田产之类的不动产。尽管有关青苗法的争论延续了很长的时间，留下了大量的记载，但当时所规定的抵当制度的详细情况依然不得而知。从这些争论的焦点并非抵当本身来推测，青苗法的抵当制度应该和其他的官营事业抵当制度没有重大的差别。

对抵当制度有重要发展的是"市易法"。宋神宗熙宁五年（1072 年），开始推行市易法，在京师设立市易务，一方面对于市场百货贱买贵卖，既平抑物价，又能够使官府得利；另一方面

---

① 《宋会要辑稿》第一二三册《食货五之二〇·官田杂录》，第 4870 页。
② 《庆元条法事类》卷三二《财用门三·理欠》，第 511 页。
③ 《宋会要辑稿》第一二一册《食货四之一九·青苗》，第 4855 页。

向商人及百姓放贷，"随抵当物力多少，均分赊贷"。抵当的财产主要是田宅，"以地为抵，官贷之钱"。又"召在京诸行铺户牙人充本务行人、牙人，内行人令供通己所有或借它人产业、金银充抵当，五人以上为一保"，为官府经营贸易，允许按照"抵当物力"赊买经营官府物资。① 市易放贷及赊买的利息为年息二分，半年以下为一分。市易法在京师试行后逐渐推广至各地城镇。元丰二年（1079 年）修订市易抵当制度，规定："其用产业抵当者，留契书，岁息一分半。检估官员如容增直（值）冒请，以违制论，不以去官赦降原减。即赊请物，如旧法，毋得过其家物力之半。"同时又允许各地仿照京师制度"听以金银、物帛抵当，收息毋过一分二厘（年息 12%）"。②

根据当时的法律，抵当的田产只能以收益抵偿债务，不得直接出卖折抵债务。但在市易务抵当方面，这一旧有制度在宋徽宗建中靖国元年（1101 年）发生重大变化：

> 十月二十一日，户部言：内外因欠市易钱物折纳屋业、田产，准指挥更不出卖，令人户承赁、住佃。又准今年二月十六日朝旨：闲慢处屋业许行出卖。伏缘诸路市易折纳田产，比有肥瘠，皆可耕种，见（现）令却依冲要屋业一例不许出卖。况天下户绝田产不以肥瘠并行出卖。其市易折纳田产，今相度欲乞并依户绝田产法。从之。③

户部的立法理由一是已有法令允许空闲地方的抵当房产出卖

---

① 《宋会要辑稿》第一三九册《食货三七之一四、一五·市易》，第 5455 页。
② 《宋会要辑稿》第一三九册《食货三七之二七·市易》，第 5461 页。
③ 《宋会要辑稿》第一三九册《食货三七之三四·市易》，第 5465 页。

抵偿市易官债；二是户绝田产也是由官府管理的，但一直是允许
出卖的；为统一制度，所以要允许将抵当的田宅出卖抵偿市易官
债。但实际上的理由显然是为了加速官债的偿还速度，提高市易
务的资金周转率。因为早在市易法初行的元丰二年（1079 年），
都市易司已经抱怨：“诸路民以田宅抵市易钱，久不能偿，公钱
滞而不行，欠户有监锢之患。欲依令：赊当在官，于法当卖房
廊；田土重估实直（值），如买坊场河渡法，未输钱间，官收租
课。”① 即为防止债务人自己依旧占有田宅赖帐不交租课，立法
将抵当的田宅中的房产出卖抵偿官债，田产则重新估价确定租额
后转租他人，官府收取田租。这里所规定的抵当房产可以出卖抵
偿市易官债的制度可能在以后又发生变化，改为只可出卖空闲地
方的房产。而到建中靖国元年的法令，房产、田产都可以出卖抵
偿市易官债了。然而从上文提到的南宋抵当方面的立法来看，其
他的官债抵当依然不能直接出卖抵偿。

（3）不动产抵当的具体办法。

从现存的史料中还难以找到宋朝有关抵当制度的完整法律条
文，只能从其他的史料记载中加以推求。《庆元条法事类》卷三
十二《财用门三·理欠·令》引《庆元令》文：“诸主持人欠官
物致估产业者，元（原）无欺弊，听以产业所收子利偿，纳足
给还。”② “子利”就是孳息的意思，可见当时的法律规定是以不
能清偿的债务人的田宅收益来抵偿官债的。

另外更具体的材料可依据《宋会要辑稿·食货五之二二·
官田杂录》所载南宋绍兴四年（1134 年）九月十五日赦令：

---

① 《宋会要辑稿》第一三九册《食货三七之二八·市易》，第 5462 页。
② 《庆元条法事类》卷三二《财用门三·理欠》引《庆元令》，第 512 页。

诸路衙前因欠拘收抵当物产，在法许以子利偿欠，如依限纳足，却给原产。限外不足，犹许租佃。其间有自父祖以来因欠官钱，岁月渐久，官司有失举催，子孙却将抵当为己业典卖，有经三四十年，偶因首告，便给与告人，仍追钱、业，为害不细。仰诸路州县守令按籍根刷，如有真似此之类，已经其照刷者，并与销落；未及三十年者，自今冬为始起理租课，已前积欠，并与放免。或愿备（赔）元（原）欠纳者，官给还元（原）业，再经半年尚纳不足，即依理欠法施行。①

从这条敕令分析，抵当的财产是因为承担衙前职役的百姓欠负了官府的钱财才被官府拘收的，那么很明显在设定抵当时，这些财产仍由衙前占有。而且按照当时的法律，所拘收的抵当财产并不直接用以折抵衙前所欠负的官债，而是用抵当财产的收益（子利）来抵偿官债。当在规定的期限内抵当财产的收益抵偿了官债之后，原来的所有人（即债务人）就可以收回财产。即使在规定的期限内未能全部抵偿，债务人仍旧可以向官府承租的形式收回财产，以所交的地租继续抵偿债务。由于年岁长久，官府的催征逐渐放松、甚至停止，以至于债务人的子孙认为田产完全属于自己所有，将田产出典或出卖，经过三四十年后，被一些别有用心的好事之徒告发，田产被官府赏给告发者，原债务人的子孙不仅完全失去田产，还要重新承担债务的清偿。这样就引起了社会矛盾的激化。为避免这种情况，南宋朝廷对原来的法律加以修改：凡官府已停止催征 30 年以上的抵当财产就算是归还给原

---

① 《宋会要辑稿》第一二三册《食货五之二二·官田杂录》，第 4871 页；此条另见于《宋会要辑稿》第一五一册《食货六一之七·官田杂录》，第 5877 页。文字略有不同。

所有人，官债"销落"取消；官府停止催征还不满30年的，从绍兴四年冬再开始计算租课形式出现的债务抵偿，以前的积欠予以免除。如果愿意赔偿原来全部的欠负，田产依旧归还；但如果在半年后未能清偿的，还是要按照专门的"理欠法"，由专门的机构"理欠司"进行追征。

另外根据《庆元条法事类》卷三十二《财用门三·理欠·令》所载的一条令文："诸欠，限三十日磨勘均认（以见欠日为始），无欺弊者，限三十日催纳；若不足，限五日关理欠司（纳未及二分止关八分，其二分自监催）。即遇赦，放，止催赦前应纳数，其赦后者，保明申监司，验实以闻。……五季限满未足，先估纳财产，次克请受；不足，勒保人限三十日填纳；如未足纳，元（原）抵当又不足，虽在赦前数，亦停催，准上法，保奏除放。其财产赦前失拘收者，仍拘收依元（原）限偿纳。"① 当追征事务转归理欠司后，一旦仍不能清偿，仍然会再次估纳财产，拘收抵当的田产。

南宋时法律允许的抵当是计息的，田宅的收益用以抵偿原债务的原本及其利息。南宋《庆元条法事类》卷三十《财用门·经总制·式》引式文："抵当，四分息钱。本季内人户收赎过钱，计钱若干、每贯合收息钱若干、本季内收到钱若干。"② 四分息钱，即年利40%。式为宋代官府的办事程式，从这条式文分析，当时官府对于抵当财产抵偿官债是按季进行催征，本钱和利息要分开计算，很可能是每季征收一分利息。而按照北朝以来历朝法律所规定的债务利息不得超过原本100%的法律原则，抵当财产所生利息应该最多不得超过原本。

---

① 《庆元条法事类》卷三二《财用门三·理欠》，第513页。
② 《庆元条法事类》卷三○《财用门一·经总制》，第460页。

（4）宋代民间的不动产抵当。

宋代民间也有抵当，但从现有的史料来看，还不能找到明确的有关民间抵当行为的正式法律条文，很可能官府对此的立法态度是"任依私契，官不为理"。官府法律所承认的"正行交易"只是出典、买卖两种。严格意义上而言，抵当是违法行为。如《名公书判清明集》卷四《户婚门·争业》"游成讼游洪父抵当田产"的书判中称："且乡人违法抵当，亦诚有之，皆作典契立文。"①

《名公书判清明集》卷六专有"抵当"一类，收集了三个案例。其中吴恕斋所作"抵当不交业"一篇中，强调"不过税、不过业，其为抵当，本非正条。"这里的"正条"即应该是有正式法律规定的意思。在这三个案例中，法官都没有引用任何正面涉及抵当的法条来进行裁判，而都是引用有关出典和买卖的法条从反面认定发生纠纷的交易性质。如"抵当不交业"的书判中，吴恕斋引用的是"诸典卖田宅并须离业"及"诸典卖田宅投印收税者，即当官推割、开收租税"这两条法条，并以这两条衡量所要处理的案件，认定案件关键的契约虽然以"典"为名，也曾缴纳契税、加盖了官印，但受典人从未缴纳过田赋两税；出典人在接受了280贯典价后，也从未离业，继续占有耕种土地；而且双方在典契成立的同时又订立了"租约"，规定出典人每年向受典人交田租会子30贯；所以实际上是出典人以自己的7亩土地为抵当，举借受典人会子280贯，"其为抵当而非正典明矣！"

第二个书判"以卖为抵当而取赎"，也是吴恕斋所判，同样

① 《名公书判清明集》卷四《户婚门·争业》"游成讼游洪父抵当田产"，第104页。

按照上述两条法条的精神，认定"其有钱、业两相交付，而当时过税离业者，其为正行交易明，决非抵当也。"即从有过割、有离业这两条出发，确认争讼的交易是典、卖"正行交易"。

第三个书判"倚当（当为抵当之误）"为叶岩峰所判，未引法条，只是说明："所谓抵当者，非正典、卖也。"①

由此可见，抵当在宋代只是民间的惯行，并不是正式法律承认、保护的"正行交易"。正因为如此，很多民间的抵当契约都要伪装为出典或租佃的契约形式。

然而从上述的三个书判来看，当时民间设定抵当的借贷形式是相当普遍的。一般是由债务人将自己的田产契约之类的权利证书交给债权人收藏作为抵押，并约定用抵当财产的收益来抵偿债务的利息，在约定的期限达到、债务清偿之后，即可赎回原契。这和上述的官债的抵当制度有所不同。如第一个书判所涉及的案件中，债务人（名义上的出典人）以续订的租约形式承担债务的偿还义务，前后经过26年，已还的租金累计达480贯。债务人去世后，债权人（名义上的典权人）要求债务人的儿子缴纳实物地租（当时纸币"会子"严重贬值），吴恕斋则认为"始不过以二百八十贯抵当，积累二十六年，取息亦不为少"，判决由债务人再还60贯会子，赎回所谓的典契即可。很明显，在此法官所考虑的是债务人累计还息480贯，再加判决的60贯，已接近原本的200%，达到"本利相侔"的水平，债务应视为已经清偿。

第三个书判所涉及的案件中，一方以33亩土地"出典"给另一方，得典价450贯。但契约上却有典权人亲自注明的文字，

---

① 分别见《名公书判清明集》卷六《户婚门》"抵当"，第167~171页。

说明由牙人将自己的地契为"当"，保证出典方还钱，"候钱足检还"。而且土地并未转移占有，只是出典人（实际上的债务人）在以后的三年里每年向典权人交"地租"钱。叶岩峰据此认定"可见原是抵当分明"。三年后，出典人归还钱300贯。双方再无异议。只是在15年后，双方当事人都已去世，典权人的儿子起诉要求再得地租钱。这里所谓的地租钱实际上原来只是债务利息的形式而已，因为债务人一次还清债务（原所举借的450贯为现钱、会子各半，会子的币值极低，归还300贯现钱实际足以清偿债务），所以抵当实际已经结束。叶岩峰则判决债务人的儿子再交付原债务中的会子数额，即可再无纠纷，赎回牙人的地契。从这个案例中可以看到，抵当时债务人应将自己田宅的证书（地契）交给债权人保存，待债务清偿后赎回，本案中是由牙人以自己的地契代替了债务人的地契。

3. 宋代的动产抵当制度

宋代官营放贷机构建立的另一个制度是与质押相当的动产抵当制度。

神宗熙宁五年（1072年）在京师设立市易务，一方面对于市场百货贱买贵卖，既平抑物价，又能够使官府得利；另一方面向商人及百姓放贷。其担保的"抵当"可以使用动产。使用动产抵当的就相当于质押，"听以金银、物帛抵当，收息毋过一分二厘（年息12%）"。[①]

原来在京师有五所"免行所"：属于司录司的检校小儿钱（孤儿财产的管理机构）的、属于开封府的杂供库的、属于国子监的律学、武学的、属于军器都水监的、属于市易务的，主管收

---

① 《宋会要辑稿》第一三九册《食货三七之二七·市易》，第5461页。

受商人的"免行钱"（商人缴纳的免除应服行役的代役钱）。熙宁四年（1071 年）因司录司的建议，仿照青苗法，"将见（现）寄金银、见（现）钱依常平等仓例，召人先入抵当请领出息。"一开始限制在一千贯以下。① 免行所改称"抵当免行所"，统一由市易务管理。

元丰四年（1081 年）又因提举市易司贾青的建议，"于新旧城内外置四抵当所，委官专主管。罢市易上界等处抵当，以便内外民户"。即将原京师市易司的抵当业务全部转交新成立的四所独立的抵当所，专门接受百姓以金银丝帛之类的动产抵当，进行抵押放贷，建立正式的官营质库。抵当所统归太府寺管理。同时废除了原有的"结保赊请之法"。贾青认为抵当所专以"金银钞帛抵货，最为善法"，② 第二年就建议推行这一"抵当法"到各路。按元丰五年十一月十五日新知湖州间丘孝直的上言："伏见在京置四抵当所，计以金帛质当见（现）钱，月息一分。欲望推行于诸路州县，其无市易官处，就委场务官兼监，以岁终得息多寡为赏格。"③ 可见当时抵当所的放贷利息为月息 1%，这个利率远低于宋代法令规定的"月息四厘"的限制利率。

元丰七年（1084 年）八月诏："诸路提举常平司存留一半见（现）钱，以二分为市易抵当。"④ 抵当放贷成为原来负责青苗钱放贷的提举常平司的主要业务。"元祐更化"时，市易抵当法都被废除，但至元符三年（1100 年）又得以正式恢复。并且在宋徽宗崇宁二年（1103 年）推广到各地基层："六月十八日

---

① 《宋会要辑稿》第七四册《职官二七之六四·抵当免行所、又名抵当所》，第 2968 页。
② 《宋会要辑稿》第一三九册《食货三七之三一·市易》，第 5463 页。
③ 《宋会要辑稿》第七四册《职官二七之一三·太府寺》，第 2943 页。
④ 《宋会要辑稿》第七四册《职官二七之一四·太府寺》，第 2943 页。

诏：府界诸县，除万户及虽非万户而路居要紧去处市易抵当已自设官置局外，其不及万户处、非冲要、并诸镇有监官，却系商贩要会处，依元丰条例，并置市易抵当，就委监官兼领。"七月，应湖北提举司的请求："县镇不及万户处、虽非商旅往来兴贩之地，除市易务不须置外，却有井邑翕集，兼在僻远，正民间缓急难得见（现）钱去处。欲乞依旧存留抵当库，令逐处官兼领。"① 又进一步将官办的抵当库办到了乡镇上。宋徽宗大观四年（1110 年）江南东路提举常平司上奏："抵当库出限不赎银等承朝旨依抵当金法，更不估卖，赴大观库送纳。"② 可见当时各地的抵当库的金银都必须集中到朝廷。抵当所及抵当库的制度一直维持到南宋灭亡。

由于官营质库"抵当所"与民间原有的质库并存，形成质、典、当三字同义的现象，南宋时开始出现"典当质库"的说法。③《宋会要辑稿·食货六二之七三·义仓》载南宋嘉定五年（1212 年）知和州富嘉谋的上言，请求"籍官田、立广惠以给民之孤独，开质坊、收利息以给军人守城之有功者。"④ 所拟开设的官府质坊定名为"激励抵当库"，"月收息钱专助添支当来守御立功厢禁军，以为军人无穷之利"。并提到和州城里另有一所旧设的官府抵当库，请求将其息钱也专用于赏给有功军人。可见质与当已完全同义，可以互为换用。典、质、当由此联称。

北宋为了官营质库的利益，开始对质押物到期不赎进行规

---

① 《宋会要辑稿》第一三九册《食货三七之三五·市易》，第 6564 页。
② 《宋会要辑稿》第七四册《职官二七之二〇·太府寺》，第 2946 页。
③ 《宋会要辑稿》第一六六册《刑法二之一三三·禁约》，第 6562 页，载嘉泰四年（1204年）三月九日"枢密院奏：步军都虞候李郁言：'街市铺户、典当质库，辄将弓弩箭凿之属，公肆出卖、收当。乞下所属，重立罪赏约束，但系军器，不许收当、出卖。'从之。"铺户是指商店，典当质库即后世的当铺。
④ 《宋会要辑稿》第一五三册《食货六二之七三·义仓》，第 5985 页。

范，改变原沿袭唐朝"计利过本"①法律的模糊概念。绍圣年间
（1094～1097年）规定，官营抵当库收质放债的期限为两周年，
债务人满两周年不能赎回质押财物的，即丧失收赎权利，质押财
物归官营抵当库所有。按照北宋元丰五年官营质库"月息一分"
的利率，两年的利息总额为24%，比原来"计利过本"的标准
要低很多。况且收质放贷的金额一般仅为质物价值的二分之一，
官营质库获利颇丰。不久官营质库的利率就改为"岁收二分之
息"，年利20%。②南宋绍兴五年（1135年）又提高到月利3%，
"始令诸路依旧质当金银匹帛等，每贯收息三分"；在这前后又
规定取赎期限缩短为一周年。③

　　宋朝设定质物取赎年限代替"计利过本"的制度，很可能
来源于长久以来民间的习惯。这一制度影响了后世的法律。

（五）出典与"活卖"

　　由于五代以后的法律将不动产的出典与出卖两种行为规定了
几乎完全相同的程序，不可避免的在民间会出现典、卖交易合流
的局面。尤其是中国古代民间买卖的概念远较当时的法律规定、
以及现代民法买卖概念要宽泛得多，习惯上凡是可以独立剥离的
某一项财产权利、特别是一项单独的财产收益权利的交易转让，
在习惯上都可以被认为是一种买卖行为，都契约文字上往往都表

---

① 唐《杂令》规定："收质者，非对物主不得辄卖。若计利过本不赎，听告市司对卖，有
剩还之。"见《唐令拾遗》，第789页。
② 《宋会要辑稿》第一五一册《食货六一之六二·官田杂录》，第5904页。
③ 《建炎以来系年要录》卷八六"绍兴五年闰二月壬申"，中华书局，1988，下册，第
1432页。

述为"买卖"。①

典权形成后，土地的买卖就已经常和出典混为一谈，朝廷法律和民间的契式都将典、卖作同样的规定，导致民间不动产的买卖行为、买卖契约往往实际上是出典行为、出典契约。如敦煌发现的北宋太平兴国七年（公元982年）吕住盈兄弟卖地契：

> 清城北宋渠中〔上〕界有地壹畦，北头壹（空格），共计肆亩。东至……南至地亩。于时太平兴国柒年，壬午岁，二月廿日，立契赤心〔乡百姓吕住盈及弟〕阿鸾，二人家内欠少，债负深广，无物填还，今……与都头令狐崇清，断作地价每亩壹拾贰硕，通……当日交相分付讫，无升合玄〔悬〕欠。自卖余〔已〕后，任……有住盈、阿鸾二人能辩〔办〕修渎〔收赎〕此地来，便容许。……兄弟及别人修渎〔收赎〕此地来者，便不容许修渎〔收赎〕。……便入户。恩赦流行上，亦不在论理。不许休悔，〔悔〕者壹匹，充入不悔人。恐后无信，故立此契，用……
> 　〈后缺〉②

本件契约明言为"卖"，但却又规定出卖人得以收赎标的，显然和出典相似。这在后世被称之为"活卖"，其性质实际上应归于出典。因此在南宋时已逐渐形成惯例，真正意义上的买卖契约必须写有"永卖"、"绝卖"、"杜卖"、"断卖"、"根卖"之类表明彻底放弃所有权意思的字语，才算是有效。比如南宋景定元年（1260年）祁门县徐胜宗卖山地契：

---

① 参见郭建著：《中国财产法史稿》，第200页。
② 见《中国历代契约会编考释》，第520页。

义成都徐胜宗自（空格）分得土名字（空格）百玖拾九（空格）壹亩，东止上至降、下止田、西止李子宜高坵田、（空格）止南至田。今无钱支用，愿将前项四至内山地、地上杉苗，尽行出卖归仁都胡（空格）应元名下。三面伻（评）议价钱拾捌界官会叁拾叁贯文省。其钱当立契日一并交收足讫，更不契后立领帖，只凭契为明。今从出卖以后，一任买主闻官割税，收苗管业。如有四止（至）不明、及内外人占栏（拦），并是卖产人祗（支）当，不及买之事。今恐人心无信，立此断卖山地私苗（空格）为契为照。

景定元年正月十五日

徐胜宗（押）

母亲朱阿花押（押）

书契见交钱人　李邦善（押）[1]

同样南宋咸淳三年（1267 年）徽州方伯淳卖山地契，同样也说明是"断卖"。

□□都方伯淳，奉母亲指零（令），将自己标帐内大坞县字号拾号夏山贰亩；夏地伍号，计伍步，东止方思义自地、西止领（岭）及方文瑞山地止田塝、南止尖。今将前项山地并地内一应等物尽行出断卖与李四登仕名下，面议价钱拾捌界官会柒拾贯文省。其钱当日交收足讫。今从出卖之

---

① 见《中国历代契约会编考释》，第 538 页。

后，一任受产人永远收苗为业。如有四至不明及内外人占
拦，并是出卖人自行之（支）当，不涉受产之事。今恐人
心无信，立此卖契为照。

咸淳叁年三月十二日

　　　　　　　　　　方伯淳（押）

　　　　　　　　　　母亲花押汪氏

　　　　　　　　　　见交钱人李仲□①

　　单写为"出卖"的都算是"活卖"，出卖人依然可以收赎原
标的。官府在审理案件时也按此判断，如南宋《名公书判清明
集》多见如此判语："今游朝之契，系是永卖"；"所有定僧父判
官契内田，必有陈偓断卖骨契"；"绝卖已及一年，初无词说"
等等。② 与此相应，出卖人也必须在契约内保证将来"永不收
赎"，以至于在后世的买卖契约文书中出卖方都必须声明"绝卖
担保"的条款。③

三　典权制度的发展

金、元两代朝廷放弃了中原朝廷立法干预土地占有状态、试图贯彻严格按照身份等级制度规范土地占有规模的传统政策，代之以"不立田制"。《金史·食货志》称"民田业各从其便，卖、质于人无禁，但令随地输租而已"，^① 就是表明统治者已经将土地立法的重点从干预土地私有的规模，转变为保证落实对于私有土地的朝廷税收。因此典权制度在宋代定型后，至以后的元明时期变化不大。甚至有关典权制度的朝廷法律还有简化的趋势。至清代中期，朝廷对典权制度施行了较大幅度的改革。但是民间有关典权的习惯已经过了数百年的发展，朝廷法律的规范已难以扭转这一传统的习惯。

（一）元代典权制度的变化

蒙古进占中原地区后建立政权，其法律制度大多沿袭金朝之旧。建立元朝后，也并未对原有法律制度进行大的调整，主要依靠朝廷不时发布的制敕和断例来补充。其在典权制度方面的立法

---

① 《金史》卷四七《食货志二·田制》，中华书局，1965，第 1043 页。并参见吕思勉遗著整理小组：《吕思勉读史札记》，上海古籍出版社，1982，第 1010 页。

基本保留了宋代的内容。主要补充了出典应申请公据等制度，以及对先问亲邻程序等做了一定的补充。

1. 出典必须先报告官府申请"公据"

为了防止盗典、盗卖，元代法律规定在出典人、出卖人因种种原因不能出示"上手"（如原买契、分家的关书等），就应向当地官府申请"公据"，当地官府应到现场勘验并召集邻人画押证明后，出给公据。这或许应该是原金朝的制度，如至元六年（1269 年）中书省户部援引"旧例"札付太原路："若遇饥馑、灾患、丧凶、争斗之事，须典、卖者，经所属陈告给据交易。"①这个"旧例"在蒙古入主中原的早期，一般即指原金朝的法律。

以后的立法进一步强调凡出典、出卖行为都必须先报官给公据后才可以进行。元贞元年（1295 年）三月，湖广等处行中书省转呈平江路总管移剌忽都帖木儿建议："切谓诸人典、买田土，不经本管官司给据，一面私下成交；又有权豪势要人等，不问有无告官凭据，辄便收买。其卖主又不经合属陈告过割。拟合立限，令买卖田地人将在先不经官过割田粮数目，经所属司县出首推收，如违限不首，许令诸人首告，或官司体察得知，取问是实，将犯人枷令，痛行断罪。所该田粮，一半没官，一半付告人充赏。已后典、卖田地，须要经诣所属司县给据，方许成交，随时标附明白推收。各司县置薄附写，专委主簿掌管提调，每岁计拨税粮，查照推收。所据文薄，候肃政廉访司依例照刷。如此免致诡名迷失官粮，亦免产去税存之弊。"这一建议得到中书省批准。"今后典、卖田土不行赴官告给公据，私下交易者，依上追

---

① 《大元圣政国朝典章·户部》卷五《典章十九·田宅·典卖》，元刻本（台湾故宫博物馆 1976 年影印本）"典卖田宅须问亲邻"条。

断施行，毋致因而勾扰动摇违错"。①

这一立法的主要出发点是防止田宅私下交易致使不过割赋税。并明确了由各基层政府的主簿负责发给公据。仅过了三个月又因江西行省的建议，对于不申请公据的私下交易行为处以刑罚。"江西产去税存，富者愈富，贫者愈贫，大为民害。今后典、卖田宅，先行经官给据，然后立契，依例投税，随时推收，免致人难，常切关防，出牓禁治。若委因贫困，必合典、卖田土，依上经官给据出卖，买主、卖主一月内随即具状赴官，将合该税石推收与见买地主，依上送纳。如有官豪势要之家买田产，官吏人等看循，不即过割，止令卖主纳税，或科摊其余人户包纳，或虚立诡名，更行取受分文钱物，有人告发到官，取问是实，犯人断五十七下，于买主名下验元买地价钱，追征一半没官，于内一半付告人充赏。当该正官断罪，典史、司吏断罪罢役。"②

这种公据的具体制度也不断完善。大德四年（1300年）九月因河南行省建议将公据形式改为半印勘合（盖有骑缝印章的正副本证书），并按照匿税罪进行处罚。"典、卖田地给据，不见各处有无推收田粮，亦不见有司如何关防过割，徒使官粮不尽到官，百姓生受。都省议得：今后亲民州县，每处委文资正官或同知或主簿科一员，不妨本职专掌典、卖田地过割钱粮，明置文簿。凡有诸人典、卖田地，开具典、卖情由，赴本管官司陈告，勘当得委是梯己民田，别无规避，已委正官监视，附写元告并勘当到情由，出给半印勘合公据，许令交易。……若契到务，别无官给公据，或契到官却无官降契本，即同匿税法科断。如不经官

① 《大元圣政国朝典章·户部》卷五《典章十九·田宅·典卖》"田宅不得私下成交"条。
② 《大元圣政国朝典章·户部》卷五《典章十九·田宅·典卖》"买卖田宅告官推收"条。

给据，或不赴务税契，私下违而成交者，许诸人首告是实，买主卖主俱各断罪，价钱、田地一半没官，没官物内一半付告人充赏。仍令税务每月一次开具税讫地税买主卖主花名，乡都村庄，田亩价钞，① 申报本管官司，以凭查照。年终止验实推收定姓名科催。元委官得替，与新官相沿交割，仍委本路总管提调。廉访司照刷之日，将州县所置文簿，用心检勘，有不如法因循废弛者，随事理罪。"②

这种适用于典、卖行为的"公据"，目前有在福建晋江发现的一件元后至元二年（1336 年）出卖花园房基地的"公据"：

> 皇帝圣旨里。泉州路晋江务据录事司南隅住民麻合抹状告：父沙律忽丁在日，原买得谢安等山园、屋基、山地，辟成花园，于内栽种花木，四面筑墙为界。及有花园外屋基地一段，俱坐落晋江县三十七都东塘头庙西保。递年立（例）麻合抹通纳苗米二斗八升。原买山园屋基东西四至该载契书分晓。今来为□□□远，不能管顾；又兼 钞经纪，欲将上项花园山地出卖。未敢擅便，告乞施行，得此行据。三十七都里正、主首刘观志等申。遵依呼集耆邻陈九等，从公勘当得上项花园山地，委系麻合抹父沙律忽丁买物业，中间别无违碍。到各人执结文状缴，连保结申，乞施行。得此。除外合又字九号半印勘合公据，付本人收执，前去立帐。亲邻愿与不愿执买，□便□人成交毕日，赍契投税。合该产苗，依例推收，毋得欺昧违错。所有公据，合行出给者。

---

① 元代实行纸币制度，朝廷发行的纸币称为"钞"，以白银为本位币，以贯为面额，因每贯合白银一两，五十贯钞称一"锭"。参见彭信威《中国货币史》，第 380~381 页。
② 《大元圣政国朝典章·户部》卷五《典章十九·田宅·典卖》"典卖田地给据税契"条。

至元二年九月十一日　　　　右付麻合抹收执　准此①

　　由这件材料可以得知，当时出典或出卖人要提出申请，并经本地的里正等召集邻居等人勘查连保后，才能请示官府发给公据。

2."先问亲邻"的强化

　　虽然北宋中期即已经将出典、出卖"遍问亲邻"改为只需会问"有亲之邻"和与墓田相邻的地邻。但"遍问亲邻"的北宋初年制度，却在北方地区沿续下去。据至元六年（1269 年）太原路的申文："本路人民凡有典、卖田宅物业，有欺昧亲邻，典主亦故行推调，不肯画字，厘勒望减价钱，反勒要画字钱物，固非一端。以致相争紊烦，官司为无定例，不能决断。乞明降事。"可见当时地方官府认为对于民间的亲邻先典、先买权纠纷并无法律可以援引。对此中书省户部的回答是："省府照得旧例：'诸典、卖田宅及已典就卖，先须立限，取问有服房亲（先亲后疏），次及邻人（亲从等及诸邻处分典、卖者听），次见典主。若不愿者，限三日批退；愿者限五日批价。若酬价不平并违限者，任便交易。限满不批、故有遮占者，仍不得典、卖。其业主亦不得虚抬高价及不相本问而辄交易。违而成交者，听亲邻、见典主，百日内依元价收赎。限外不得争占。欺昧亲邻、典主、故不交业者，虽过百日，亦听依价收赎。若亲邻、见典主在他所者，令以次人取问（谓亲邻典主以次之人），若无人，并除程过百日者，不在争告之限。'"并建议中书省"仰依旧例，行下各路，照会施行"。② 这里所提及的"旧例"，显然应该是金朝的法

---

① 《中国历代契约会编考释》，第 568 页。
② 《大元圣政国朝典章·户部》卷五《典章十九·田宅·典卖》"典卖田宅须问亲邻"条。

律。其特点是将典权人的先买权顺序排在了亲、邻之后，

元代以后进一步强化了出典、出卖先问亲邻的制度。至元二十七年（1290年）中书省重新公布法令："今后凡典、卖田宅，皆从尊长画字，立帐取问有服房亲，次及邻人、典主。不愿者批退，愿者五日批价，依例立契，交钱管业。若酬价不平并违限者，任便交易。其亲邻典主毋得故行遮占，刁蹬取要画字钱物。如业主虚抬高价、不相由问成交者，听亲邻、典主百日内收赎。限外不知争告、欺昧亲邻典主、故不交业者，虽过百日，并听依例收赎。若亲邻、典主在他所者，百里之外，不在由问之限。军户依例给据。如有违犯者，依例归结。若所管官司应与决不行与决，或作疑申禀，致使争讼之大，繁紊上下官府，将当该官吏严行治罪。"

延祐二年（1315年）九月，御史台监察御史上言当时民间出典、出卖交易的弊病："切谓民间诸典、卖田宅者，皆因迫于饥寒，或遇丧事，并军站差发，及欠少钱债，委无措置，将 ʅ 田土房舍，或典、卖以救其急，盖不得已也。……近年以来多有房亲、邻人、典主，不遵官司定限，ʅ 恃以富势，欺压良民，勒要画字钱物，刁蹬多端，难以备举。经年月推调，不行画字，致令业主多负钱债、重纳利息，困苦至极，少有不赴官陈告。其当该人吏又不随即结绝，亦行取受钱物，往 ʅ 如是，事理细微，良多受害。"并认为造成这种现象的原因是由于设定了问亲问邻的程限，但却没有规定相应的处罚措施。"原其所由，盖因当时虽设批退程限，别无定到违限当有罪责，以致如斯，深不便易。"因此提出建议："以此参详，此项公事，即系违例。定例事理，莫若今后诸典、卖田宅，但凡亲邻、典主，不愿者三日内不行批退，加以罪责；若有五日内不行酬价，亦行治罪。若有其业主却

行欺昧亲邻、典主，私下成交者，亦行治罪。若有如此立定成宪，似望少革其弊，不惟贫民受赐，官司亦省文烦，公私得济。宜从宪台具呈中书省，令合干部分定拟，相应具呈照详。"中书省将这项建议送交礼部"照拟施行"。礼部认为如果要对违反先问亲邻程序以及程限的行为处罚的话，原定的亲邻批退程限就显得过短："上项事理若依旧立程限议拟科罪，切恐限次促迫，不能完备，致使百姓枉遭刑宪。"因此拟订的法条为"今后军民诸色人户，凡典、卖田宅，皆从尊长画字给据，立帐取问有服房亲，次及邻人、典主。不愿者限一十日批退，如违限不行批退者，决一十七下。愿者限一十五日批价，依例立契成交，若违限不行酬价者，决二十七下，任便。其亲邻、典主故行刁蹬，取要画字钱物，取问是实，决二十七下。如业主虚抬高价，不相由问成交者，决二十七下，听亲邻、典主百日内收赎，限外不得争告。欺昧亲邻、业主故不交业者，决四十七下，虽过百日，并听依价收赎。若邻人、典主在他所者，百里之外，不在由问之限。若告发到官，不行依例理断，从监察御史、廉访司纠治。"①

《元史·刑法志二·户婚》所载法条与上述延祐二年的法令稍有不同："诸典卖田宅，须从尊长书押，给据立帐，历问有服房亲及邻人典主，不愿交易者，限十日批退，违限不批退者，笞一十七。愿者限十五日议价，立契成交，违限不酬者，笞二十七。任便交易，亲邻典主故相邀阻，需求书字钱物者，笞二十七。业主虚张高价，不相由问成交者，笞三十七，仍听亲邻典主百日收赎，限外不得争诉。业主欺昧，故不交业者，笞四十七。亲邻典主在他所者，百里之外，不在由问之限。若违例事觉，有

---

① 《大元圣政国朝典章·户部》卷五《典章十九·田宅·典卖》"典、卖批问程限"条。

司不以理听断者，监察御史廉访司纠之。"① 即仅对"业主虚张高价"罪名的处罚加以修改，从笞二十七下加重至笞三十七下。

这种先问亲邻"立帐"的"帐目"，可以在泉州发现的元后至元二年（1336年）麻合抹卖花园屋基的"帐目"中找到其基本的形式：

> 泉州路录事司南隅排铺住人麻合抹，有祖上梯己花园一段，山一段，亭一所，房屋一间及花果等木在内，并花园外房屋基一段，坐落晋江县三十七都，土名东塘头村。今欲出卖钱中统钞一百五十锭。如有愿买者，就上批价，前来商议；不愿买者，就上批退。今恐难信，立帐目一纸，前去为用者。

至元二年七月　日帐目

　　　　　　　立帐出卖孙男　　麻合抹
　　　　　　　同立帐出卖母　　时　邻
　　　　　　　行帐官牙　　　　黄隆祖

　　不愿买人：姑　忽鲁舍，姑　比比，姑　阿弥答，叔忽撒马丁。②

对于"邻人"的概念也继承了宋代地邻为寺观情况下并无先典、先买权的制度。至元八年（1271年）尚书省援引"旧例"否认寺观的先买权："济南路延安院张广金告段孔目，将相邻本院田产卖与杨官人为主。照得旧例：官人百姓不得将奴婢、田宅舍施典、卖与寺观，违者价钱没官，田宅奴婢还主。其张广

---

① 《元史》卷一〇三《刑法志二·户婚》，中华书局，1999，第1754页。
② 《中国历代契约会编考释》，第569页。

金虽是地邻，不合批问成交，得此本部议得，即今别无定例，如准前拟，似为相应。"① 元贞元年（1295 年）陕西行省就安西路普净寺僧人侁吉祥告西邻王文用将门面并后院地基偷卖与宫伯成为主案件咨询中书省。中书省礼部再次明确寺观不具有先典、先买权的原则，"礼部照拟得：僧道寺观常住田地既系钦依圣旨不纳税粮，又僧俗不相干，百姓军民户计虽与寺观相邻住坐，凡遇典、卖，难议为邻。参详合准王文用已卖西邻宫伯威为主。②

还有一类不具备先典、先买权的邻人是被娼妓之类的贱民。大德四年（1300 年）湖广等处行省参知政事就湖南宣慰司因"哈迷委张德荣争房地"案件的咨询作出的批示认为"张德荣见以娼妓为生，例应青布紫抹，合近勾肆与同巷排列居止。若有出卖相邻房地，依例收买。其张德荣苟避青布，暗于街市偷窃住坐，已是不应，与士庶相邻，秽汙揩衢，却更添价争买相邻房地，牧民官吏不思风化，返与理讼，逗留人难。仰将文状分付湖南道宣慰司，更为审问。哈迷委曾先已商议定价，令牙人估计前后房院实直，依例通行，成交施行。"

3. 对于出典交易的其他规定

（1）出典必须为一式两份的"合同契"。

元初对于出典交易的契约形式并无直接规定。民间为了逃避契税，往往以口头形式订立出典契约，契约也称之为"质押"。至元七年（1270 年）尚书省户部拟订法令："照得即目多有典、卖田宅之家，为恐出纳税钱，买主、卖主通行捏合，不肯依例写契，止以借钱为名，却将房院质压，如此朦胧书写，往往争讼到官，难便归结，深为未便。为此公议得：除在先已成交易者，不

---

① 《大元圣政国朝典章·户部》卷五《典章十九·田宅·典卖》"卖业寺观不为邻"条。
② 《通制条格》卷一六《田令·典卖田产事例》，第 201 页。

须定夺外，据自至元七年十一月为始，凡有典、卖田宅，依例令亲邻牙保人等立契，画字成交，赴务投税外，据出赁房院，亦须明立房状，不得似前朦胧写立文契合无。行下随路一体禁约施行。呈奉尚书省劄付准呈仰就便行移各部，依上施行。"① 无论是否以出典为名，都必须按照出典的程序，缴纳契税。

大德十年（1306 年）五月，中书省御史台接到河南道廉访司的申文："近年告争典质田产，买嘱牙见人等，通同将元典文据改作买契，昏赖亲邻。牙见证说争差，致使词讼壅滞。"为了防止典、卖交易纠纷，由中书省礼部提出："典质地产，即系活业，若一面收执文约，或年深迷失、改作卖契；或昏昧条段间座，多致争讼。以此参详，今后质典交易，除依例给据外，须要写立合同文契贰纸，各各画字，赴务投税。典主收执正契，业主收执合同，虽年深，凭契收赎。庶革侥倖争讼之弊。"② 这一建议得到中书省批准，强调出典交易必须写立一式两份的合同契约，恢复了宋代法律对这一交易行为的要求。

（2）使用官印契本。

元代起始就要求出典或出卖交易都必须使用官府统一印制的契约文本，与宋代的制度相同。而且由于中央朝廷以铜版印刷纸币（宝钞）的成功，元初曾规定全国的典、卖契本都统一由朝廷以铜版印制。但是以后考虑到将契本运送到各地的高昂运费，放弃这一措施，改而采用与宋代相仿的由一级行政区政府印制契本的办法，不过规定各地都必须使用朝廷统一铸造的契本铜版。至元二十年（1283 年）十一月，根据福建行省建议，中书省决定："照得各处行省所辖路分，周岁合用办课契本，年例户部行

① 《大元圣政国朝典章·户部》卷五《典章十九·田宅·典卖》"质压田宅依例立契"条。
② 《通制条格》卷一六《田令·典卖田产事例》，第 201 页。

下，各处和买纸札印造，发去办课。缘大都相去地远，不惟迟到，恐误使用，抑亦多费脚力，除四川、甘肃、中书行省、陕西宣慰司所辖去处，用度不多，依旧户部印造发遣外，据江南四处行省所管地面，合用契本，合拟就彼和买纸札工墨印造。今将铸造到契本铜板一面、户部契本铜印一颗封面，随此发去，咨请照验，据年例合用契本数目，就委彼处见任职官能干相应人员，不妨本职兼管，监视印造，发下合属行用，依例办课，务要多方钤束，无致中间因而作弊。仍令本省掌司郎中专一用心，常切提调，才候印造了毕，据铜板、印信，令掌司郎中封收。如有差故，以次首领官封收。若是板昏，除契板从本省倒铸外，户部契本朱印，预为咨来铸造随即发去倒换。今岁印发讫契本，开坐各路府州司县备细数目，同实用过纸札工墨价钱，随季报课程，另行咨来至年终办到钞数，通行起纳施行。先咨收管回示。"①

由于要求民间先到官府买得官印契本、再填写交易实际并不现实，因此元代允许民间交易双方在自立契约、完成交易后，到官府的税务缴纳契税的同时再买官印契本粘连在自己的私契上，由税务骑缝盖上官印。至元二十五年（1288年）根据原有的规定："契钞，官给契本，如诸人典卖田宅、人口、头匹、舟舡、物业，应立契据者，验立契上实直价钱，依例收办正税外，将本用印关防，每本宝钞一钱，无契本者，便同偷税究治。"中书省又决定："今后应报诸人典、卖田宅、人口、头匹所立文契，赴务投税，随即粘连契本，给付买主，每本收宝钞三钱。"对于各路已拨给的契本数目，"拟合令各处照勘合关契本，差官关拨，仍厘勒提点正官，常切用心关防"。②

---

① 《大元圣政国朝典章·户部》卷八《典章二十二·课程·契本》"就印契本"条。
② 《大元圣政国朝典章·户部》卷八《典章二十二·课程·契本》"关防税用契本"条。

目前还没有元代这种官府印制的典、卖契本的实物。从元代民间典、卖两用立契范本来看，基本上与宋代的典、卖契相同。

　　厶甲厶都姓厶　右厶有梯己承分房屋一所，总计几间几架，坐落厶都、土名厶处。东至、西至、南至、北至。系厶人住坐。今因贫困，不能自存，情愿到厶人为牙，将上项四至内房屋，寸土寸木不留，尽底出卖（或云典）与厶里厶人为业。三面言议，断得时直价中统钞若干贯文。系是一色现钞，即非抑勒准折债负。其钞当已随契交领足讫，更无别领。所卖（或云典）其屋的系梯己承分物业，即非瞒昧长幼、私下成交，于诸条制并无违碍等事。如有此色，且厶有自用知当，不涉买（或云典）主之事。从立契后，仰本主一任前取管（典云：约限几年备元钞取赎，如未有钞取赎，依元管佃），永为己物。向后子孙更无执占收赎之理。所有上手，一并缴连，赴官印押。共约如前，凭此为用。谨契。

年　月　日	出业人	姓厶	号	契
	知契	姓厶	号	
	牙人	姓厶	号	
	时见人	姓厶	号①	

（3）印契税契。

元代也继承了前代的契税制度，由各地官府所设的税务征收民间典、卖交易的契税，同时出卖契本，在契约上加盖官印。但

---

① 《新编事文类要启劄青钱·外集》卷一一《公私必用·头匹》。

与宋代不同的是，元代将契税视为商税的一种，按照商税的税率来征收。

据《元典章·户部卷之八·课程·杂课》"以典就卖税钱"条记载的案例来看，元初是按照2.2%的税率来征收契税的，这一税率或许是金代的制度。"至元四年（1267年）四月，制国用使司高二买陈县丞房屋，该价钱市银三十一定，合税钱三十四两四钱四分。有高二男高大言：契上先典价钱市银六百五十两，已经税讫外；据贴根契价市银九百两，合该税钱二十两，即时纳讫。余上先典价合出钞一十四两四钱四分，不肯出纳。乞明降制府，合下仰依。验实该价钱市银三十一定取要税钱，准此。"元代宝钞一锭合五十两，三十一锭须纳税三十四两四钱四分，九百两纳税二十两，合税率2.2%。由于该案例是先典后卖，买方认为在出典时已纳典契的契税，现在只须缴纳"贴根契"的契税。但是官府却认为必须按照典、买两契的总和契价缴纳契税，这显然是不合理的。或许是因为原纳的典契契税是在前朝时候，作为元朝政府并未获得收入的缘故。

至元七年（1270年），元朝廷对于商税税率统一确定为三十分之一，"遂定三十分取一之制"。并明确按照这一商税税率来征收典、卖田宅的契税，即按契价的三十分之一征收契税。"凡典卖田宅不纳税者，禁之"。① 《元史·刑法志三·食货》载："诸办课官所掌应税之物，并三十分中取一。"② 典、卖的田土也是"应税之物"，统一以三十分之一的税率征收。《元典章·户部卷之八·课程·契本》"契本税钱"载皇庆元年（1312年），中书省户部主事张承直的上言中提到"关照得钦奉圣旨节该商

---

① 《元史》卷九四《食货志二·商税》，中华书局，1999，第1590页。
② 《元史》卷一〇四《刑法志三·食货》，中华书局，1999，第1759页。

税三十分取一"。并认为"照得近年以来物价涌贵，比之向日，增添数十余倍，税课不能尽实到官。盖因官豪势要庄宅牙行拦头人等，将买卖田宅人口头匹之家说合成交，写讫文契，两相要讫牙钱，又行收取税课，于内价直千有余定者有之，以三十分取税一分，一契约取四五十定"。建议严格按照税率征收，禁止税外的盘剥。

不缴纳契税的处罚方法见上引大德四年的条法，"不赴务税契，私下违而成交者，许诸人首告是实，买主卖主俱各断罪，价钱、田地一半没官，没官物内一半付告人充赏。"这一处罚方法和普通的偷逃商税的匿税罪处罚相同："诸匿税者，物货一半没官，于没官物内一半付告人充赏。但犯，答五十。"即使是官员典、买田宅也必须缴纳契税，"诸职官印契不纳税钱者，计应纳税钱，以不枉法论"。①

典、买人在缴纳契税后，当地税务会出给一份纳税的收据。这种收据也具有交易证明的作用。收据往往和典、买契约粘连在一起，代替原来应该粘连的、由官府正式印制的契本，被称之为"契尾"。这是法律禁止的，如至元二十二年（1285年）福建行省福州路提刑按察司针对商税征收中的弊端建议下达"禁约"，其中就规定："各务契税又多不用上司元降契本，只粘连务官契尾，更有连数契作一契押事。前件仰本路行下合属禁约，务官人等今后应有交关文契赴务投税，须要依例连粘契本，方许印押。如有依前违犯，体察得实，定将务官人等痛行究治施行。"②

这种"契尾"可见元泰定二年（1325年）祁门县在城务出

---

① 《元史》卷一〇四《刑法志三·食货》，中华书局，1999，第1759页。
② 《大元圣政国朝典章·户部》卷八《典章二十二·课程·契本》"税契用契本杂税乡下主首具数纳课"条。

具的收据:

> 皇帝圣旨里。徽州路祈(祁)门县在城务。
>
> 今据李德昌用价钱中统钞壹佰两,置拨到李文贵契内
> □□□,赴务投税。所有文契,合行出给者。
>
> 右付本人收执。准此。

泰定贰年肆月 日给[①]

(4)过割赋税。

上述的有关出典、出卖必须申请公据的考证已表明,设立该项制度的主要出发点是为了防止"产去税存",保证官府的赋税不至于因为田宅的转移而失落。《元史·刑法志二·户婚》:"诸典卖田宅,从有司给据立契,买主卖主随时赴有司推收税粮。若买主权豪,官吏阿徇,不即过割,止令卖主纳税,或为分派别户包纳,或为立诡名,但受分文之赃,笞五十七,仍于买主名下,验元价追征,以半没官,半付告者。首领官及所掌吏,断罪罢役。"

(5)必须使用宝钞交易。

元代和宋代一样实行纸币制度,为了保证纸币的流通,在至元二十四年(1287年)的《至元宝钞通行条画》中特意规定:"应质典田宅,并以宝钞为则,不得该写解粟丝绵等物,低昂钞法。如违断罪。"[②]

4. 关于收赎

仅就现有的元代史料而言,从今天的眼光来看不可思议的

---

① 《中国历代契约会编考释》,第557页。
② 《大元圣政国朝典章·户部》卷六《典章二十·钞法》"行用至元钞法"条。

是，元代有关典权制度的法律规定几乎都集中于出典交易的程序方面，关于典权制度本身的内容却是相当的稀少。诸如出典的期限，收赎的期限等都没有明确的规定，典权人与出典人的权利与义务等方面的规定也极其分散。

目前尚未发现元代正面确认典权人的权利的法律。仅明确典权人有先买权，但是先买权的顺序排在亲邻之后。

和宋代的法律相似，元代的法律也承认出典人的收赎权利。但是并没有明确的收赎期限的规定。另外对于出典时间已很久、并已隔朝代的出典人的收赎请求则并不予以支持。如大德三年（1299 年），中书省指示礼部就江西行省上报的广东道瑞州路"赵虎仔告赵贵全"案以及江州路"薄文瑞告程应林"案（均系南宋出典、要求收赎的案件）拟订条格："亡宋已前应典田宅地土等物，若凭各人见赍典契理问，却缘经隔异代，中间真伪尽谁稽考。又元典价直多系交会，亦难归价收赎。况归附经今年远，若不从宜立革，虑恐人生侥倖，讼不能息。参详拟合革拨，似为相应。如准所拟，乞赐遍行照会，以凭遵守。具呈照详得此。"所谓"革拨"就是确认田产转归典权人所有，否认原出典人的收赎权。其理由主要两个：难以查证交易真伪；原典契所用的是南宋的纸币，到现在已不通行，难以确定价格。①

然而元代法律又对收赎田产的财产予以特别保护。"诸谋欲图人所质之田，辄遣人强劫赎田之价者，主谋、下手一体刺断，其卑幼为尊长驱役者免刺。"②

从保存至今的一些元代民间契约来看，也有的情况下是权利

---

① 《大元圣政国朝典章·户部》卷五《典章十九·田宅·典卖》"革拨亡宋已前典卖田土"条。
② 《元史》卷一〇四《刑法三·盗贼》，中华书局，1999，第 2663 页。

人自愿放弃占有、使用、收益权利，而将不动产出"退"给原主，对此法律也没有任何的规范，完全依靠民间习惯调节。比如安徽亳县发现的一件元末"退屋基地白契"：

> 拾都谢公亮，昨用价买受到谢士云住屋基地壹片，坐落王坑源，经理唐字……号。尚（上）地肆拾步半，夏（下）叁拾九步。东至众墓地，西至谢升叔，南至自存门屋地，北至山。今为少货支用，愿将前项地基出退赎与谢士云名下。面议价货……。□久前去。其货物当立契日乙并收足无欠。未卖之先，不曾与家外人交易。如退赎之后，乙（一）任买主为主，本主即无阻当。□是尚（上）手，乙并缴付，如有漏落，日后不在（再）行用。今恐无凭，立此退契为用者。
>
> 龙凤拾年十一月廿五日　　　谢公亮押契（花押）①

这件契约的立约时间是红巾军政权宋小明王龙凤十年（即元至正二十四年，1364年）。权利人主动要求"退赎"宅基地两段。显然这是非经常性发生的事例，因此写契人没有现成的契约格式可以套用，有的只好沿用买卖契约的惯用语句，比如有关出让方的担保文句"未卖之先，不曾与家外人交易"，以及"乙（一）任买主为主，本主即无阻当"。

（二）明代典权制度的变化

明朝法律中有关不动产典权方面的制度主要沿袭宋元的原

① 安徽博物馆：《新发现红巾军政权时期的几件契约》，见《文物》1982年第9期。

则，但进行了很大的简化，有关典权制度的内容较为模糊，对于契约的形式、典权人的权利、出典期限及收赎期限等都缺乏明确的规定。

1. 明初律令中有关出典的规定

洪武元年（1368 年）发布的《大明令》的《户令》有"田宅契本"和"过割税粮"两条，与典权有关。前一条规定"凡买卖田宅头匹，赴务投税。除正课外，每契纸一本，纳工本铜钱四十文。"后一条规定："凡典、卖田土过割税粮，各州县置簿附写，正官提调收掌，随即推收。年终通行连册解府。毋令产去税存，与民为害。"① 这两条显然都是直接沿袭了元代法律的规定。

于洪武三十年（1397 年）正式颁布施行的《大明律》是明代最重要的法典，在明代前期的百余年间，每当新的皇帝即位，随即宣布废除前朝的条例，司法部门只能按照《大明律》进行裁判。明孝宗弘治年间制订《问刑条例》作为《大明律》的补充，以后历经嘉靖、万历两朝的续订，是为与律并行的正式法条。② 但在这些条例中有关民事方面的内容仍然是相当稀少。

《大明律·户律·田宅》"典买田宅"条仍将买卖、出典行为同样规范，要求和买卖行为一样印契税契、过割赋税，但废除了"申官给据"和"先问亲邻"的程序；并对出典人的收赎等问题作出了简单的规定：

> 凡典、买田宅，不税契者，笞五十，仍追田宅价钱一半入官；不过割者，一亩至五亩笞四十，每五亩加一等，罪止

---

① 《大明令》，中华书局，1960，第 20 页。
② 参见黄彰健：《明洪武永乐朝榜文峻令》，台湾《历史语言研究所集刊》第 46 册 4 分册。

杖一百，其田入官。若将已典、卖与人田宅朦胧重复典、卖者，以所得价钱计赃、准窃盗论，免刺；追价还主，田宅从原典、买主为业；若重复典、买之人及牙保知情者，与犯人同罪，追价入官，不知者不坐。其所典、买田宅、园林、碾磨等物，年限已满，业主备价取赎，若典主托故不肯放赎者，笞四十，限外递年所得花利追征给主，依价取赎。其年限虽满，业主无力取赎者，不拘此律。①

显然该条法律并没有明确出典和收赎的年限，也没有关于出典契约形式之类的具体规定，比之元代法律更为简略。

2. "契尾"制度

虽然按照《大明令》规定民间土地典、买应该使用统一的官府契本，但是官府印制契本往往并不及时，有时地方官府契纸用完，只得印制一些已收契税的收据，粘连在当事人自立的契纸之后，骑缝加盖官印，付买主收执，以代替官印契纸作为买卖程序合法的证据。这种收据因粘连于契纸后部而称"契尾"。这种情况早在元代就已出现，元朝还曾下令禁止，但不久即弛禁，默认契尾合法。② 明初地方官府即往往以契尾作为正式契本未到之前的临时措施，如洪武二十四年（1391 年）徽州祁门县税课局契尾：

> 徽州府祁门县税课局 今据西都谢翊先用价宝钞三贯四百文，到在城冯伯润名下山地为业，文契赴局印兑，除已依例收税外，所有文凭须至出给者。契本未降。右付本人收

---

① 《大明律》卷九《户律二田宅》"典买田宅"条，第 55 页。
② 参见周绍泉：《田宅交易中的契尾试探》，《中国史研究》1987 年第 1 期。

执。准此。

洪武二十四年七月　　日

　　　　　攒典　蔡斗生（押）　　税课局（押）①

　　明中叶开始朝廷不再印制契纸，而改由户部印制契尾。但朝廷印制契尾发放至各地依旧相当麻烦，因此各地官府仍然自行印制契尾，起先尚且注明"户部契尾未降"，以后就自行其事，府、县均自行印制契尾。由于明初规定每十年"大造黄册"，②清查、登记户口及田产、应纳的赋税，在这十年内进行的土地典、买交易都必须到该年进行印契、缴纳契税、过割赋税，因此契尾也是由各府每十年分别印制一次，而各府往往委托属县自行印制，再交府编号盖章。因此具体形式各不相同。以下是一件万历九年（1581年）南直隶徽州府休宁县的契尾。③

直隶徽州府休宁县契尾

　　　　直隶徽州府休宁县为税契事。伏睹《大明律》内壹款"凡买田宅不税契者，笞伍拾，仍追田宅价钱壹半入官"钦遵外，照奉本府帖文"奉道、院详批：'税契年分，银两候作解部之数，各县遵行。其税契尾，须该府填号给发，方免挂漏。并县用印'等因，仰县凡有人民税契，每契文壹道，粘连契尾壹纸；每契价壹两，照依旧例，纳税银贰分。备行到县。"奉此。今当大造之年，合行刻刷契尾请印，以便民

---

①　转引自周绍泉：《田宅交易中的契尾试探》，《中国史研究》1987年第1期。

②　参见韦庆远著：《明代黄册制度》，中华书局，1961，第78页。

③　见《中国历代契约会编考释》，第890~891页。

人报纳推收。如有隐匿不行报官，及里书私自过割者，查出定行如律一体重究。须至契尾者。

计开：

一、据五都二图　　　　契价银

　　都　图　　　　　计税

该纳税银

右给付买主　　丘义邦收执　准此

万历玖年十二月　四　日给

契　　尾

这件契尾表明当时契税的税率为 2%。而且可以看到，地方官府印制契尾文字相当马虎，比如引用的《大明律》该条原文应为"典、买田宅不税契者……"，而引文作"买田宅……"。

明朝廷户部于万历四十八年（1620 年）正式发文，规定契尾由各府在每逢编制黄册之年印制。其形制大多改为有骑缝暗号的"勘合"（或称鸳鸯）两联单，编有《千字文》序号，题头标明某府契尾，载明关于契税的律文或有关说明，开列土地字号、坐落、契约价金、应纳契税额等空格，由官府书吏填写后，一联粘连当事人原契，骑缝及在上述的填写处加盖官印后给付买主收执。

另一联同样填写后存档。如天启元年（1621 年）徽州府印制的契尾。

直隶徽州府为查理税契以厘凤弊事。照奉部文："改用府印契尾，自万历四十八年正月为始，如无府印契尾者不许过割推收。"奉此。随经申详抚院批："开部议，税契改用府尾，正谓亲临易核，且便于请发耳。仰府查照通行，各属不许参差。如有势豪抗违、里书勒掯、阻挠新法者，拿究。此缴。"奉此。再照《大明律》一款："一、典买田地山塘基宅，不税契者笞五十，仍追产价一半入官。"奉此。拟合行县税契推收。为此，仰县官吏既照颁鸳鸯契尾，如式刊刻印刷，并编定字号、文簿，送府钤印，发县推收。示谕买产人民知悉，赍契赴县，请给契尾。大纸给付买主，粘契收照；小纸同簿申府类报。每价一两，上纳税银三分，总类解府，转解户部济边。人户印契，务要一契一尾，毋许二三张粘连一尾。如有契印而无尾者，即系漏税，查出随追半价入官。若以县尾而无府尾者，不得朦胧推收，致减国课。如违，册、里、书、算等役，一并依律以漏税治罪，决不轻贷。须至契尾者。

计开

一、本县十四都一图王元功赍地契一纸，用价银四两五钱，买本都二图人王旷（地），上纳税银一钱三分五厘。

右给付买主王元功收照

天启元年五月二十八日　　　　府押（徽州府印）

天字一百六十一号①

这件契尾引用的"部文"规定的契税税率已为3%，并且将契尾的印制权力集中到府衙。契尾一式二份鸳鸯"大小纸"，大纸粘连原契，小纸造册汇总。

传统印契与征收契税的事务是由税务部门负担的，但明代自宣德年间（1426～1435年）开始，逐渐将各地税课司局大多裁

---

① 转引自周绍泉：《田宅交易中的契尾试探》，《中国史研究》1987年第1期。

撤，税契事务逐渐由各州县衙门直接受理。①

根据当时法律，凡粘连契尾、加盖官印的即为"红契"。由于明代每十年大造黄册时才进行已买卖土地的赋税过割，因此民间典、卖通用的契式往往有至大造黄册之年再行过割的约定惯语。如：

> 某里、某境、某人，今为无银用度，情愿将己分官、民田一段几丘，该几分，官、民米若干，东至某人田、西至某人、南至某处、北至某处。投请房族，无人承买外，托中引就某宅，三面商议，实值时价若干两。其银当日交足，其田即听从银主管业，照（招）佃收租，至造册之时，除割收户当差，不得刁蹬勒索赎回等情。其田的系己分物业，与房族兄弟无干，亦不曾典挂外人财物不明等事。如有此色，出自卖主支当，不涉银主之事。此系尽根正卖正买之事，两家各愿，再无反悔。今恐无凭，立契存照。②

民间田房交易要等待"造册"之年才可以过割赋税，而官府收税每年都要进行，只能由出卖方缴纳。为此民间往往由出卖方代为缴纳赋税，而由买受方将立契买卖年到造册年的赋税银两预先付给出卖方。一般出卖方应该另行开具收据，或称"收票"。如徽州一件明崇祯十五年（1642 年）的收票：

---

① 参见周绍泉：《田宅交易中的契尾试探》，《中国史研究》1987 年第 1 期。
② （明）佚名《释义经书士民便通考杂字》"卖田契式"，转引自谢国桢编：《明代社会经济史料选编》下册，福建人民出版社，1981，第 44～45 页。

立收票人李曙麓，今收到胡福初同兄首卿该李名下编粮银。自立合同年起至新册年止，所有代纳银并杂差尽行收讫。存照。

崇祯十五年六月二十二日

　　　　　　立收票　李曙麓（押）

　　　　　　中见　　谢怀茂、谢君兆、谢绍茂（押）①

3. 典与当的混淆

（1）典当字义的混同。

如上所述，自宋代以后"典"与"当"的字义往往混淆，民间在表示出让某件财产由相对方占有时一般都混用"典"与"当"，一般百姓很少用"质"来表示这类交易。因此"典"、"当"并用，同时可以用以表示动产质押和不动产的出典。即使朝廷的立法对此也是混用的，比如《大明律·户律·钱债》的"违禁取利"条："凡私放钱债及典当财物，每月取利并不得过三分，年月虽多，不过一本一利，违者笞四十；以余利计赃重者坐赃论，罪止杖一百。"②

民间也如此混用，如明代民间的当田与当房契约格式范本：

立当田契人某都某图某人。今因家下无银用度，日食不敷，情愿将祖父遗下自己受分基址，沟地水陆田塘一段，坐落土名某处，计几十几亩，该租若干，四至明开在后。先召亲房，后问田邻，无人承当。时凭户族邻中，出卖与某名下

---

① 转引自徐达：《土地典卖税契制度考略》，《平准学刊》第4辑上册，光明日报出版社，1989，第513页。

② 《大明律》卷九《户律六钱债》"违禁取利"条，第82页。

承当为业。三面言议，实典纹银①若干两整。即日交完无欠。其田听从当主管业。每年议纳粮银若干。银无起利，田不起租。不拘年限，银到田还。但或未收花利，遽然取赎，约罚银若干。比（此）系两愿，各无反悔。今恐无凭，立此当田契为照。

立当房屋文契人某。今因无钱使用，情愿将自己续置房屋几间，东至某、西至某、南至某、北至某，已上四至明白，凭中典与某名下，实得纹银若干。其房听从当主择日搬住。议定银无利息，房无租税，至某年为期，备银照契取赎。至期无银，当主仍旧居住。如未及期取赎，约罚银若干。此房并无重叠不明等事。如有不明，出典人承当，不干当主之事。今欲有凭，立契为照。②

显然这里的"当"就是传统的"典"，不仅"银无起利，田不起租"、"银无利息，房无租税"是典型的出典性质的表述，而且契约文字本身也混用典、当。值得注意的是虽然明代法律已废除了出典土地房屋的"先问亲邻"程序，但是在民间契约上却依然有"先召房亲，后问田邻"的惯语，说明这也是民间的习惯。

另外值得注意的是，除了不动产的出典混称为"当"外，民间往往还将一些其他的交易称之为"典"或"当"。比如设定土地房屋之类的不动产作为抵押的行为一般也称为"当"，尽管

---

① 明代开始时采用纸币制度，后开放民间使用白银。纹银（白银熔铸后逐渐冷却时会在银锭表面形成细密的纹路，一般认为成色越高、纹路越细，因而得名。成色差的白银因纹路粗大如同水波而得名"水银"，或称流、花、撒等名色，以不同成色的"水银"进行交易时要进行折算，故称"贴水"）为全国性假想的标准银，含纯银935.374‰，民间交易使用白银折合为纹银计算。参见彭信威著：《中国货币史》，第452页，第538页。
② （明）陈继儒：《尺牍双鱼》，见《中国历代契约会编考释》，第1029页。

实际上被转移占有的并非不动产本身，而仅仅是不动产的证书。比如一件明末安徽休宁县的"当地契"：

> 廿四都一图立当契人黄应中，自情愿将地契贰道、契尾乙张，今当到许 名下，银六拾两零七钱贰分。其银炤（照）当铺每月加利乙分钱算。约至三年取赎。如过期不取，听从炤（照）契管业，并无异说。今恐无凭，立此当契为炤（照）。
>
> 平合义和当右兑
>
> 税收成贵户原一甲许志有户推
>
> 弘光元年四月初五　　　　　　立当约人　黄应中
>
> 　　　　　　　　　　　　　　中　见　　许见可
>
> 系常字四千八百八十六、八十九、九十号①

这件契约所约定的交易是许某出借六十多两银子给黄应中，按照当铺的营业惯例月利为"一分"（1%），借期为三年。黄应中将自己的土地权利证书地契和契尾一并提交给债权人许某，作为这项债务的担保，保证在三年后未能清偿债务的情况下，债权人可以按照地契接管土地的经营。这项交易的性质显然与转移财物占有的一般意义上的"典当"不同，但民间依然混用。

（2）出典与"倚当"的再次混同。

从唐代"贴赁"转化而来、以不动产收益抵消债务的"倚

---

① 见《中国历代契约会编考释》，第1027页。契中的"乙"是"一"的防涂改写法，是古代契约中所惯用的。"税收成贵户原一甲许志有户推"是说明该地块的税收承包人。"平合义和当右兑"是收款人收讫的意思，"平合义和"为吉利语句。契末一行字是设定抵押的地块编号。

当"制度在北宋初期就已经被废除。然而，到了明代中期，朝廷立法又曾将出典交易混同于"倚当"。

《弘治问刑条例》记载弘治十六年（1503 年）的一项立法："刑部等衙议奏：'今后军民告争典当田地，务照所约年限，听其业主被价取赎。其无力取赎者，算其花利，果足一本一利，此外听其再种二年。官府不许一概朦胧归断。'奉圣旨：'是。照律例行。钦此。'"据此所拟定的条例规定："典当田地、器物等项，不许违律起利。若限满备价赎取，或计所收花利已勾（够）一本一利者，交还原主，损坏者陪（赔）还。其田地无力赎取，听便再种二年交还。"①

这条条例实际上恢复了唐宋时期以不动产收益抵销债务本息的倚当制度，只要土地的收益达到原典当价钱的 200%，典主就必须交还土地。如果典限到期而原业主无力赎取，典主也只能再占有耕种两年，两年后就必须将土地交还业主。这样一来，出典就变成了倚当，完全无视宋以来出典交易并非计息交易的事实，也未考虑民间长期以来的习惯。宋元以来的立法及民间习惯是把倚当混同于出典，而弘治十六年的条例又把出典混同于倚当。尽管立法的原意可能是出于帮助债务人、抑制愈演愈烈的土地兼并，可是这和长期以来的立法及民间习惯不符，是很难切实实施的。而原刑部建议的条文文本中最后所加"官府不许一概朦胧归断"，就是为了给各级官府一个灵活掌握的活门，企图适应社会的实际情况与民间的惯例。

土地兼并的主要方式就是典、买，这条条例对于豪强既得利益集团来说，是有相当的威胁的。因此这条条例以后引起了很大

---

① 转引自黄彰健编：《明代律例汇编》，台湾"中央研究院"历史语言研究所，1979，第493 页。

的争议。在正德初年修订《问刑条例》时，司法部门即谓"私役军伴、立嗣择立贤能及所亲爱、典当田地已勾本利交还原主等项是起争端"，甚至称原修订《问刑条例》"诸臣刑名欠精，率多窒碍，徒为诲淫长奸之地"。但刑部在对条例文字稍加增润后仍坚持了原例。①

正德十六年（1521 年）明世宗即位大赦，诏书宣布革除弘治十三年以后及正德朝的条例，"近年条例增添太繁，除弘治十三年三月初二日以前、曾经多官奉诏会议奏准通行条例照旧遵行外，以后新增者悉皆革去"。② 该条条例应该也在被废除之列。但是嘉靖五年（1526 年）出版的《大明律直引》一书载有一条不知何年的题奏："刑部等衙门会议开题：查有见行事例，近年以来，各处问刑衙门不察条例本意，但因告争典当田地，不问原纳（约）限期、不计利息多寡，一概断□□坐，于以相悖。合无申明前例、通行内外衙门：凡有军民告争田地，务照所约年限，听其业主备价取赎。其无力取赎者，算其花利果足一本一利，此外听其再种三（应作二）年，不得一概朦胧归断。则财□适均而人心服矣！"③

从这条题奏来看，各级官府对于实施这条条例是相当消极的，而当时刑部等衙门的态度还是坚持这条条例的有效性。因此可以理解，嘉靖七年（1528 年）重订正德年间条例共四十四条编入《问刑条例》，仍然将这一条条例编订入书。而嘉靖二十九年（1550 年）重新全面修订《问刑条例》共二百七十六条，该条也依旧保留。成书于嘉靖三十五、六年间（1556～1557 年）

---

① （明）陈洪谟：《治世余闻》上卷之四。
② 《皇明诏制》卷七，正德十六年四月二十二日大赦诏书。
③ 见黄彰健编：《明代律例汇编》，第495页。

雷梦麟《读律琐言》一书,[①] 仍然收录有该条条例:"典当田地、器物等项,不许违律起利。若限满备价赎取、或计所收花利已勾一本一利者,交还原主;损坏者,赔还其田地。无力赎取,听便再种二年交还。"并加以注解称:"依价取赎,一取其价,一取其利,各取其在己之所有矣。年限虽满,业主无力取赎者,是业主违约矣,典主何罪焉?故不拘此律。今例:限外无力取赎者,田地仍种二年交还,即以其所余之利,为所赎之价,亦不失其所有矣。然则惟田地花利稍大,故可以抵价,余物花利或微,故例不及也。"[②]

万历十三年(1585 年)再次修订《问刑条例》,将条例编入相关律文之后,共有三百八十二条,其中一百九十一条因袭旧例,另外的一百九十一条是据旧例增改删并而成。[③] 据说"删世宗时苛令特多",[④] 这一条显然并非嘉靖年间的"苛令",但却也被删除。万历十五年(1587 年)成书的《大明会典》,以及成书于万历三十七年(1609 年)的《刑台法律》等书即不再收录此条例。

这条条例的立废过程实际上反映了明朝廷对于出典交易性质的重新认定,即再次倾向于将出典认定为是一项计息债权的担保方式,并且认定田产收益可以而且应该抵销表现为典价的债务的本息。看来很可能是因为习惯势力过于强大,维护典权人利益的意见终于占了上风,使得以收益抵销债务的倚当制度仅复活了82 年(1503~1585 年)。

---

① 参见怀效锋:《读律琐言·点校说明》,《读律琐言》点校本,法律出版社,2000,第 3 页。

② 《读律琐言》点校本,第 141 页。

③ 见黄彰健编:《明代律例汇编》序言,第 41 页。

④ 《明史》卷九三《刑法志一》,中华书局,1999,第 1528 页。

4. 民间有关典权的习惯

（1）典与卖的趋同。

由于长期以来立法上都是典、卖连称，程序相同，而且由于典期和收赎期的漫无限制，得到产业的一方也被认为是"主"。因此典、卖行为很容易混淆不清。如上所述早在北宋初年，民间出卖土地后也可以收赎。到了明代，朝廷有关的立法极其稀少，民间自发的习惯更是将买卖与出典混淆，买卖后一般都认可卖方回赎要求。比如明代作家凌濛初短篇小说集《拍案惊奇》卷十五"卫朝奉狠心盘贵产 陈秀才巧计赚原房"，讲了两个房产交易的故事，都是债主逼迫债务人将自己的房产"准折"债务，以立下"卖契"形式，将房产合法转归自己名下；而原主又都得到了朋友的帮助，在交易后不久就要求以原价回赎房产。前一个故事中，债主（买主）昭庆寺僧慧空对于卖主的回赎请求反驳道："当初卖屋时，不曾说过后来要取赎。就是要赎，原价虽然只有一百三十两，如今我们又增造许多披屋，装折许多材料，值得多了。今官人须是补出这些帐来，任凭取赎了去。"后一个故事中，债主（买主）卫朝奉反驳取赎理由也是如出一辙："我如今添造房屋，修理得锦锦簇簇；周回花木，栽植得整整齐齐，却便原是这六百两银子赎了去，他倒安稳！若要赎时，如今当真要找足一千两银子，便赎了去。"[1] 显然，买主都只是以买后增建修整费用为理由拒绝原价回赎，并不对买卖后是否可以回赎这一点表示异议，说明买卖可以回赎在民间早已是一项常识。

明朝廷对于民事立法一贯采取消极的态度，对于这种现象并不予以干预。宋元以来的民间习惯上，如果是真正的买卖交易，

---

[1] （明）凌濛初：《拍案惊奇》，齐鲁书社点校排印本，1993，第138页，第143页。

要求当事人在契约上写清交易的性质为"绝卖"、"杜卖"、"根卖"、"断卖"、"永卖"之类的言词，并且在契约中出让方必须提出"永无找赎"之类的保证。而如果是未写明此类字句的，习惯上就称之为"活卖"，视同于出典交易，出让方在一定年限后可以原价收赎，或者可以提出找价要求。

出典后可以加价、或将出典的产业"找贴"给典主的习惯也适用于一般情况下的买卖。甚至在买卖行为结束后出卖人可以向买受人几次要求支付若干价金，这称之为"找价"、"找贴"、"加价"、"尽价"、"加添"、"加叹"等等名目。这一风气在明代已经相当盛行，明人谢肇淛《五杂俎》卷四称：

> 俗卖产业与人，数年之后，辄求足其值，谓之尽价，至再至三，形之词讼，此最薄恶之风，而闽中尤甚。官府不知，动以为卖者贫而买者富，每讼辄为断给。不知争讼之家，贫富不甚相远，若富室有势力者，岂能讼之乎？吾尝见百金之产，后来所足之价反逾其原直者。

形成这种现象另外一个原因，是因为明清时土地流转速度较快，地价亦涨落频繁。如清人钱泳在其所著《履园丛话》卷一回顾上海地区明末清初的地价：

> 前明中叶，田价甚昂，每亩值五十余两至百两，然亦视其田之肥瘠。崇祯末年，盗贼四起，年谷屡荒，咸以无田为幸，每亩只值一二两，或田之稍下，送人亦无有受诺者。至本朝顺治初，良田不过二三两。康熙年间，长至四五两不等。雍正年间仍复顺治初价值。至乾隆初年，田价渐长，然

余五六岁时，亦不过七八两，上者十余两。今阅五十年竟长至五十余两矣！①

出卖人总是在迫不得已的情况下才忍痛出卖土地，当地价上涨时，出卖人就得以向买受人提出当初卖价过低，要求补充。

另外也有人认为是当初海瑞巡抚江南时允许"小民"起诉豪绅，以至于养成刁民敲诈之风。"田产交易，昔年亦有卖价不敷之说，自海公以后则加叹杜绝遂为定例。有一产而加五六次者，初犹无赖小人为之，近年则士类效尤，腼然不顾名义矣。"②

从以上明代立法一度将出典混同于倚当的情况来看，明代民间盛行的这种习惯或许也可能是为了规避上述在田产收益已够典价的"一本一利"、或出典年限满两年后典权人就必须交还产业的条例。在经济地位占优的一方希望以买卖契约形式取代出典，防止出典人以该项条例为依据要求收回田宅。并由此引发宋元以来典、卖不分习惯的进一步加固。

（2）典房居住的普遍化。

明代后期出现了商品货币经济的高潮，商业性城镇市面相当繁荣。在这些城市的民居中，有相当部分是以出典的形式进行转让的。

从明代小说反映的当时社会意识来看，普遍存在"赁不如典"的观念。比如明代小说《金瓶梅》第一回"西门庆热结十弟兄　武二郎冷遇亲哥嫂"中，说武大郎与潘金莲结婚后，"武大在紫石街又住不牢，要往别处搬移，与老婆商议。妇人道：

---

① （清）钱泳：《履园丛话》卷一《田价》，中华书局，1979，第27页。
② （明）范濂：《云间据目抄》卷二，（明）李绍文《云间杂识》卷二亦持此说。转引自《明代社会经济史料选编》下册，第43～44页。

'贼馄饨不晓事的，你赁人家房住，浅房浅屋，可知有小人罗唣！不如添几两银子，看相应的，典上他两间住，却也气概些，免受人欺侮。'武大道：'我那里有钱典房？'妇人道：'呸！浊才料，你是个男子汉，倒摆布不开，常交老娘受气。没有银子，把我的钗梳凑办了去，有何难处！过后有了再治不迟。'武大听老婆这般说，当下凑了十数两银子，典得县门前楼上下两层四间房屋居住。"在小说第七回"薛媒婆说娶孟三儿　杨姑娘气骂张四舅"里说道，媒婆薛嫂为西门庆说媒，说："我替你老人家说成这亲事，指望典两间房儿住哩。"第七十八回说西门庆扩张店面，采用的办法也是"又典了人家一所房子"。第八十六回"雪娥唆打陈敬济　金莲解渴王潮儿"里，西门庆原女婿陈敬济被赶出西门家后，还想着潘金莲，"我往母舅那里典上两三间房子，娶了六姐家去，也是春风一度"。而到第九十二回陈敬济吃了官司，"前后坐了半个月监，使了许多银两，唱的冯金宝也去了，家中所有都干净了，房儿也典了"。最后在第九十三回陈敬济，"把大房卖了，找了七十两银子，典了一所小房，在僻巷内居住"。①

从《金瓶梅》所反映的这种小康之家都尽量典房居住的市民居住习惯来看，租赁被认为是临时的、难以满足居住环境要求，更重要的是缺乏安全感。如上引小说《拍案惊奇》卷十五"卫朝奉狠心盘贵产，陈秀才巧计赚原房"，李生卖房后，"赁屋居住"，因积欠房租被房主催促"出屋"，"老母忧愁成病"。

明代法律废除了出典契约的格式要求，现在可以看到的一些明代典当契约格式"样文"也没有"合同"字样。但民间仍然

---

① 分别见《新刻绣像批评金瓶梅》，第 13、103、1103、1324 页。

保留有出典为"合同文契"的习惯，比如安徽祁门万历三十三年（1605 年）的一件典屋契：

> 立典约合同洪嘉永，今托中典到（空格）寿公标祀店屋内取中间一间，后厨房并楼不在内，三面议定典价文（纹）银二两。其店并契银当日两相交明。其店房门壁俱全，住歇日后不得损坏。日后两家不用，听将原价赎回毋词。今恐无凭，立此合同二帋（纸），各收一帋（纸）为照。

万历三十三年六月刀（初）八日

立典约合同　洪嘉永　号

中间头首　　洪旺富

　　　　　　洪应会

　　　　　　洪朝显①

（三）清代典权制度的变化

清代的法律虽然全面沿袭了明代，可是在雍正、乾隆年间清朝廷对典权制度作了重大的修改，制订了一些相当具体的法令。历代的法律主要内容为出典交易的规范，和出典人收赎出典产业的规范，而雍正、乾隆时期的立法却是从区分出典性

---

① 见《中国历代契约会编考释》，第 1026 页。该契约录自中国国家图书馆藏明抄本祁门《洪氏历代契约抄》，点校者将契内"店"释为"殿"之讹，"标"为"裸"之讹，认为该契约标的为祭祀场所的"裸祀殿"。但仔细阅读该契约，并无宗教义务附加于内，只是单纯言明"住歇"用途，况且祭祀殿堂之后也不应即是厨房及楼房，此契的标的应该只是一间普通住房。

质，以及往往是从保护典权人的利益出发，力图规范典权人的权利。从某种意义上而言，真正的典权制度是从雍正、乾隆年间开始的。

1. 清初的典权制度与民间习惯

（1）清初的典权制度。

清初沿袭了几乎全部的明代律例，因此有关典权的制度也一并沿用。仅在一些细节方面有所差异。

自宋代以来，征收契税的机构一直是政府的税务部门，但是自明代中期开始，地方官府的税务机构大量被裁撤，契税事务改由州县长官自领。至清代按照朝廷编制，全国仅有江苏设置税课所大使两名、浙江设置税课所大使三名，[①] 其余州县全部裁撤。征收契税、加盖官印已完全成为州县长官的事务。明清时全国所有的州县官印都由朝廷礼部的铸印局统一铸造，为青铜质地的正方形大印。州印方2寸3分，厚4分（约合今 $73 \times 73 \times 12.7$ 毫米）；县印方2寸1分，厚3分（约合今 $67 \times 67 \times 9.5$ 毫米）。明朝印文为"某某州印"或"某某县印"4字，字体为九叠篆文，据说这是喻义"乾元用九"。[②] 清代印制规格与明代相同，但半为汉字、半为满文。实际上真正盖印的是州县长官自行雇佣的家仆"长随"，据说长随一般盖印的惯例是民间土地、房屋的典、卖契约的年月日上盖一个正印，契尾上的银钱数目也盖正印，文契本身上的银钱数目处则盖斜印。[③]

清朝入关后不久就下令提高契税的税率。顺治四年（1647

---

① 参见（清）永瑢等：《历代职官表》卷五四《知州知县等官》。

② （明）郎瑛：《七修类稿》卷九《国事类·印制》，上海书店，2001，第96页。

③ 蔡申之：《清代州县故事》引清代长随抄本《各行事件》，台湾文海出版社1980年影印本，第72页。

年）规定正式采用契尾作为纳税凭据，并将契税税率提高到3%。"凡典、买田地房屋，增用契尾，每两输银三分"。以后雍正七年（1729年）又规定"契税每两三分之外，加征一分为科场经费"。① 另外清代不再有每十年大造黄册的制度，要求典权人或买受人在田房典、买交易的当年亲自到州县衙门办理纳税以及过割事务。契尾一律由各省布政使司印造，形制为一式两份、有骑缝印章的文据，"编刻字号，于骑缝处钤印，发各州县，填注业户姓名、价值。一存州县，一同季册报司"。②

（2）出典房屋的民间习惯。

自宋元以来对于出典房屋缺乏明确的规范，混同于一般的土地出典。直到清初仍是如此。民间典房契和典田契相差不大，如清初徽州《畏斋日记》所载一例清康熙三十九年（1700年）典房契约：③

> 立出典屋契人詹起濡（日记作者之父）。本家有楼屋一局，坐落土名索木丘，今出典与××弟名下，当得典价银十二两正。其屋四围砖墙，屋内楼房窗扇、平门、板壁俱全。自今出典之后，一听典人进屋无阻。银不起利，屋不起租。下边厨屋并在典内。今欲有凭，立此典契为照。
>
> 其银系树槐等，其色系九七色八两、九三色四两，共十二两正。日后出屋，本家备原价取赎，两无难异。再批。
>
> 康熙三十九年十月十七日　　　立出典屋契人詹起濡

---

① 《清通典》卷八《食货八·赋税下·田房税契》，浙江古籍出版社据万有文库本影印，1999，典2067页中。

② 《皇清政典类纂》卷九四《榷征二·杂税·田房税契》。

③ 见中国社会科学院历史研究所清史研究室编：《清史资料》第4辑，中华书局，1983，第206页。

见：弟廷枢、廷楹，侄元楷

该件契约没有规定房屋的修缮义务由哪一方来承担，对于出典房屋的风险承担问题也没有任何约定，万一出典房屋因水火灾害受损，就要依靠双方商议，如有纠纷，官府即使受理也难以裁断。另外，房屋与土地不同，还有一个房屋的折旧问题，当房屋出典时间过久，出典一方以原价赎回房屋，而房屋的实际价值已大大降低。但是这件契约对此并无任何约定。

清代民间有的地方习惯是笼统的约定大修由房主、小修由典主来负担。如康熙三十四年（1695 年）北京大兴县的一件典房契：

立典房契人李溶发，同兄李士赟、同弟（浃、泓）发，因父已故，乏用殡葬，今将故父遗下自置瓦房壹所、门面房叁间、壹过道通后叁层、左右厢房肆间，共计大小房拾叁间、叁过道，门窗户壁俱全，坐落南城东南坊三铺总甲赵耕地方，今凭中保人马如龙等说合，情愿出典与周名下住座。三言议定，典房价银肆百捌拾两整。其银当日同众亲手收足，外无欠少。言定五年为满，银到归赎。房无房租，银无利息。大修房主，小修典主。但此房原无阎姓老契，其情中保人深知。自典之后，倘有宗族弟男子侄及旗下满汉人等争竞、并执本房契约在外典当、借贷银债等情，有典房原主兄弟同中保人一面承管。两家情愿，各无返悔，如有先悔之人，甘罚契内银一半入官公用。恐后无凭，立此典房契存照。其典价银系玖叁成色。又照。

此房有本房红契壹张，并付，俟赎房之日一并交还。

再照。

　　　誊过官契

康熙叁拾肆年伍月　日

　　　　立典房契人　李溶发（押）、同兄李士赟（押）

　　　　　　　　　同弟浃发（押）、李泓发（押）

　　　　中保人　马如龙（押）、谢廷俊（押）、张世铭（押）

　　　　　　　　赵进臣（押）、李结巷（押）

大吉利　左邻、右邻

　　　　房牙 李蕴　总甲 赵耕（押）　　代书 韩廓如[①]

此件契约规定出典的房屋"大修房主、小修典主"，当系北京地区的民间惯例。但是对于出典房屋的风险承担方法则并没有约定。

（3）民间重复找贴的习惯。

由于原业主出典、出卖时往往是出于一些天灾人祸，被典主或买主百般压价，因此在出典或出卖后，有时出典或出卖人会要求加价。这在明代已经相当常见，因得不到法律的规范，加价与找绝混同，形成出典后出典人常常多次重复要求找贴的情况。这些行为也要订立书面契约，一般混称"找约"、"加价文约"、"叹契"等等，如徽州清顺治十年（1653 年）的一件加价文契：

　　　立加价文契人何大受同弟大才等，前于崇祯十五年将原芥字等号于上土库楼屋二 所、四围厢房、门前田地等项，土名厂里并新屋等处，原契得受价纹银四百四十两，收足无

---

① 《中国历代契约会编考释》，第 1498 页。

异。今复具词加价，亲族劝谕公议，增价银一百一十两。其银当即收足，伍股均得清楚，俱已心服，嗣后并无生情异说。今恐无凭，立此文契永远存照。

顺治十年九月二十四日

　　　　　立加价文契　何大受

　　　　　同弟何大才、何大德、何大本、侄何顺生

　　　　　居间　吴心宇等①

这件加价契约立契时间距原出卖时间十一年，加价达到原卖价的四分之一。又如清雍正十二年（1734 年）镇洋县殷门顾氏嫂叔找绝田文契：

　　立找绝田文契殷门顾氏同叔殷足，为因钱粮急迫，曾有契卖东一都短字圩田七亩八分，卖到潘处为业，已经得价。因原价不敷，复央原中金胜贤三面议定，找绝七两整，契下一并收足。自找之后，再无不尽不绝。欲后有凭，立此找绝田契为照。

雍正十二年五月　　日

　　　　　找绝田文契　殷门顾氏　同叔殷足

　　　　　原　中　　　金胜贤

本件契约虽说明今后"再无不尽不绝"，可是就在一年后，顾氏又一次和买主立"贴绝"文契，再次贴绝银四两。②可见找

---

① 转引自刘淼：《明清间徽州的房地产交易》，《平准学刊》第 5 辑上册，光明日报出版社，1989，第 208 页。

② 见《中国历代契约会编考释》第 1225、1227 页。

价确实是会进行多次的。为了防止卖方今后找价无止，卖方总是要求出卖人在买卖契约中作出绝卖担保，比如"永无找、赎"、"永不言加言赎"、"一卖千秋，永无找赎"等等。① 但是实际上即使做出了这些保证，却并不能担保日后不再提出要求。很容易形成纠纷，成为最常见的民事诉讼原因。

（4）旗产的出典。

清朝入关后，立即在中原地区圈占土地，分配给满州贵族和八旗官兵。其中八旗官兵占有的土地被称为"旗地"，房屋被称为"旗房"，总称"旗产"。这一批旗产在北京附近就有十三万多顷，分布于各地的驻防八旗同样也圈占了六万多顷。② 按照清初规定，旗人获得的旗产不准出卖。③ 但是随着旗人的两极分化，旗产不可避免地进入了转让交换的领域。这些旗产的转让大多是以出典的形式出现的，以规避不可买卖的禁令。从保留至今的清代初期旗人出典旗地的典契来看，规定的出典期限往往为六十年，甚至长达一百年。比如康熙五十五年（1716 年）满汉文对照的一件典契：

> 立典契人系是镶黄旗公夫尔淡佐领下典薄〔簿〕厅官拉巴、同子德明，今因手乏，将自己蓟州地方孙家庄房基一段，周围所有地五十五亩、树木三十余稞〔棵〕〔满文作"栗树、核桃树各种树共三十余"〕，情愿典与镶白旗包〔衣〕阿赖佐领下太监苏才敏名下为业，共典价银一百两整。其银笔下交足。言明一百年为满，银到许赎。自典之

---

① 可见《清代四川财政史料》上册，第 164 页等。
② 参见张霄鸣著：《中国历代耕地问题》，大东图书公司影印本，1980，第 280、285 页。
③ 参见陈登元著：《中国土地制度》，大东图书公司影印本，1980，第 320 页。

后，任从典主盖房、砌墙、载树、穿井、安立坟茔，如有弟兄子侄人争竞者，本主父子一面承管。日后年满赎时，将所盖之房屋、墙壁、栽种之树木、所穿之井，除原典价外，按时价所置合算银两，以〔一〕同交付典主，将所立坟茔永远不移、所用之地永不许赎。此系二姓情愿，不许反悔。恐后无凭，亲笔立契存照。

康熙伍拾伍年正月十八日

立典契人　德明（押）

拉巴（押）

代子　　　马七

本佐领　　小拨什库和尚同保

族长　　　万柱

（以下数行不见于满文文本）

同中言明，其房地起今已后并不与罗姓相干。

罗敏书（押）

中见　　延禧（押）、色勒（押）①

以上这件契约显然实际上是一件出卖契约。因为一般而言，为防止回赎时的麻烦，习惯上出典契约不会明确典权人将具有"盖房、砌墙、载树、穿井"的权利，尤其是不会允许有"安立坟茔"的权利，并保证"所立坟茔永远不移、所用之地永不许赎"。因为按照古代民间传统习惯，坟地墓田是受特殊保护的，

---

① 引自王钟翰编：《康雍乾三朝满汉文京旗房地契约四种》，《清代区域社会经济研究》下册，中华书局，1992，第1020、1028页。

并不因买卖交易而转移。① 此件契约的百年典期之约很可能就是规避法律禁约的方法之一。在汉族民间的契约中类似的约定典期如此长的条款非常少见。另外契尾不见于满文文本的数行字,字体也与前文不同,当为原典主苏才敏转典罗敏书后,又由罗敏书转典不知名的第三人。

2. 雍正、乾隆年间对于典权制度的重新规范

(1) 对于典、卖的区分。

清雍正年间对于典权制度进行重大的调整,其主要立法目的是明确典、卖为两种性质不同的交易,力图将其区分清楚,以免民间反复纠缠。雍正十三年(1735 年)上谕:"活契典业,乃民间一时借贷银钱,原不在买卖纳税之例。嗣后听其自便,不必投契用印,收取税银。在京两翼收税之处,亦照此例行。"② 这道上谕一改宋以来将出典视为与买卖同样交易的立法惯例,明确将出典视为一种债权担保方式,废除出典交易的印契、缴纳契税、过割赋税等程序。这一立法将出典视为借贷担保行为,自然是定义有问题,但就废除延续近千年的典契税契、印契惯例,却是一个重大的创举。

乾隆十八年(1753 年)清朝廷应浙江布政使司上奏请求而定例:

> 嗣后民间置买产业,如系典契,务于契内注明"回赎"字样;如系卖契,亦于契内注明"永不回赎"字样。其自

---

① 参见郭建等著:《中国法制史》,上海人民出版社,2000,第 366～369 页;郭建著:《中国财产法史稿》第 5 章,第 157 页～164 页。

② 《清文献通考》卷三一《征榷六·杂征敛》,浙江古籍出版社据万有文库十通本影印,1999,第 5136 页中。

乾隆十八年定例以前典、卖契载不明之产，如在三十年以内、契无"绝卖"字样者，听其照例分别找、赎；若远在三十年以外，契内虽无"绝卖"字样，但未注明回赎者，即以绝产论，概不许找、赎。如再混行争告者，均照不应重律治罪。

这一条例一改传统立法混称典、卖的旧例，明确区分"典"和"卖"为两种不动产交易行为，强调凡典契必须注明"回赎"字样，卖契必须注明"绝卖"及"永不回赎"字样。只要有"回赎"字样，无论契约命名为"典"、"买"，都一律视为出典；而只要有"绝卖"或"永不回赎"字样，也同样一律视为出卖，不得要求回赎。

乾隆十八年的这条条例明确区分了出典和出卖契约的不同性质。从条例本身文字反映的立法意图来看，应该是企图一次性划定期限来了结民间因典、卖不分而造成的契约纠纷，所谓"三十年"的期限，是指对于乾隆十八年以前民间已有契约的一种处理方式，是处理遗留问题的规定。乾隆十八年清朝廷刑部议复浙江按察使同德："置买田产现今在三十年以内者，准其找赎；如在三十年以外，契内虽无杜绝等项字样，不许混告找赎。"乾隆十九年，议复御史胡定："虽在三十年以内，契内并无听赎字样，亦不得混告找赎。违者治罪。"① 根据这两条事例，可以看到朝廷立法的意图是以至乾隆十八年已满三十年的契约为限，三十年外一律视为绝产，三十年内契约没有回赎字样的，也同样视为绝产。而自乾隆十八年以后的契约就应按照条例的规定明确

---

① （清）佚名《钱谷指南·利·田房税契》乾隆抄本，见田涛编：《明清公牍秘本》，中国政法大学出版社，1999，第428页。

典、卖性质。

但是由于该条例在文字表达上较为含混，以后造成各级官府理解上的歧义。比如按照《集注》的解释："重在'契载不明'四字，谓契内既无绝卖字样、又无找贴字样，含混不明，故以三十年为断。若契载绝卖，即不论年月久迁矣！若契有找贴字样，即三十年以外尚非绝业也，照例分别找、赎。"因此解释者认为只有契约表达不清的才限定收赎时间为三十年，如果契约分明，收赎期限依然可以视为是无限期的，并不以三十年或乾隆十八年为界。由于《集注》当时被广泛引用，这一无视乾隆十八年时限而认定仅"契载不明"的出典交易才有三十年期限的解释对于以后各级司法机构处理典权纠纷有很大影响。①

对于该条条例解释为不以乾隆十八年以前为限的情况相当普遍。即便是提出此项立法建议的浙江省政府，对此的理解也有分歧。浙江地方性规章汇编《治浙成规》卷七所载的浙江省地方官员在乾隆四十三年（1778年）就此的讨论，也因"何年为三十年以内、何年为三十年以外"而有意见分歧。按察使司的意见是认为乾隆十八年上奏时有"现今"二字，而"律例馆纂入条例已经删除，自毋庸复行引用"。建议"以立契之日扣足三十年为断……若立契之日扣至告发之日已逾三十年之限，契内虽无绝卖字样，但未注明回赎者，即以绝产论，概不准断令找、赎"。而且这也确实是各级官府办案的惯例，"向来审断均扣至告赎之日止核算年限内外"。只是认为"浙省民情刁诈，奸计百出，每至契限将届，虽无原价，辄呈县控赎，冀得籍称限内。迨至吊契断赎后，原价无偿，或仅交半、或不交足，希图短少，屡

---

① 《大清律例会通新纂》卷八《户律·田宅》引。

追屡延。不但徒烦案牍，适以长其刁风"。因此请求浙江巡抚
"通饬各属，嗣后批断此等案件，一面吊契，一面即饬令备价先
行缴库，听候验契批断。总以契价交足之日分别年限。倘逾限不
交，虽断赎在前，仍以绝论"。这一建议得到批准，从此确定
"三十年"的时限是为立契之日起算。①

　　清末法学家薛允升在《读例存疑·户律·田宅》中就此批评
道："此系乾隆十八年纂定之例，是以十八年以前有'分别三十年
内外'字样，若由现在溯自十八年以前，万无三十年以内之理。
例内如此者尚多，每值大修之年，何以并未更正耶？再，'分别三
十年内外'，现在各省仍未能画一办理，且有不知此例者。"可见
即使在乾隆十八年定例以后，各地官府对此的理解并不一致，甚
至根本就不知道有这条条例存在。薛允升认为按照原来的立法意
图，是以乾隆十八年为界限，以后即不再有三十年时限。

　　但是清末另一法学家沈家本的观点和薛允升不同。在其所著
的《大清现行刑律按语》卷七中，对于同一条条例的解释就维
持了《集注》的观点，认为凡契载不明的契约在立契后的三十
年内可以提出回赎要求。②

　　乾隆二十四年（1759 年）又进一步制订条例："凡民间活
契典当田房，一概免其纳税。其一切卖契，无论是否杜绝，俱令
纳税。其有先典后卖者，典契既不纳税，按照卖契银两实数纳
税。如有隐漏者，照例治罪。"③ 这一条例也被收录于《大清律

---

① 《治浙成规》卷七《臬政》"民间告赎田产将满三十年者应令备价缴库俟契价交足之日
扣算曾否已逾年限分别定断"。道光十七年刊本，见《官箴书集成》第 6 册，黄山书社
1997 年，第 600~602 页。

② 参见王志强：《试析晚清至民初房地交易契约的概念》，载《北大法律评论》第 4 卷第 1
辑，法律出版社 2001 年，第 73 页。

③ 《皇朝政典类纂》卷三八〇《刑十二·户律·田宅》。

例》，成为正式法律。

（2）明确出典年限。

清乾隆二十六年（1761 年）起编制的《户部则例》，明确规范出典年限，规定："凡民人典当田房，契载年份统以三五年至十年为率，限满听赎。如原主力不能赎，听典主执业或行转典，悉从民便。倘于典契内多载年份，一经发觉，追交税银，照例治罪。"① 将出典期间限制在十年以内。这是历代法律中首次对出典的年限加以规范。与之相近的一条规定："原典房屋契载物件至回赎时或有倒塌损坏，照原价酌减。典当田房契载年限，至多以十年为率，倘多载年分，一经发觉，追交税银，照例治罪。"这样一来，出典的年限一律被限制到了十年，超过十年就视为卖契，要追缴契税。而且明确出典期满后，典权人即获得典业的处分权，可以转典。但并未明确出典人的回赎权的时效，从只允许典权人转典的角度来看，可以说仍然承认出典人可以具有无限期的回赎权。但是这种回赎权只能针对原典权人，不得直接向转典权人行使。

乾隆三十五年（1770 年）户部议复巡视南城御史增禄、给事中王懿德条奏，再次明确："旗人、民人典当田房，契载年分统以三五年以至十年为率，仍遵旧例，概不税契；十年后，听原业收赎。如果原业力不能赎，听典主执业，或行转典，悉从民便。倘立定年限以后，仍有不遵定例，于典契内多载年分者，一经发觉，追交税银，并照例治罪。"②

（3）保护典权人利益。

雍正八年（1730 年）的条例保护典权人的权利："典限未

① 《钦定户部则例》卷三七《田赋·典卖田产》"典卖找赎"。
② （清）佚名《钱谷指南·利·田房税契》乾隆抄本，见田涛编《明清公牍秘本》，第430页。

满而业主强赎者，俱照不应重律治罪。"所谓"不应重律"是指应从重处罚的"不应得为"罪，应处杖八十。这可以说是在历史上首次将出典期限未满即要求回赎的行为作为犯罪处罚。清末法学家薛允升《读例存疑·户律·田宅》称"原奏有'原主不得于年限未满之时强行告赎，现业主亦不得于年限已满之后籍端揸勒'，最为明晰"。认为该条实际有出典人在出典年限未满前不得强赎，而年限已满典权人也不得揸勒的意思。

乾隆九年（1744 年）清朝廷议复湖北巡抚晏斯盛："如系卖契，又经年远，即无杜绝字样等项，总属卖断之产，虽系原主嫡派子孙，亦不得告找告赎，其并非嫡派子孙更不得籍口。如有将远年出售之产混行告找告赎，即系讹诈，俱应照例治罪。至于契写许找许赎之产，如业主一时急需而原主不能回赎，听其凭中转典；倘既经别售而又有冒称原主之原主隔手告找告赎者，亦应照例治罪。若系典契，及虽系卖契而立有年限回赎字样者，非属年分久远已经转售，均应准其限满照价回赎，原主不得于年限未满之前强行找赎，现业主亦不得于年限已满之后借端揸勒，违者均应照例治罪"。①

《户部则例》明确典权人在出典期限届满后，获得的是转典权，并未明确典权人可以就此获得典业的所有权。另一条则例规定："凡典契而原主不愿找、卖契而现业主不愿找贴者，均听原主别售，归还典、卖本价。至典契并原卖听赎之产，现业主果有急需，原主不能回赎，亦听现业主转典。倘有称原主之原主，隔年告找、告赎；或原主于转典未满年限以前强行告赎、及限满而现业主勒赎者，均治其罪。"按照《示掌》一书的解释："如系

---

① （清）佚名《钱谷指南·利·田房税契》乾隆抄本，见田涛编《明清公牍秘本》，第 427 页。

活产，原主不能回赎、现业主既经别售，而原业之上首之原主亦不得隔手找、赎。"① 显然其立法的重点是在于明确处分权的归属，隔断远年交易的联系。出典人不愿经找价绝卖给典权人；或没有明确绝卖的出卖人，在要求找价未得到满足的情况下，允许原主另行出卖他人（从现代民法的眼光来看实际是转让收赎权）。同时，又明确典权人及没有明确绝卖的买受人的转典权利，不允许隔手交易人要求收赎；原主要求收赎也要在转典限满后，而且只能向原典权人要求回赎，不得直接向转典权人"隔手找赎"。

（4）对于房屋出典后风险负担的规范。

历代的法律从未对于房屋出典设置特别的条文，尤其是对于房屋出典后的风险负担从未作过任何的规范。而清朝统治者却注意到了这个问题。乾隆十二年（1747 年）特别为此制定条例：

> 凡典产延烧：其年限未满者，业主、典主各出一半合起房屋，加典三年，年限满足，业主仍将原价取赎；如年限未满，业主无力合起者，典主自为起造，加典三年，年限满足，业主照依原价加四取赎；如年限未满，而典主无力合起者，业主照依原价减四取赎；如年限已满者，听业主照依原价减半取赎；如年限已满，而业主不能取赎，典主自为起造，加典三年，年限满足，业主仍依原价加四取赎。活卖房屋与典产原无区别，如遇火毁，一例办理。其或被火延烧，原（典）、业两主均无力起造，所有地基，公同售价，原（典）主将地价偿还业主三股之一。起造典屋，其高、宽丈

---

① 《大清律例会通新纂》卷八《户律·田宅》引。

尺、工料、装修俱照原屋，以免争执。

在出典年限之内因邻火延烧被毁，如典主、原主各出资一半起造的，典期延长三年，原主仍以原价收赎；如果原主无力出资，由典主自行起造，典期依然延长三年，原主按原典价"加四"（增加40%）收赎；典主无力出资，原主自造后可按原典价"减四"（减少40%）收赎。典产在典期外被烧毁，如典主无力起造，原主自造后可以按原典价"减半"收赎；如原主无力收赎，典主自行起造，加典三年，年限满后，原主应"加四"收赎；如双方都无力起造，典主可与原主商议后将地基出卖，地价的三分之一偿还原主。①

以后《户部则例》将这一规定扩大运用于房屋的附属物件，明确在出典人回赎房屋时，"至原典房屋时契载物件至回赎时或有倒塌损坏，照原价酌减。"②

（5）对于"活卖"的规范。

清代法律很早就承认"活卖"，允许凡是未写明"杜、绝"字样的活卖可以回赎或找贴一次。雍正八年（1730年）户部议复侍郎王朝恩条奏定例，首次在立法上区分活卖和绝卖，明确承认了民间通行已久的"活卖"惯例：

> 卖产立有绝卖文契、并未注有找贴字样者，概不准贴、赎。如契未载绝卖字样者、或注定年限回赎者，并听回赎。若卖主无力回赎，许凭中公估找贴一次，另立绝卖契纸。若买主不愿找贴，听其别卖，归还原价。倘已经卖绝，契载确

---

① 《大清律例刑案汇纂集成》卷九《户律·田宅》。
② 《钦定户部则例》卷三七《田赋·典卖田产》"典卖找赎"。

凿，复行告找、告赎，及执"产动归原"、"先尽亲邻"之说，借端掯勒，希图短价，并典限未满而业主强赎者，俱照不应重律治罪。

所谓"不应重律"是指应从重处罚的"不应得为"罪，应处杖八十。清末法学家薛允升《读例存疑·户律·田宅》对该条例有所批评：首先该条未载入《户部则例》，检索困难。其次"原奏有'原主不得于年限未满之时强行告赎，现业主亦不得于年限已满之后籍端掯勒'，最为明晰。此例及执'产动归原'二语，似系指原业主而言；下'借端掯勒'，又似系指现业主而言，语意并未分明"。而且"'产动归原'、'先尽亲邻'之说，原奏并无此层"。薛允升认为应该将该条分为三层意思：已绝卖不得找、赎，出典年限未满不得强赎，年限已满典主不得掯勒。

上引乾隆十八年条例进一步明确，典、卖的区别集中于是否具有回赎权，只要契约上约定了一方保留回赎权，或者没有明确为"绝卖"的，即视同于出典，认为是"活卖"，可以和出典一样回赎。

清代在司法实践中也承认出卖人的收赎权。如《大清律例会通新纂·户律·田宅》所载嘉庆十五年（1810 年）的一件成案：河南清丰县武生于丽岎在灾年被迫将自己祖先遗下的两顷八亩地，以每亩一两多一点的贱价出卖给郝培德。以后郝培德又将土地转卖谢姓，于丽岎要求收赎，郝培德不允。于丽岎起诉，所属大名府知府张体公认为"限满三年，例不准赎"，驳回于丽岎的起诉。于丽岎反复越诉缠讼，张体公上报省学道，将于丽岎的武生员头衔予以黜革，并杖责于丽岎。此事引起清丰士绅公愤，官司一直打到朝廷。嘉庆帝派员复审后，发布上谕称张体公的判罚"未免过当",而且另一参与会审的知府石飞龙曾试图说服于丽岎撤诉,审判不公,都应"交部分别议处"。"且买主转卖地亩,本许原主照现价买回。此项地亩,郝姓原买之时,每亩价银仅止一两内外,迨经于姓认买,遂增价至四两八钱,显然故意掯勒、高抬价值情事。若因限满不准赎回,适以起富家乘灾图利之渐。所有于丽岎祖遗地二顷八亩零,著准其令该家属按照每亩四两八钱之数减半向谢姓赎回。其亏折半价,即令郝培德照数偿还,以昭平允。"并下令开复于丽岎的武生员头衔。

从这一案例中可以看到,当时有"例"允许出卖人在三年之内收赎土地,而且买受人转卖土地时,原主具有先买权。不过这一"例"现存的清朝法律条文中却找不到,或许是惯例之例。

(6)禁止民人典、买旗产。

由于旗产的流失会导致旗人特权地位的丧失,尤其会影响到八旗军队的战斗力,从而威胁到清朝统治的根本。因此从雍正朝开始,清朝廷就频频发布法令,禁止民人(指八旗外的百姓)典、买旗人土地房屋。对于已经被典、卖的旗地则采用由各地官府出面买回赎出。这一原则于雍正七年(1729年)的一项上谕确定:"八旗地亩,原系旗人产业,不准典、卖与民,向有定例。今竟有典、卖与人者。但相沿已久,著从宽免其私相授受之罪。各旗务将典、卖与民之地一一清出,奏请动支内库银,照原价赎出,留在各该旗,给限一年,令原主取赎。如逾限不赎,不论本旗及别旗人,均准其照价承买。"① 以后乾隆四年(1739年)朝廷动用大笔银两,分派各旗赎回已被民人典、买的旗地。户部拟订的基本方案是以三十亩为单位统一定价,一等地四十八

---

① 《清文献通考》卷五《田赋五·八旗田制》,浙江古籍出版社据万有文库十通本影印,1999,考4899页上。

两，二等地三十八两，三等地二十八两，四等地十八两，荒地十八两。①

而据当时幕友教科书《钱谷指南》的记载，仅"霸州五十六州县，凡及万顷；瓦土草房，二千一百七十余间，核算典价一百五十余万两。乾隆十年，奉部先发银二十万两，陆续取赎。于未经原主回赎、及官兵认买之先，及令地方官征租报部"。由于朝廷拨给的银两根本不够，当地官府规定"在十年以内者，俱照原价取赎；如十年以外，减原价十分之一，以五十年为率，按年递减；五十年以外，概以半价取赎"。和明代一度规定典产收益得以抵销典价的规定近似。至于已发生转典的情况，直隶当地的做法是"转典地亩。无论价值多寡，总以原典之价为准，按年递减。如果原典价轻，转典价重，即照原典之价赎取；其转典之价，着落原典之人，听其自行完补。如册内系转典，无论价重与否，应按契内原典之价回赎，仍将前册讹造之处，随文声明。至册内系原典价重、契内转典价轻，仍照原册之价回赎，不得累民"。赎回的土地发放旗人，"地亩赎出之后，旗人或买或赎，即照认买公产之例，五年扣交地价。则未经扣交地价之先，仍照从前部议御史赫庆条奏之例，令各旗严行禁止不许转售。俟地价扣完，本人如有急需事故，许其照例典买，不得越旗授受如今。回赎民、奴典卖旗地，原旗均不准交价认买。如旗人现守旗地，毋论隔旗，均准买卖，不得卖与民人。"回赎后仍然禁止民人典、买旗产，"有民典旗地，查出将旗人照依隐匿田粮例，计亩治罪。地方官失于查察，罚俸一年"。②

---

① 参见陈登原著：《中国土地制度》，第 326 页。
② （清）佚名《钱谷指南·元·回赎旗地》乾隆抄本，见田涛编《明清公牍秘本》，第 278～280 页。

嘉庆十九年（1814 年）又一次制订条例，加重民人典、买旗产的处罚："旗地、旗房概不准民人典、买。如有设法借名私行典、买者，业主、售主俱照违制律治罪，地亩、房间、价银一并撤追入官。失察该管官俱交部严加议处。至旗人典、买有州县印契跟随之民地、民房，或辗转典、卖与民人，仍从其便。"并规定"旗人指地立契向民人借贷钱文，契内注有'钱无利息，地无租价'字样，一经到官，照民典旗地例办理"。①

3．晚清的民间典权惯例

清朝对于典权制度所作的调整在民间似乎并无实效，保留至今的大量乾隆以后的民间契约文书中，除了大多数典契不再为有官府盖印的"红契"外，和过去的典契并无不同。由于长期以来出典交易的具体方式、程序得不到朝廷法律的统一规范，有关出典交易的民间习惯愈发呈现地方化特色，各地习惯不同，形成了更为复杂的权利义务关系。

（1）出典及收赎年限。

比如限制出典年限的制度，原先各地民间习惯上就很少在契约上明确约定出典年限的，这一立法的主要目的是要限制北京等地旗民出典旗产。但是即便在北京城里，旗民出典约定典期超过法律限制的现象依然存在。比如乾隆三十四年（1769 年）正黄旗那兰泰转典房屋的契约：

立典契人正黄旗满洲额尔登布佐领下养育兵那兰泰，因手内无钱使用，今将原典瓦房六间，坐落在西直门内前桃园胡同口路南，凭中保说合人，情愿典与 张名下为业。实价

---

① 《大清律例刑案汇纂集成》卷九《户律·田宅》"典买田宅"。

钱壹百捌拾五吊整。此钱当日交足，并无欠少。言明五十年以后许原业主赎，不许那姓赎。此房甚是糟烂，墙框摊（坍）塌，拆盖准其典主收拾，俱上文约。此房如有亲族人争竟、来路不明、拖欠官银、重复典卖，有中保人一面承管。恐后无凭，立此典契存照。

乾隆叁拾肆年九月初陆日立

　　　　　　　　　　　　立字人　　　　那兰泰（押）

　　　　　　　　　　　　中保人领催　增保（押）

　　　　　　　　　　　　说合人　　　　胡德（押）

信行（大字）①

　　这是转典契，但约定的典期长达五十年，显然都是违背当时法律规定的。这很可能是旗房，为规避旗房旗地不得典卖给民人（汉族人）的法律禁令。契约还约定将来由原业主直接向转典权人回赎，明文禁止前手典权人的回赎权利，并允许后手典权人"拆盖"，很可能是绝卖的伪装形式。

　　也有的民间交易以"老典"为名，既可以回避有关出典年限的法律，也可以逃避买卖交易就必须要缴纳的契税。比如清光绪三十年（1904 年）北京地区宛平县一件出典墓地的契约：

　　　　立老典永远为业地字文约人鲍门陈氏，因手乏，无钱史（使）用，有本身□王姓地壹段，座（做）埋坟茔史（使）用，计地贰亩。此地座（坐）落在广安门外太平桥北边路西，东至大道，西至王姓，南至王姓，北至河沟，四至分

_____

① 《中国历代契约会编考释》，第 1509 页。

明。今托中保人说合，情愿将此地老典与王庆云名下种地，永远为业。内有土坟二座。言明立字后不准鲍姓栽树、盖房、打井，一概不准准（衍字）鲍姓殡葬史（使）用。言明典价钱八十吊整，其钱笔下交足，并不欠少。鲍姓首（手）内收存半张老文约白纸字，作为废纸。久知后，不准鲍姓作地租重租、典卖者，一概不准。其立字后，如有鲍姓亲族人等反悔，有鲍门陈氏同中保一面承管。口说无凭，立字为正（证）。

光绪三十年三月初九日

　　　　　立字人　鲍门陈氏（押）

　　　　　中保人　孙永福（押）申永泰（押）刘文奎（押）

　　　　　烦代笔人　王永顺（押）①

坟地墓田在中国古代社会受到法律和习俗特别保护，是不能随意抛弃或改变用地性质的，即使地块被出卖但坟墓仍然可以保留，并保留定时祭扫权利。② 本件契约中鲍姓将坟地"老典"与他人，并声明允许对方"永远为业"，没有任何典期的约定内容，显然这是一件以"典"为名的绝卖交易。约定鲍姓不准栽树、盖房、打井、殡葬，相应的就是受典一方的王姓获得了以上的使用权利。

又比如在出典的期限和收赎年限上，民间依然漫无限制。尤其是典契收赎年限依旧几乎是无限的，如民间长期流传的俗谚："典田千年有份"，"一当千年在，卖字不回头"③ 等等，就反映了这种根深蒂固的民间观念。有关转典的习惯也是各地不同，有

① 《中国历代契约会编考释》，第 1537 页。
② 参见郭建著：《中国财产法史稿》，第 157~164 页。
③ 《俗谚》上册，第 170 页；下册，第 333 页。

的地方有"产动归原"的俗谚，典权人不得直接转典，如果一旦转典，就属于违反契约，典产回归原主。①

（2）出典人依旧耕种原来土地。

在耕地出典方面，明清两代不再将"原主离业"作为法定的典卖要件，农民出典土地后依旧佃种原地、成为典权人佃农的情况相当普遍。很容易发生纠纷，甚至导致人命案件。现存的乾隆年间刑部档案中就有不少。比如乾隆四十年（1775 年）湖北东湖一件"斗杀"案件起因为出典人仍然耕种原地，并私下转租土地：

> （被告）谢士仁供：小的今年三十岁。乾隆三十四年，小的因家贫，将水田六斗、旱地一块，典与贺玉斯为业，得受典价银十八两。那田仍是小的佃种，每年认交租谷六石四斗。今年小的患病，难以全种，凭朱万里作中，把田拨了一半，转佃与阮明耕种，认租还主。原没通知田主贺玉斯的。

以后典权人贺玉斯发现土地被转佃，得知是朱万里作中，前去责怪，引起斗殴，朱万里的小女儿在旁被殃及，意外受伤死亡。此案刑部处理意见，"谢士仁不告知典主，私行拨田转佃，殊属不合，应照不应轻律笞四十，各折责十五板"。对于出典后仍然佃种原地认定为是正常的，只是转佃行为"殊属不合"。

乾隆四十六年（1781 年）福建莆田的斗杀案件，起因也是出典人仍然佃种原地，因欠租导致纠纷。被告潘振盘供述："小

---

① 明末清初小说《八洞天》第一卷"假掘藏变成真掘藏　攘银人代作偿银人"载明代浙江金华兰溪地方的俗谚。

的有田二亩，乾隆二十八年，契典林世诰胞伯林梦雷为业。田仍小的租种，年纳租谷三石。近年因陆续积欠租谷六石，林【梦】雷儿子林佳音，托林世诰来代讨几次，不曾清还。"后来因为口角而斗殴，潘振盘失手将林世诰打死。

同年发生于湖南邵阳的案件，出典人在佃种原地、积欠地租后，将土地找绝出卖给典权人，因地价中折扣原地租数额意见不一，导致纠纷。被告黎世清、黎世银兄弟供述："已死的黎有禄是小的们父亲。乾隆四十年，父亲将祖遗沙子垱田三亩，凭中黎言相典与刘克全弟兄，得典价钱十千文。田仍父亲耕种，议定每年纳租五石。因（乾隆）四十三、四两年收成歉薄，欠租十石未偿。四十六年四月十八日，父亲凭中黎言相将田绝卖与刘克全弟兄为业，议价银七十六两，每两作钱七百六十文，共钱五十七千七百六十文，内除典价钱十千文，又在田价内扣除四十三、四两年所欠租谷作钱五千文，刘克全当交现钱十五千七百六十文，尚少钱二十一千文。他于五月内仍凭黎言相交清。那时父亲要他让租一半，刘克全不肯，父亲只得立票将钱收领，说要另日再讲。七月十二日，父亲因见刘克全沙子垱田谷黄熟，起意割谷抵作扣价。"结果引发斗殴，黎有禄受伤至十八日身死。刑部判决作为斗杀处理。"黎有禄所割田谷，已经刘克全收回，其所欠刘克全租谷，业于田价内抵扣清楚，均无庸议"。①

（3）民间的"转典"习惯。

自北宋规定典权人有转典权利后，历代朝廷法律并未就转典的程序、效力等作出任何规范，完全听由民间习惯自行调整。清朝雍正、乾隆年间接连对于典权制度作出的调整，也没有涉及到

---

① 以上三例分别见《清代地租剥削形态》，上册，第 177、188、194 页。

转典的问题。

从保存至今的清代民间转典契约来看，在当时的民间习惯上，转典需要原出典人会同立契，而且转典的典期一般都比较短暂。

在确定典、卖分流前，转典的契约也同样需要使用官印契本、缴纳契税。如北京存世的一件清雍正元年（1723 年）大兴县王景伊转典房屋"官契"：

顺天府大兴县今据孙名用价壹百两遵纳税银叁两（大字）

立转典房契人王景伊同胞弟王穆如，因为乏用，今将故父原典汪姓瓦房壹所、门面房贰间、前接檐房贰间、叁层房贰间、肆层房贰间，共计房捌间；后又落地壹条，门窗户壁上下土木相连。坐落中城中东坊二铺总甲杨奇地方。今凭原业主汪瑞符同中保黄贤宁说合，情愿转典与孙 名下住坐为业。三面议定，时值转典房价银叁百两整。其银当日同中亲手收足，外无欠少。自转典房之后，倘有亲族兄弟侄长幼人等争竞、及借贷满汉银债并库银、皇债等情争竞者，有转典房主王姓同原业主汪瑞符并中保人黄贤宁一面承管。此房言明叁年为满，银到归赎。两家情愿，各无返悔。如有先悔之人，甘罚契内银一半入官公用。恐后无凭，立此转典房契存照。

内有原房红白契纸贰张，银主收存。外有上首红契贰张，仍在原业主汪姓存收。再批。

雍正元年拾月　　日

　　　　　立转典房契人　　王景伊

同胞弟王穆如 原业主 汪瑞符

中保人　　　黄贤宁　　　左邻　　　右邻

房牙　　　冯守礼（戳记）

顺天府大兴县（大字印制）　总甲　杨奇　代书 龚雯

（以下为印制文本）顺天府大兴县为察取钱粮项款以便酌定经制事，蒙本府信票经历司案呈，蒙巡抚、察院宪牌，奉都察院勘劄准户部咨行前事缘由，转行所属一体遵奉施行等因。准此。但格式模糊，相应更换，诚恐法久废弛，合抄清律已款附后，以示置产人户各遵律例，毋得自取罪戾，追悔无及。须至收纸者。

一、奉旨："税例每以三分为准。"

一、律例："凡典买田宅不税契者，笞五十，仍追契内田宅价银一半入官。"律例开载，法在必行。

一、示房牙知悉，如不勤催投税，定行重责枷示。①

该件契约是官印的契纸，前有官府批示的纳税记载，后有官府印制的法律规定，说明转典是当时官府允许的交易。在契约文字中，明确表示原业主参与交易、并且原业主在契约上签押。说明当时民间习惯上，在转典时应该有原业主的参与与签署。该件契约约定的典期只有三年，据点校者考证，该处房屋位于今北京前门大街东，是当时北京商业较为繁盛的区域，或许有收回收益的可能性。

---

① 《中国历代契约会编考释》，第 1502 页。

也有的转典契约约定的典期更短，比如北京存世的一件契约：

　　立典房契杨余全，今将原典庞姓破房空地自盖瓦房一所，坐落东猪市口路北，门面三间、一过道、一老一接檐、到底四层；前院厢房四间，后院厢房四间，后又落地一条，灰棚一间，门户窗壁俱全。凭中说合，典与　陈名下取租为业。时值典价十足下火纹银玖百两整。其银当日收足，外无欠少。言定一年为满，银到回赎。自典之后，倘有亲族人等争竞，中保一面承管。恐后无凭，立此典字为照。

　　典主如欲将此房转手，必通知业主公同见面，日后听凭业主取赎。又照。

　　此房有杨姓本身典庞姓一纸，庞典孙二纸，孙典王二红典纸，王典汪字二纸，汪原买史、张二姓红买契二张，首尾接连，与杨姓起盖街道执照一纸，共计十纸，俱交银主收存。

　　此房未赎以前，大小修理，银主通知，业主自行修理，与银主无干。又照。出入俱系贰两秤。

　　日后赎房必与路南房同赎。特据。

乾隆五十六年正月二十八日

　　　　立典房契　杨余全（押）

　　　　中人　刘德（押）董以德（押）霍国泰（押）

嘉庆四年五月十二日，先收典价纹银叁百叁拾两整。下银伍百柒拾两，不俱（拘）年月日时，银到回赎。

　　　　杨舒之（押）

　　再批：本年八月找艮（银）五百两，实卖与陈宅为业。

大吉　(大字)①

　　这件契约交易时间是乾隆五十六年（1791 年），约定的典期只有一年。虽然没有原业主的参与立约以及签署，但明确约定了后手典权人必须在知会业主的情况下才可以处分标的，回赎的权利也明确约定仅仅属于业主，大小修理，都必须由业主来进行，体现了对于业主充分的尊重。不过从提供的全部连贯的上手契约来看，庞姓是从孙姓典得此处房产，而孙姓又典自王姓、王姓却又典自汪姓，汪姓才是以红契买得史姓、张姓的真正的业主，庞、孙、王、汪四手均为典主而已。换言之，本契约标的至此居然已被转典了四次！而且其中的孙典王一手的契约为"红契"，说明交易很可能是在雍正十三年（1735 年）定例出典无须缴纳契税之前，至此项交易已跨度有半个多世纪。由于中国传统民居住宅多为土木结构，建筑寿命本身不过几十年，因此至杨姓典权人已将原房屋拆除重建，本次交易标的实际上已是杨姓"自盖瓦房"。几经转手的前手典权人权利是否能够视为继续存在？这在法律上没有明文的规定，各地民间是否有明确的习惯来规范，也难以查明。就本件契约来看，契约文本约定的有关"业主"的条款，实际上指的就是杨姓，前手四重典权人的权利均已视为消灭。从契后所载嘉庆四年（1799 年）的两次交易内容来看，原来约定的一年典期到期后，杨姓直到七年后试行回赎，但在五月份支付三百三十两后，余下的五百七十两无法筹备，或许因为又急需现银，只好在三个月后进行"找价"，以五百两银子的价格，将整个房屋"卖"与陈姓。当然这仍然不是完美的交易：

---

　　① 《中国历代契约会编考释》，第 1515～1516 页。

没有经过缴纳契税、粘连契尾并加盖官印的程序，作为一张"白契"，留有日后纠纷的隐患。

从以上几例转典契约的文字来看，有关房屋转典后的修理责任并不是一般意义上的"大修房主，小修典主"，而是一律归转典人（前手典权人）负担。比如同样是北京地区的一件嘉庆二十五年（1820 年）转典契约：

> 立转典契人胡荫元，有韩家潭房一所，原系孙姓典押，京平纹银叁千两，已经年满，尚未回赎，今因手乏，情愿转典与 名下为业。典价京平纹银贰千两，言明叁年内取赎。倘孙姓无论何时回赎，仍由胡姓经手自行清理，与转典业主无干。其银笔下交清，并无短少。恐后无凭，立此为据。
>
> 外有孙姓典契一张，红契十四张，交业主收执。又据。
>
> 再如有墙壁坍塌之处，原典之人自行修补，与业主无涉。又批。
>
> 嘉庆二十五年十二月二十二日
>
> 　　　　　　　　　　立转典起（契）据人　胡荫元（押）
> 　　　　　　　　　　中人　　　　　　　　杜淦（押）①

这件契约中涉及的金额很大，可是文字却非常的简约，比较有特色的一是强调后手典权人的占有、使用、收益权利，如发生

---

① 《中国历代契约会编考释》，第 1523 页。这件契约中的后手典权人姓氏未在契约中提及，是中国古代文书为尊重经济强势者的习惯。参见叶孝信主编：《中国民法史》，第 534 页；郭建著：《中国财产法史稿》，第 189～190 页。

典期内原业主（孙姓）前来收赎，由转典人（前手典权人胡荫元）负责解决；二是约定在有"墙壁坍塌"这样严重的损坏时，因由转典人胡荫元负责修理。

从这几例的房屋转典契约对于维修责任的规定来看，很可能是由于房屋几经转典，权利时效无限，而房屋使用寿命有限，后手因此要求前手能够保证基本的居住质量。在契约内强调前手的维修责任，或许就是因为这一背景。

（4）"田皮"的出典与活卖。

所谓"田皮"，是一种土地承租人拥有自由处分所承租土地的特殊的"永佃权"。"永佃权"人有权自由处分其权利，可以买卖、出典、出租，这种权利与所有权相对应，在中国古代称之为"田面"、"田皮"等等，权利人称之为"面主"、"皮主"；而原来的所有权称之为"田底"、"田骨"，权利人称之为"底主"、"骨主"。底主或骨主也可以自由处分其权利，出卖、出典，并承担官府的赋役。真正的土地耕种者佃户要向底主或骨主缴纳"底租"、"骨租"或"老租"，向面主、皮主缴纳"面租"、"皮租"或"小租"。这种"一田二主"式的"永佃权"习惯大约在宋代已经出现，明清时期在福建、安徽、江苏、江西、浙江、广东、台湾等南方地区相当盛行。朝廷法律对此并无正式的规范，任由民间习惯调节。[①]

"田皮"的活卖如清顺治二年（1645 年）福建闽清方继养活卖田根（即田皮）契：

　　　　立卖田根契　　方继养，承祖置有民田根叁号，坐产廿五

---

① 参见傅衣凌著：《明清农村社会经济》，三联书店，1980，第 35 ~ 45 页；郭建著：《中国财产法史稿》，第 143 ~ 155 页。

都大箬地方，土名赤葵，受种陆斗，年载王衙租谷壹拾壹石。又枯拢枯细墩，受种五斗，年载郑衙租谷玖石。今因乏用，向到安仁溪刘镇西表兄处卖出田根，价银共壹拾贰两正，水九叁色顶九五，即日收讫。其田根听买主前去管业收租。其根系己物业，与房下伯叔弟侄无干。如有来历不明，系〔方继〕养出头抵当。亦未曾重张典挂。自卖之后，不得言尽之理。倘有力之日，不拘年限，照契面赎回，不得执留。两家允愿，各无反悔。今欲有凭，立卖契壹纸为照。

顺治二年五月吉日

　　　　　　　立卖田根契　　方继养（押）①

　　此契为"活卖"，出卖人得以"不拘年限"原价收赎田根，与出典的性质是一样的。这里"王衙"、"郑衙"的"老租"，实际已和官府的赋税相当，缴纳的义务随交易而发生转移。买卖的双方实际上都不自耕，契中"管业收租"所言之租即"皮租"，是佃种该项"田根"的真正佃农所交之租。

　　"田皮"交易的名称也是随各地习惯而不同。比如清刑部档案载雍正八年（1730 年）浙江庆元县范礼堂"田皮佃约"：

　　　　立佃约人范礼堂等，承父手遗有水田皮一段，坐落箬来安箬，计业主租七把正。今因缺粮食用，将其田皮出佃约一纸，即是佃与本族礼资弟边，银一两正。其银收讫。其田皮言定递年完纳佃主租八把正，每年不敢少欠。如若皮租有欠，听凭佃主自己易佃、耕种。日后办得原钱取赎，业主

---

①　转引自傅衣凌著：《明清农村社会经济》，第66页。

（当为佃主之误）不得执留。立佃约存照。

雍正八年六月初八日

　　　　　　　　　　立佃约　兄　礼堂（押）①

　　此件契约名义上是"佃约"，实际是"典约"，田皮主人范礼堂将原来自己耕种的田皮出典给堂兄弟范礼资，但仍然自耕，成为典主的佃农，除了向业主交骨租谷"七把"外，另外再向典主范礼资交皮租谷"八把"。只要交租不误，典权人既不得易佃，也不得自耕。

　　"田皮"也可以设定抵押。比如乾隆十八年（1753年）福建永安的一件"典"契：

　　　　立典约人冯玮玉，原有承父遗下受分赔田一段，坐落土名黄厉曲尾垄，小租谷一硕二斗正。自己养膳未分，今来要物用急，前向陈羲麟表叔边典得铜钱一千文，其钱每百随月纳息二文算。其钱约来年十一月尾本利一足付还。如是至期无还，其田即便退与陈宅去管理召佃、管理收租为业，冯宅不得意（异）说等情。其田并无重叠典挂之类，并无扰折抑勒情由。如有来历不明，冯宅自己抵当。恐口无凭，立典约存照。

　　　　外有上手一纸缴照。

　　　　一批：递年实还刘宅主人正租谷一石正。

乾隆癸酉十八年十二月　日

　　　　　　　　　　立典约人　冯玮玉（押）

同男　　　冯木蛟（押）

现佃　　　冯木声（押）

亲笔①

　　本件契约的标的"赔田"，是指通过垫付开荒费用而获得的可以自由处分的"永佃"权利（田皮）的耕地，为福建地区民间的习惯称呼。这块"赔田"对于地主的"正租"是"一石"。立契人冯玮玉也并没有自行耕种，而是将其出租给佃户冯木声。冯玮玉向陈羲麟借了一千文铜钱，月利2%，借期十一个月。并指定自己一块可以收租一硕二斗的"赔田"作为债务的担保，与设定抵押相似，如债务到期未能偿还，债权人可以接管"赔田"，直接向指定的"赔田"佃户收租。该件契约特意载明了地主的"正租"，佃户也在契约上签署，表明知情。

　　田皮可以出典，当然也可以找价，如徽州一件清乾隆三十四年（1769年）田皮找价契：

　　　　立找佃价契吴凤同，今有先年母手将父遗下田皮一号，坐落土名巨流，计田一丘，当日凭中三面言定加找价银二两整。其银、契当日两相分明，其田永远不得取赎。
乾隆三十四年二月　日

　　　　　　　　　　　立加找佃约人　吴凤同（押）

　　　　　　　　　　　见中人　　　　冯春福（押）②

①　《中国历代契约会编考释》，第1506～1507页。
②　原件藏中国社会科学院历史研究所，转引自叶显恩著：《明清徽州农村社会与佃仆制》，安徽人民出版社，1983，第65页。

由以上几个方面可以看到，在民间习惯上，"田皮"完全可以和田宅不动产本身一样进行各类交易、转移，被视为一种完整的财产权，和租佃的本意已大相径庭。

（5）重复要求找贴。

重复要求找贴的习惯在民间也依然盛行。比如道光二十七年（1847 年）北京宛平县胡大"绝典地字据"：

> 立绝典字人胡大，因手乏无钱，十八年十月廿日将本身自种地三段共九亩半，情愿典与 王姓名下耕种。一典五年为期，典价清钱八十七吊正。廿二年八月十二日，又找典价清钱七吊，共计九十四吊正。五年期过，手乏无力还钱赎地，仍同中人说合，重典清钱九十五吊正。廿七年九月廿六日立字，前后典价王姓共交清钱一百八十九吊正，八年以内钱到许赎。今同中人说合，情愿找价 王姓永远为业，任凭税契、挖井、盖房、安葬。两相情愿，各无返悔。言明地价清钱贰百七十五吊正。其钱笔下交足，并不欠少。亦无亲族人等争竞。立字之后，若有亲族人等争竞，有立字、说合、中保等人一面承管。恐口无凭，立绝典字据永远为证。
> 道光十八年十月廿日、廿九年九月廿六日典字贰张跟随。
> 　　计开四至：
> 　　五亩半：东至韩姓、西至大道、南至刘姓、北至杜姓。
> 　　二亩半：东至苇坑、西至道、南至陆姓、北至陈姓。
> 　　一亩半：东至陆姓、西至王姓、南至王姓、北至陆姓。
> 　　三段共九亩半地。
> 道光二十七年十月十二日

立绝典地字人　胡大（押）

知情中保人　　安大（押）、杜秀（押）

代笔人　　　　马兴安（押）①

此件出典交易成交于道光十八年（1838 年），十年里两次加价，超过原典价一倍，最后在道光二十七年十月再"绝典"，实际上应该是一件"找绝"契约，属于最后出卖的性质，但仍然称"绝典"，看来是埋伏下以后再次找贴的伏笔。

显然这种民间反复找价之风并不因为朝廷的禁止而有所收敛。很多地方官府都曾反复出告示禁止反复找价，如光绪六年（1880 年）江苏青浦县衙门刻石立碑严禁找价加叹的告示："查绝产加叹，最为地方恶习，本干例禁。本县访闻青邑此风甚炽……嗣后倘有已绝之产业、经将契投税者，遇有前项情事，许该业主立即扭交该保解候，从严惩办。"② 然而即便如此，这一风气几乎毫无好转。

4. 恢复典契征收契税

自雍正、乾隆年间对典权制度进行改革后，不仅民间对这些制度反映冷淡，而且清朝的各级官府也缺乏严厉实施这些制度的决心。典契不征契税，更使地方官府丧失了一笔财源。到了清末，朝廷财政状况日益窘迫，各地纷纷又恢复开征典契的契税。③

宣统元年（1909 年）度支部上奏："近年因洋款之增加，

---

① 《中国历代契约会编考释》，第 1532 页。

② 上海博物馆图书资料室编：《上海碑刻资料选辑》，上海人民出版社 1980 年，第 156 页。

③ 《清续文献通考》卷四八《征榷二十·杂征》，浙江古籍出版社据万有文库十通本影印，1999，考 8027 页下。参见徐达：《土地典卖税契制度考略》，《平准学刊》第 4 辑上册，光明日报出版社，1989，第 514 页。

与新政之迭举，各督抚纷纷奏请，于是买契之税有加至四分五厘、五分、六分六厘者，典契之税有按买契减半，亦有与买税一律者。收数既不画一，办法又复纷歧。见当清理财政之时，未便任令各省自为风气。且此项税收究系取之多财有力之家，不妨酌量加多。"为此建议："凡各省买契，无论旗籍民籍，一律征税九分，典契一律征税六分。……各省并准于加收项下扣提一成，以为办公经费。"这一建议被朝廷接受，出典交易从此必须缴纳6%的契税 。这显然是地方官府与中央朝廷之间的一项妥协，地方官府获得契税征收总额的十分之一作为办公经费，而中央朝廷获得了一笔为数不少的财政收入。

这样一来，出典交易自雍正十三年（1735 年）取消缴纳契税义务后，经过 174 年，清朝廷再次正式恢复征收契税。1910年公布的《大清现行刑律·户律·田宅》"典买田宅"条为此取消了上述出典不必缴纳田房契税的条例内容。

四 近代以来的典权制度

（一）民国初年的典权制度与民间习惯

1. 1915 年《清理不动产典当办法》

针对长久以来典卖不清、繁扰官司的状况，民国初年曾设法进行清理，1915 年北京政府以政令形式颁布了《清理不动产典当办法》。① 这个办法一共十条，其基本原则由清《户部则例》沿袭而来。

首先，划定时限以区分出典和出卖："民间所有典、卖契载不明之不动产，远在三十年以前、并未注明回赎字样、亦无另有佐证可以证明回赎者，即以绝产论，不准回赎。其未满三十年、契载不明之不动产，概以典产论，准其回赎。但契载已明者不在此限。"三十年以上未注明可回赎的不动产典、卖契约，一律视为绝卖，不得再要求回赎；未满三十年未明确是否绝卖的契约，一律视为典产，允许原主回赎。

其次，明确回赎期限："典产自立原约之日起，已经过六十

---

① 见国民政府立法院编译处编：《中华民国法规汇编》，1934 年印行，第 11 册《司法》，第 47 页。

年者，不论其间有无加典或续典情事，概作绝产论，不许原业主
再行告争"。将出典回赎期间限定为立约后的六十年。而且"未
满六十年之典当，无论有无回赎期限及曾否加典、续典，自立约
之日起已逾三十年者，统限原业主于本办法施行后三年内回赎。
如逾限不赎，只准原业主向典主告找作绝，不许告赎"。所规定
的三年回赎期，是从本法令实施之日开始的，与原定典期无关。

再次，在回赎时典当不动产的增值问题，规定："凡准回赎
之典业，若经典主添盖房屋、开渠筑堤，及为其他永久有利于产
业之投资，原业主回赎时应听典主撤回，其有不能撤回或因撤回
损其价格、或典主于撤回后无相当用途者，由双方估价归原业主
留买。""凡准回赎之田地，若经典主管领耕种满二十年、及现
时地价确有增涨者，原业主于回赎时除备原典价外，应加价收
赎。"加价的金额双方协商不成的，当地官府应发布各地段土地
差价作为加价的基准，审判衙门在其差价十分之五的范围内酌
定，"田地之时价以一年租金额二十倍为准"。这些规定明显是
偏重于保护典主的利益，并不考虑典权人已获得长期土地收益的
因素，与历代有关立法的原则不同。

和清朝有关典卖不动产的大部分立法相似，这个办法并没有
能够真正起到作用。而且该办法第九条又规定："本办法所定各
节，各省已另有单行章程或习惯者，仍从其章程或习惯办理。"
因而其效力并不高。

2. 民间的典权习惯

从《民商事习惯调查报告录》中民国七年（1918 年）调查
的资料来看，民初各地的土地房屋出典行为依然主要依靠民间习
惯调整，基本保留自不动产典权出现以来的旧有状况，很少有受
到上述《清理不动产典当办法》的规范。只是典当不动产习惯

的地方性相当强，各地的习惯有相当的差别。

　　比如民初各地关于出典不动产的风险承担及出典物产附加物的费用承担等等问题的习惯不同。直隶（今河北）定县清苑等地民间习惯，如典地被水冲垮，典主修复栽种五年后，业主才可以收赎。吉林扶余县有"房倒烂价"的俗谚，出典的房屋如因水淹火烧而破坏，业主只能收回素地和残存材料，不得追索房价，而典权人也不得索要典价。河南确山县有"许盖不许撤"之谣，典权人在典地上所修盖的一切建筑物都视为添附物，在业主收赎时均归业主完全所有。但是如果典房有毁坏，则"典房烂价"，收赎的典价可以减去若干。如果出典的是草房，出典后的三年内有倒塌归业主修理，三年后则全归典权人修理。山东黄县"房倒烂价"，出典房屋如倒塌，典价随之消灭，出典人可收回残存部分。类似的习惯在山西清源县称之为"房塌无价"。浙江定海县凡出典房屋被烧毁，典价即告让免。① 相反，如《清理不动产典当办法》所规定的那样典地价格上涨的应加价回赎的习惯却并不多见。

　　关于出典房屋的维修义务承担，各地习惯也略有不同。如天津民间习惯上，房屋大修（换山、换檐）双方分别承担，小修由典权人负担。山西平定县则习惯"典主修内、业主修外"，典权人负责修理房内，业主负责修理房屋外部。陕西长安县的习惯是契约约定有回赎期限的，在回赎期限内的修理责任归业主；但过期不赎，修理责任转归典权人。或者是三年为责任转换分界。陕西的雒南县习惯与此相同，但称"内修外修"。②

　　① 分别见《民商事习惯调查报告录》，国民政府司法行政部印行，1930；台湾进学书局影印，1969，第31、56、226～227、252、492～493页。
　　② 分别见《民商事习惯调查报告录》，第17、272～273、627、658页。

　　出典后不得收赎的期限，民国初年的民间习惯上，有的地方是"田三屋四"（苏南奉贤），即田产出典后三年内、房产出典后四年内业主不得收赎。也有的地方如陕西武功县，习惯上只要契约上未明言，出典人就可以在一季收成后以原价收赎。甘肃盐池县习惯赎地应满三年。①

　　关于典权是否能够自由转让，在民间习惯上，有的地方习惯一般承认典权人可以自由转让典权，但在转典时必须将原典契随同交付受让人，出典人可以向新的典权人收赎。如河南巩县"凡甲产出当于乙，若乙复当于丙时，连同原当契一并交付，是谓转当。嗣后甲可向丙回赎，与乙无干。若未连同原当契交付，则谓之清当，甲只得向乙回赎，乙向丙回赎"。山西祁县"拦典不拦卖"，习惯上不承认转典。福建闽清等地民俗承认典权可以自由转让，出典人收赎时应约原典权人一同向后手典权人收赎。湖北恩施地方习惯除承认"转当"外又有"加当"（出典后多次要求再增加典价，以至典价高于卖价），同时"一业数当"（重叠出典）也相当常见。陕西鄜县习惯允许"转当"，出典人可以直接向后手典权人收赎。凤翔县也有相同的"转典"习惯，邻县又称"当地推种"。甘肃全省一般民间都承认典权人得以转当，但转当价不得高于原典价。②

　　关于典权和所有权、租赁权之间交叉关系问题，民国初年各地民间习惯大多认可互相自由转让。如奉天（今辽宁）洮南县有所谓"租不拦当、当不拦卖"的俗谚，类似的俗谚在各地相当普及，如同省锦县"租拦不了当，当拦不了卖"；吉林舒兰县"租不拦当，当不拦卖"；黑龙江龙江、纳河、青岗、克山、呼

---

① 分别见《民商事习惯调查报告录》，第361、646、691页。
② 分别见《民商事习惯调查报告录》，第222、263、532、570、649、663、664、1253页。

兰等各县均有"租不拦典，典不拦卖"的俗谚；山东滋阳、聊城又称"租不压典，典不压卖"。①

关于收赎的时间，出典的契约上大多不予约定，但各地民间习惯上都有一定的限制，大致的原则是不妨碍农作物的耕播收获、不妨碍居住。奉天（今辽宁）各县习惯一般收赎房屋应在农历二月中旬（或立春）以前、收赎土地应在清明节气以前。吉林榆树县"头年房子过年地"的俗谚，又要求赎房应在农历年前、赎地在二月之前。榆树、扶余两县要求收赎耕地应在惊蛰以前。黑龙江龙江县习惯收赎应于"秋后春前"。青岗县房地收赎都要求在清明以前。河南开封民间有"三不回春、八不回秋"（收赎应在清明前、秋收后），或"当白回白，当青回青"（收赎时土地状况应和出典时状况相同）的习惯。沘源县又有"三不得麦，六不得秋"的说法，限制收赎在清明前及农历六月六日前。山东齐东县的习惯与之不同，业主随时可以收赎，但在地内已播种情况下要按照双方的协商另行支付种子工本费用。而蓬莱县的习惯是春分前收赎，如典权人已播冬麦，则来春与业主平分所收麦子。山西省大部分地方习惯以平遥县为典型：水田不得过惊蛰、旱田不得过清明。或如虞乡县"三不赎夏、七不赎秋"，临汾县"立秋不赎秋、立夏不赎夏"，强调在夏、秋收后收赎。夏县则"青地赎青、白地赎白"。江苏的丰县习惯，在土地已播种的情况下，芒种、立秋前收赎可分麦一半。江西永新县习惯将田产的收赎期限制在农历正月内、将土地的收赎期限制在农历的二月内，称之为"正月田二月土"。更为苛刻的是福建闽清民间习惯：收赎必须在

---

① 分别见《民商事习惯调查报告录》，第37、38、54、63、76、88、116页。

每年的农历十一月三十日这一天进行，否则就要等待来年再赎。
霞浦县的习惯也是如此，只不过唯一的收赎日为每年的十二月三
十日夜。陕西长安县习惯"当青赎青，当白赎白"。扶风县的习
惯是"六当六赎"，每年出典和收赎都要求在农历六月进行。鄠
县水田回赎以谷雨为限、旱地夏以清明、秋以立秋为限。临潼县
"当白赎白"与长安等地略同。有些地方习惯不同，如乾县的东
北乡，只要尚未播种均可收赎。而当地的阳洪店村因传说过去有
富翁某为怜贫起见，允许业主麦收时收赎，形成为该村麦收可赎
地的惯例。①

　　值得注意的是，在民国初年的民事习惯调查中可以发现，很
多地方民间习惯上将立约之后并不转移不动产占有、只是指定某
一不动产作为计息债务担保的交易也都混称为"典"或"当"，
或者为"活卖"。从近代民法角度来看，这类交易实际上是设定
抵押权的行为，但是在民间意识上，这些交易似乎也是"典"
的一种。

　　比如如苏北赣榆县则以"典"为名立约，典价已预先包括
了 10 个月的利息在内，立约的时间也预填为 10 个月以后，如至
期债务人无法清偿，则按所立的名义上的典契，由债权人接收田
宅，债务人仅保留收赎的权利。苏北泰兴县称"当契"，文书格
式如下：

　　　　立当契人 ○○○，因正用不足，央中说合，情愿指
　　地亩起用 ○○○名下无利京钱 ○○○千文，至期如数
　　清还，无钱即将地亩交给当主管业。恐后无凭，立此

① 分别见《民商事习惯调查报告录》，第 40、55、56、67、86、216～217、229、236、
250、255、273、286、301、378、435、522、552、628、647、664～666 页。

存照。

计开：座落 ○ ○ ○ 地 ○ 亩。四至：东至 ○、西至 ○、南至 ○、北至 ○。

年月日　立当契人 ○ ○ ○ 押　中人 ○ ○ ○　代字 ○ ○ ○①

同样的习惯在山东沂水、嘉祥、淄川、无棣、禹城、汶上、邱县等地也很流行，双方按照债务本利总额订立典、卖契约，届时不偿即发生效力。山西宁武县"指产借债"要求立"绝卖死契"，连同"老契"一并交付债权人，又立一称之为"后照约"的"约据"，以作为以后清偿赎回"绝卖契"、"老契"的凭证。同省的偏关县又叫"死契活地"，在所谓的"卖契"后粘连一纸条，确定赎回的限期。代县习惯与之相同。晋北右玉等五县称"死契活口"，仅以口头约定可收赎。清源县"隔年死契"，过期一年即丧失收赎权。芮城县则是在借约后粘连卖契。苏南仅无锡采用这一办法，双方订立借约的同时立一"活卖契"连同老契一起交付，届期不还债权人即接管，债务人保留有六十年的收赎权。安徽绩溪习惯则仅立一卖契，不加说明。江西南昌一带称之为"卖头押尾"，契约头为绝卖契，契尾年月日后则批有"此业口押契卖，以后如拖欠借项，任凭押主裁契管业"字样，如届期不偿，债权人得以裁去批字要求管业。万年县民间将一般的出典称为"大典"，限期一年的出典称"典"，实际不转移土地占有的称"当"（但契约写为杜卖）。浙江乐清县借贷要立"四花络契约"，即借贷人要将自己田产的卖契、找契、挂单（税单）、

---

① 分别见《民商事习惯调查报告录》，第351~352页。

借据四样文书交给债权人，借百元至少要有值二百元的田产作担保。福建福州一带又称"借头卖尾"，借约和卖契连同交付债权人，债权人给予一"批佃字"，表示债务人在清偿前仅有佃权，届期不偿即丧失佃权。甘肃全省都有债权人可以将不能清偿的债务人所指抵的产业收归己有的习惯。尤其大通县有所谓"本驮利"的交易，债务人要写一"典约"、亦称"驮约"，再写一借约，至期不偿，债权人即执典约管业。①

另外，与唐代"贴赁"、北宋"倚当"相似的民间习惯至民国初年也依然存在。比如民国初年湖南石门县有"砍当"之俗，一方出当（即典）日久，在收赎时得以要求典权人降低收赎的价金数额。其实质就是以出典田宅的收益抵销若干原典价，和倚当相似。甘肃平凉、固原"减价赎业"习惯也是以出典期间田宅的收益抵销若干典价，一般减去二、三成，至少也要减一成，"决无主张交还原价之事"。大通县习惯更接近古代的倚当：契约中明言每年扣除典价一或二成。山西方山县的"借债折租"和倚当相似，至期不偿债权人接管产业，以地租"扣还本利，偿清，产仍归主"。同省广灵县有"靠产揭钱"习惯，此契约中说明如届期不还债，产业由债权人以老契及该约执业，但仍由债务人租用，每年租金若干。②

而类似于抵当的、以田宅收益抵销债务利息的交易在当时的民间也依然相当普遍，也往往以"典"或"当"为名。如苏南地区有"典田图种"的习惯，即一方当事人向人借贷后约定以田产的收入抵销债务。利率各不相同，"自一分七厘至二

<hr>

① 分别见《民商事习惯调查报告录》，第 687、796、831～832、833、836～837、849、852、857、889～890、902、980、495、1010～1011、1076、1239 页。

② 分别见《民商事习惯调查报告录》，第 619、677、687、823、842～843 页。

分五或三分不等。或则不明言利率，但载借钱若干、秋后付稻谷若干秤（秤四十斤）"，这和宋代的抵当性质相同。而崇明县又保留"抵当"之名，债务人书写绝卖契约给债权人收执，但实际上依然自己耕种、缴纳赋税，只是"以租抵息"。苏北兴化县习惯与之类似，称"抵田滥价"，"滥价"指名义上的典权人（债权人）应补贴若干土地税、风车、水车修理费。江西萍乡有"过耕当"，"将原租与贷款一并计算，由借钱人书立当契与出借人收执，其利息若干即由田租内照数扣除"。浙江开化、义乌一带叫做"死头活尾"，"民间告假（借）银钱必以田房作抵，按期付息，其产业仍归债务人管业收花"，但抵契写为绝卖契约交给债权人，只是在契尾附贴一纸，约定若干年内取赎。而武康一带则称之为"死契活抵"。湖南湘西沅陵仍然称"抵当"，双方立约借钱，以田宅作抵，每月几分行息，至重不过四分，如不按时清息即由债权人管业。安徽全椒、舒城一带习惯"以租抵债"，以自己所收的"租稻范围内拨出一定数目抵当与债权人，供履行钱债之用"，契约名"当干租"。五河县称"麦债"，一洋元债务偿麦若干，比市价每斗多偿五六升。来安县习惯是以麦稻抵利息，届期不偿则接收土地，收益至"本利偿清"才归还产业，又和倚当略近。江西赣南一带有所谓"化利谷"、"放利谷"习惯，也是以租谷抵利息。浙江南田县也有"放谷债"习惯，春放钱债，秋收谷物抵充本息。①

---

① 分别见《民商事习惯调查报告录》，第 314～315、333～334、353、419、500～501、601、927～928、930、1009、1042 页。

（二）民国民法典颁行后的典权制度

清末开始起草《大清民律草案》时，将物权编列为第三编，共分通则、所有权、地上权、永佃权、地役权、担保物权、占有七章，总共有三百三十九条，仅次于债权编，可见对于物权立法的重视。但是，草案主要来源于对德、日等国物权法的模仿，对于中国传统法律中有关的内容研究不够，尤其对于民间物权习惯的调查不够深入，颇有闭门造车之讥。特别是对于中国民间最为盛行的出典交易情况相当轻视，误以为是和德、日不动产质权制度相仿的制度，并于担保物权一章规定。因此受到了广泛的批评。

民国初年起草民法典草案，物权编由北京大学教授黄右昌主稿。这次草案在前清草案的基础上，结合了民国初年进行的民商事习惯调查的成果，并进一步研究德、日、瑞等国物权法理论，对于引进西方物权法并使之本土化有很大贡献。草案突出的特点是明确了典权是一项独立的用益物权，设专章规定。

南京国民政府成立后，加速民法典的制定工作。在全面引进西方式民法体系与概念的同时，对于中国特有的典权制度，也明确要予以确定。这不仅是因为当时社会上普遍存在出典交易，以及历史遗留下来的大量典权纠纷，而且南京国民政府的立法者在起草民法典物权编时还认为："照我国习惯，如典物价格低减，出典人抛弃了回赎权，便可免除负担；如果典物价格高涨，出典人还可以向典权人找补。这真是一种富有王道精神的习惯，为我国道德上济弱观念的优点。"[1] 在这一指导思想下，典权制度得

---

[1] 胡汉民：《民法物权编的精神》，见王养冲编：《革命理论与革命工作》，民智书局，1932，第867页。

以全面规范。

　　民法典起草者在立法理由中认为，典权无须经过拍卖，程序简便；而且在不动产价格涨落时，可以分别以要求找贴或抛弃回赎的方法自由伸缩，有利于保护经济弱势者。因此将典权定义为"定限物权"，具有限制所有权的强大效力。在 1929 年 11 月 30 日公布、于 1930 年 5 月 5 日施行的《中华民国民法·第三编·物权》中将典权排列在第八章，以示典权和一般的用益物权、担保物权不同。

　　物权编典权章一共有条文 17 条（第 911 条至第 927 条）。在 1930 年 2 月 10 日公布、1930 年 5 月 5 日施行的物权编的施行法的第 15 条还专门就有关该法实施前的典物回赎问题作了规定。

1. 典权的定义

　　典权在民国民法典被定义为："支付典价、占有他人之不动产而为使用及收益之权。"（第 911 条）立法理由认为"典权限制所有权之效力至为强大也，故设本条以明定其意义"。

　　物权编明确区分质权和典权，意图纠正长期以来民间典、质不分的习惯。强调典物应为不动产，如果转移的是动产，就视为质权。以后的判例也确认盐引（销售官盐的特许状）、永佃权均不可成为典物。[①]

　　典权人得以对典物进行使用、收益，是历来典权制度的核心所在，这项定义因此明确典权人可就典物使用收益。

　　典权人应占有典物。由于这项典权定义明确"占有他人之不动产"，而实际上在不动产已出租、或已设定永佃权、或者按照传统习惯，出典人并不放弃占有，出典后依然佃种土地或租赁

---

① 1929 年上字 1583 号，1939 年上字 996 号。见林纪东等编：《新编六法（参照法令判解）全书》，五南图书出版公司 1998 年修订版，第 324 页。

居住等情况下，典物往往并非直接由典权人占有。因此这项定义造成理解上的混乱。1944 年上字 3754 号判例对此加以解释：因为根据第 915 条典权人可以出租典物，显然说明"第九百十一条所称之占有，不以典权人直接占有为必要"。因此进一步扩大解释典权之占有可以是"间接占有"（类推扩大适用物权编第一章"通则"中的第 761 条第二项有关动产间接占有的规定："让与动产物权、而让与人仍继续占有动产者，让与人与受让人间得订立契约使得受让人因此取得间接占有，以代交付。"第三项"让与动产物权，如其动产由第三人占有时，让与人得以对于第三人之返还请求权让与受让人，以代交代"）。规定"出典人于典权设定后，仍继续占有典物者，如已与典权人订立契约，使典权人因此取得间接占有……即不得谓典物之占有尚未移转于典权人。"从而认可了出典后仍然佃种原地的民间习惯。

典权人应支付典价。该定义明确典权是因支付典价而成立。在有关的判例中，进一步明确"典当契约系属双务契约，业主应移转标的物之占有、典主应合法给付典价。如典主并不合法给付典价，而以他项不能发生之债务之债款以为抵充，则业主自得以不给付典价为理由，请求撤销其典约"。[①]

2. 典权的设定

民国民法典的物权编号称采用"物权法定主义"和"物权登记主义"两大原则。设定物权不得由当事人意思自治，"物权，除本法或其他法律有规定外，不得创设"（第 757 条）。当事人设定物权契约必须要符合法律的要求，不动产物权以登记为生效要件，"不动产物权，依法律行为而取得、设定、丧失及变

---

① 1929 年上字 1973 号，见林纪东等编：《新编六法（参照法令判解）全书》，第 324 页。

更者，非经登记，不生效力"（第758条）。

但是当时国民政府于1930年6月公布的《土地法》并未立即宣布施行，而是被长期搁置，直到1935年才公布《土地法施行法》，宣布自1936年3月1日起施行。因此有关土地权利登记的法规只能沿用1922年北京政府公布的《不动产登记条例》，而该法规设定的登记项目和民法典物权编的规定并不相符（有不动产质权登记、租借权登记等），实施中难免发生纠纷。为此《民法物权编施行法》特意在第3条规定："民法物权编所规定之登记，另以法律定之。物权于未能依前项法律登记前，不适用民法物权编关于登记之规定。"1933年上字1084号判例明确在未实施土地登记的地区按照《民法物权编施行法》第3条规定，"在此时期依法律行为设定不动产物权者，该法律行为成立时即生效力，不以登记为其效力发生要件。惟在不动产登记条例已施行之区域，非经登记仍不得对抗第三人。"①

1936年《土地法》开始施行后，根据土地应进行总登记的原则，过时的法规才失去了效力。但是按照《土地法》的规定，土地总登记应在土地全面清丈、确定地籍后进行，南京国民政府采用的是分区逐步进行地籍测量与土地登记的办法，没有进行全面的土地清丈和确定地籍，土地地籍测量和土地总登记只在少数地区开展。当全面抗战爆发后，地籍测量和土地登记的推行更是困难。况且对于土地登记的程序《土地法》只是笼统规定土地登记规则由中央地政机关定之，而这一规则迟至1946年10月才由地政署公布，而这时已公布了第二部《土地法》。在这种情况下，实际上大多数地区的出典交易无法满足登记要件。

---

① 见林纪东等编：《新编六法（参照法令判解）全书》，第288页。

　　民间习惯上典权的表述多种多样，当事人所订立的书面契约往往并不明确命名为出典。是否设定典权不能仅看契约名称或契约内交易名称，1944 年上字 179 号判例明确"当事人之一方支付定额之金钱，取得占有他方之不动产而为使用收益之权，约明日后他方得以同额之金钱回赎者，不问当事人所用名称如何，在法律上应认为出典"。[①]

　　在房屋与土地同属一人所有，在仅出典房屋的情况下，土地权属究竟如何？这是一个传统的老大难问题，而民国民法典物权编的典权章对此并没有任何规定。1944 年的一项判例说明"使用房屋必同时使用地基，房屋与基地同属一人所有者，该所有人出典恒连地基一并出典。故有疑义时，应解为基地同在出典之列"。[②]

　　民国民法典物权编规定了区分所有权的概念，"数人区分一建筑物，而各有其一部者，该建筑物及其附属物之共同部分，推定为各所有人之共有，其修缮费及其他负担，由各所有人按其所有部分之价值分担之"（第 799 条）。可以推导出区分所有权人可以将其所有的部分出典。而就同一件财产是否能够将其部分出典则法无明文。在 1940 年的一桩案件中，当事人原来约定每逢辰戌年，土地即由出典人使用收益；以后出典人无力回赎，依照法律规定典权人应获得所有权，出典人提出异议。司法院的 2011 号解释例对此认定，此项交易的实质是出典人出典了该土地的六分之五，因此在回赎期届满后双方按照六分之五比六分之一的比例共有该土地。[③]

---

① 见林纪东等编：《新编六法（参照法令判解）全书》，第 324 页。
② 1944 年上字 1299 号。见林纪东等编：《新编六法（参照法令判解）全书》，第 324 页。
③ 见史尚宽著：《物权法论》，中国政法大学出版社，2000，第 443 页。

3．典权的期限

针对民间典期漫无期限的传统习惯，立法理由认为会妨碍"社会上个人经济之发展"，因此规定："典权约定期限不得逾三十年，逾三十年者缩短为三十年。"（第912条）这可以说是历史上最长的法定典期。同时并未规定最短的期限。典期的起算时间，按照上述设定典权的要件，应从登记之日的次日开始。但是1936年司法院第3134号解释例却认为，典之约定期限，为典权人有权占有典物而为使用及收益之最短期限，自应由转移典物之占有于典权人之翌日起算。[①] 这既和上述的民法有关物权生效的总原则相矛盾，而且在实务中也难以举证转移占有的确实时间。

定有期限的典权如在出典后再次以契约约定延长典期，对此民法典物权编典权专章并未加以限制，也没有予以规范。对此1948年上字7824号判例认为"定有期限之典权当事人，以契约加长期限者，须于期限届满前为之。于期限届满后以契约加长期限，既为法律所不许，即无从尊重当事人之意思而认为有效"。[②]

立法理由认为"典价通常较典物之价额为低，债权人往往乘机利用，附加到期不赎即作绝卖之条款，殊不足以保护债务人之利益"。因此继承1914年《清理不动产典当办法》第8条的有关"不满十年之典当，不准附有到期不赎听凭作绝之条件"的规定，在第913条规定："典权之约定期限不满十五年者，不得附有到期不赎即作绝卖之条款。"违反此项规定的约款被认为无效，出典人仍然可以在典期届满后的两年内回赎。由于民间习惯上出典契约往往并不明确典期，只是笼统写"不拘年月"、"不限久近"可以回赎。对此民法物权编的典权章并未加以限

---

①　见史尚宽著：《物权法论》，第445页。
②　见林纪东等编：《新编六法（参照法令判解）全书》，第329页。

制。但第 924 条规定："典权未定期限者，出典人得随时以原典价回赎典物。但自出典后经过三十年不回赎者，典权人即取得典物所有权。"1932 年上字 234 号判例认定，如在原来的出典契约中没有确定典期，纵然在出典后有加典行为，典期的起算时间仍然以原出典日期为准。① 1940 年上字 1974 号判例也明确，在出典后双方当事人以契约增加典价，"不过就已设定之典权变更其典价之数额，并非使原典权消灭、重新设定典权"。即使是双方换立契约，"加价之性质并不因此改变"，因此三十年的期限仍然从原出典起算。②

如果双方约定在典权人死后才可回赎，根据 1942 年司法院的 2421 号解释例，仍然被视为是一种不确定典期的典权。如果出典后满三十年典权人仍未死亡、或虽然死亡而出典人并未得知，应依照 924 条的规定，确认出典人丧失回赎权。③

4. 典物的风险负担

清朝乾隆年间首次对典物的风险负担做出规定后，民国时期的立法也对此作出规范。民法典第 920 条也专门规定："典权存续中，典物因不可抗力致全部或一部灭失者，就其灭失之部分，典权与回赎权，均归消灭。"立法理由称在典物因不可抗力而灭失时，"此时典权人及出典人似均不应负责任者，故应就其灭失之部分，使典权与回赎权均归消灭，以免纠纷"。这项条文的真实理由或许应该是最后的"以免纠纷"。该条的第二项对于典物的残存部分归属做出规定："前项情形，出典人就典物之余存部分为回赎时，得由原典价中扣减典物灭失部分灭失时之价值之半

---

① 见林纪东等编：《新编六法（参照法令判解）全书》，第 130 页。
② 见林纪东等编：《新编六法（参照法令判解）全书》，第 329 页。
③ 见史尚宽著：《物权法论》，第 446 页。

数。但以扣尽原典价为限。"这一扣减半数的办法比乾隆条例的规定简单易行。

典物为房屋时风险显然较大，如果房屋与基地一并出典，房屋因不可抗力灭失，基地自然成为典物的余存部分，典权与回赎权均不应视为消灭。1940 年司法院 1994 号解释例认为在这种情况下，如果出典人不回赎，典权人并不具有回赎的请求权，不得请求返还典价。①

5. 典权人的权利与义务

典权人的使用与收益权利是典权的核心内容，民国民法典物权编对此并无任何新的规定。但民国民法典物权编典权章对于典权所包含的其他权利做了一些详细的规定。

（1）典权人对于典物的相邻关系。

与传统法律、习惯一致，民国民法典物权编典权章第 914 条明确有关不动产相邻关系（指民法第 774 条至 800 条的规定，包括防免邻地损害义务、自然排水承水义务、预防破溃义务、屋檐排水限制、高地疏导水流权、高地过水权、水流地自由用水权、通行权等等）"于典权人间或典权人与土地所有人间准用之"。

（2）转典权与出租权。

和传统习惯相似，民国民法典物权编典权章规定典权人有相当多的处分权。典权人可以将典物转典。第 915 条第一项："典权存续中，典权人得将典物转典或出租于他人。但契约另有约定、或另有习惯者，依其订定或习惯。"第二项对于转典的期限加以限制："典权定有期限者，其转典或租赁之期限不得逾原典权之期限。未定期限者，其转典或租赁不得定有期限。"第三项

---

① 见史尚宽著：《物权法论》，第 480 页。

是对转典价格的限制："转典之典价，不得超过原典价。"这三项规定是对传统习惯的兼容，但毕竟是过于原则的规范。因此细节问题依靠日后的解释例和判例来补充。

关于转典的习惯，1939年上字1078号判例说明："此系限制典权人将典物转典或出租于他人之习惯而言，并不包含转典得不以书面为之之习惯在内。转典为不动产物权之设定，依民法第七百六十条之规定，应以书面为之。纵有相反之习惯，亦无法之效力。"①

典物经转典后，出典人究竟应以何程序提出回赎？这在历代法律中毫无规定，各地民间的有关习惯也是悬殊差别。物权编典权章也没有任何规定。1929年上字187号判例认为如果典权人转典时有加价、或设定抵押等原典权之外的情况，出典人就可以直接以原典价向转典权人要求回赎："苟典权人于原典权范围之外，更指定该典产为他项债权之担保或加价转典者，其责任即应由原典权人负担，而原出典人（即业主）只须备齐原价，即能向转典人取赎，消除其物上之担负。"1941年的上字166号判例明确，即使典权人表示愿意提前放赎，但只要转典期限未届满，出典人"自不得向转典权人回赎典物"。1943年上字3934号判例对于第915条第二项所言期限作出说明："所谓转典之期限不得逾原典权之期限，系指转典期限届满之时期而言。故原典权之期限经过一部分后转典者，其转典之期限不得逾原典权之残余期限。原典权之期限届满后转典者，其转典不得定有期限。"1944年的上字1916号判例进一步明确，"出典人回赎典物应向典权人及转典权人各为回赎之意思表示，并向典权人提出多于转典价

---

① 见林纪东等编：《新编六法（参照法令判解）全书》，第325页。

部分之原典价，向转典权人提出转典价，始得请求转典权人返还典物"。①

与要求典权人将典物恢复原状的传统法律及习惯相仿的是，物权编典权章也设定了典权人对于转典、出租的典物的损害赔偿义务。"典权人对于典物因转典或出租所受之损害，负赔偿责任。"（第916条）

（3）让与权。

传统法律仅认可典权人的转典权，有些地方民间习惯上允许典权人"退典"。物权编典权章则确认典权人可以将典权全部让与第三人。第917条规定："典权人得将典权让与他人。前项受让人对于出典人，取得与典权人同一之权利。"既然是与典权人同样的权利，自然就包括在回赎期限届满后将典物收归己有、获得所有权的权利（1938年司法院1787号解释例、1941年司法院2220号解释例）。② 让与的契约也主要从其交易的实质探求，不必拘泥于"让与"字样。如1944年上字206号判例称："契内既载有'自典之后，或凑或赎，听凭原主之事，与甲无干'字样，则探求当事人缔约之真意，显系为民法第九百十七第一项所谓典权之让与。"③

（4）留买权。

自北宋以来典权人就具有在出典人出卖典物时的先买权，1919年北京政府大理院上字269号判例已认定这一惯例，"若原业主不先问典主，径将典物出售于第三人，典主可以先买权为根

---

① 以上数判例见林纪东等编：《新编六法（参照法令判解）全书》，第325页。
② 见史尚宽著：《物权法论》，第454页。
③ 见林纪东等编：《新编六法（参照法令判解）全书》，第326页。

据而对抗典物受让人"。① 物权编典权章将此项权利定名为"留
买权"。第 919 条："出典人将典物之所有权让与他人时，如典
权人声明提出同一之价额留买者，出典人非有正当理由不得
拒绝。"

宋元法律都允许典权人在出典人未满足其先买权情况下可以
回赎已出卖的典物，甚至要以刑罚处罚出典人。而该第 919 条却
没有明确典权人在这种情况下是否能够声明交易无效而回赎典
物。1934 年上字 3623 号判例认为典权人的"留买权"并不同于
一般意义上的"先买权"，没有对抗第三人的效力，因此出典人
并不担负必须先行通知典权人才可以出卖典物的义务："出典人
于将典物之所有权让与他人时，已据典权人依法声明留买而任意
拒绝、仍与他人订立买卖契约，在典权人只能对于出典人以违反
承诺义务为理由，请求损害赔偿，不得对于承买典物之他人，以
侵害先买权为理由主张买契无效。"1940 年上字 20 号判例再次
确认，出典人出卖典物时必须经典权人签押的习惯与既有法律相
抵触，不具有法律效力。并且在出典人违反义务、留买权未能实
现时，"典权人仅得向出典人请求赔偿损害，不得主张他人受让
典物所有权之契约为无效"，出典人将已卖给他人、并已登记的
典物再让与典权人，就是无权利的行为。②

（5）重建修缮权。

第 921 条规定了典权人具有典物的重建修缮权："典权存续
中，典物因不可抗力致全部或一部灭失者，典权人除经出典人同
意外，仅得于灭失部分之价值限度内为重建或修缮。"因此典权
人即使在出典人不同意的情况下，仍然有权在灭失部分价值之内

---

① 见史尚宽著：《物权法论》，第 455 页。
② 见史尚宽著：《物权法论》，第 456 页。

重建或修缮典物。

（6）典权人的义务。

保管典物义务。第 922 条明确规定了典权人的保管义务和赔偿责任："典权存续中，因典权人之过失，致典物全部或一部减失者，典权人于典价额限度内，负其责任。但因故意或重大过失致减失者，除将典价抵偿损害外，如有不足，仍应赔偿。"

缴纳税捐义务。传统法律一直规定典权人担负就典物缴纳捐税的义务，物权编典权章对此并未规定。但在土地法等法规中明确了典权人的这项义务。另外，清末恢复对于出典交易征收契税，规定以典权人为缴纳义务人。这一制度也被民国政府继承。北洋时期典契契税的税率仍然为 6%，南京政府时期这一税率多次变化，至 1946 年的《契税条例》改典契契税的税率为 4%（卖契为 6%）。

6. 出典人的权利

（1）所有权的处分。

历代法律都承认出典人保留有将典物出卖的权利，物权编典权章也继承了这一基本原则。第 918 条规定："出典人于典权设定后，得将典物之所有权让与他人。"在典物出卖后，典权人的权利并不受影响，该条第二项明确"典权人对于前项受让人，仍有同一之权利"。从实际意义上而言，出典人丧失的是典物的回赎权，而买受了典物的买受人获得的是典期届满后的回赎权。1942 年上字第 1655 号判例明确这一点："出典人将典物之所有权让与他人时，其回赎权即一并移转于受让人。故在让与后不得复向典权人回赎。"①

---

① 见林纪东等编：《新编六法（参照法令判解）全书》，第 326 页。

如果出典人将典物出卖给典权人，物权编典权章定名为"找贴"。第926条："出典人于典权存续中表示让与其典物之所有权于典权人者，典权人得按时价找贴，取得典物所有权。"为了杜绝习俗上反复找贴行为的发生，又设定第2项："前项找贴，以一次为限。"然而这一立法并未明确找贴权利究竟属于是典权人的、还是属于出典人的，法条的语气似乎这一交易为普通买卖的诺成契约。至于传统上经常会发生纠纷的找贴价格问题，这项立法也没有明确"时价"究竟何指。以后院字438号解释例解释此条含义是指找贴买卖价格无须有双方的意思一致，典权人应支付的是"时价"和典价之间的差额。出典时的"时价"如果和找贴时的"时价"不同，应以找贴时的"时价"为准，但典权人支付的不应是简单的差额，而是先要审定典价和出典时的"时价"的百分比，然后再按这一比例在现价内扣除后，找贴其余额。如果双方对于"时价"存在争议，就可以请求法院来决定。[①] 如此复杂的解释恐怕很难在民间实际生活中推行。

（2）设定担保。

虽然物权编典权章并不提到出典人是否能够就典物设定担保，但是在法律解释上认为出典人既然保留有所有权，仍然可以就物上价值权利设定担保。转移占有的担保与典权冲突不可设定，但不转移占有的抵押权在解释上被认为是可以设定的（1929年司法院第192号解释例）。当抵押权人行使请求假扣押时，典权人不得提起异议之诉（1939年上字491号判例）。[②]

（3）回赎权。

出典人的回赎权为历来的法律确认，物权编典权章也不例

---

① 见史尚宽著：《物权法论》，第465页。
② 见林纪东等编：《新编六法（参照法令判解）全书》，第326页。

外。第 923 条规定定有典期的出典，在典期届满后可以原典价回赎。针对传统回赎期漫无限制的习俗，该条第二项特别规定："出典人典期届满后，经过二年，不以原典价回赎者，典权人即取得所有权。"这样一来，回赎期被限制为两年。第 924 条规定了未定出典期限的回赎可以随时进行。

物权编施行后民国政府的司法院、最高法院曾有相当多的解释例和判例解释有关回赎权的法律问题。明确回赎为出典人专有之权利，并非义务，"典权人对于出典人自无备价回赎之请求权"（1940 年上字 1006 号判例）。回赎期属于除斥期间，"此期间经过时，回赎权绝对消灭，不得因当事人之行为使之回复"（1940 年上字 1795 号判例）。回赎期也不是时效概念，"为无时效性质之法定期间，无适用民法第一百四十一条之余地（时效因法定代理人欠缺之不完成）"（1940 年上字 2034 号判例）。而且这一期限"并不因典权人有无催告回赎而受影响"（1942 年上字 1856 号判例）。① 司法院第 3326 号解释例，该两年期限并不因为躲避战乱而延长，但根据抗日战争结束后于 1946 年发布的《复员后办理民事诉讼补充条例》第 7 条规定，在该条例施行后的两年内，允许回赎。②

针对民间交易中一般约定无限回赎期的习俗，1941 年上字 148 号判例明确该条所谓期限是指典期："当事人定有期限时，纵有得于期限届满后不拘年限随时回赎之意思，亦仅得于期限届满后二年内回赎，不得谓定有如斯意思之期限者，即可排斥第二项之适用。"1943 年上字 3523 号判例进一步明确："当事人约定期限届满后超过二年之期间内得为回赎、或不拘年限随时得为回

---

① 本段数判例见林纪东等编：《新编六法（参照法令判解）全书》，第 327～328 页。
② 见史尚宽著：《物权法论》，第 468 页。

赎者，无效。"①

出典人行使回赎权利应具备的要件为回赎的意思表示和提出原典价，"出典人仅向典权人表示回赎之意思而未提出典价者，仍无消灭典权之效力"（1941 年上字 371 号判例）。"出典人在民法第九百二十三条第二项所定期间内，提出原典价向典权人回赎典物，而典权人无正当理由拒绝受领者，仍应认为已有合法之回赎"（1942 年上字 2410 号判例）。"出典人回赎典物，只须提出原典价向典权人提示回赎之意思，即生消灭典权之效力。纵令典权人对于出典人提出之原典价拒绝受领、出典人亦未依法提存，于典权之消灭均不生影响"（1943 年上字 5902 号判例）。如果典权人同意出典人在回赎期过后以典价回赎，在法律上视为是以相当于原典价的价金进行的买卖行为，是有别于原出典交易的另一项交易（1940 年上字 1795 号判例）。②

历代法律对于回赎的具体程序规定很少。该法也只有第 925 条一条："出典人之回赎，如典物为耕作地者，应于收益季节后、次期作业开始前为之。如为其他不动产，应于六个月前先行通知典权人。"

至于使用的货币种类不同，1938 年司法院 1775 号解释例规定以铜元之类货币的典价可以折换为银元，可以法币回赎。"不动产典价系以制钱或铜元定其数额者，出典人回赎典物，得按回赎时财政部所定铜元兑换法币之价，折合法币返还"（1942 年上字 2799 号判例）。③ 但 1941 年司法院 2128 号解释例明确原以黄金为典价的，因实行黄金国有政策而不得流通黄金，应按回赎时

---

① 见林纪东等编：《新编六法（参照法令判解）全书》，第 328 页。
② 见林纪东等编：《新编六法（参照法令判解）全书》，第 328 页。
③ 本段判例均见林纪东等编：《新编六法（参照法令判解）全书》，第 327～328 页。

的国家银行牌价，折合为法币。1943 年司法院第 2559 号解释，以外国货币为典价时，除非有特别约定，否则应按国家银行牌价兑换为法币回赎。①

传统上的典权回赎特点就是"原钱还原地"，物权编的典权章虽然也确认这项原则，但是在第 927 条又规定："典权人因支付有益费用使典物价值增加，或依第九百二十一条之规定，重建或修缮者，于典物回赎时，得于现存利益之限度内，请求偿还。"1943 年上字 2672 号判例明确有益费用金额高于现存利益部分，无须出典人偿还："非谓典权人支出之费用少于现存之利益额时，典权人得依现存之利益额求偿其费用"。1944 年上字 3164 号判例认定典权人并不能以此对抗出典人的回赎请求，"不得以此项费用未偿还为拒绝出典人回赎典物之理由"。②

（三）1949 年后典权制度的改革

1. 土地革命及土地改革时期对典权的处置

中国共产党领导的中国革命走农村包围城市的道路，土地革命是革命的重要内容。在第二次国内革命战争期间，推动了激烈的土地革命运动，没收一切地主土地分配给农民，土地契据一律作废，地主典得的土地也都被平分。1934 年的《中华苏维埃共和国土地法》规定农民所分配得到的土地可以出租和买卖，没有提到出典。

抗日战争时期在中国共产党领导下的抗日根据地区域，取代土地革命的是开展了大规模的减租减息运动。由于减租减息

---

① 见史尚宽著：《物权法论》，第 475 页。
② 本段判例均见林纪东等编：《新编六法（参照法令判解）全书》，第 330 页。

并不改变原有的土地占有关系，必然会涉及到典权的调整问题。根据地的减租减息法规一般都具有出典、回赎不影响原租佃关系，以及出典时租佃人有优先承典权的内容。还有的根据地特意制定了专门的法规。如1943年的《陕甘宁边区土地典当纠纷处理原则及旧债纠纷处理原则》，规定已经过土地革命的地区，"以前土地上的典当关系随土地分配而消灭，原出典人不得回赎"。而未经土地革命地区的典权关系仍然有效。以后的典权设定及回赎根据双方约定及民间习惯。但规定承典人确系自耕而生活贫苦，得由区乡政府召集双方进行调剂。1943年《晋察冀边区租佃债息条例》以第四章专章规定典地与抵押地，规定典权契约经税契后生效。确认承租人有优先承典权，土地使用人在典地出租出典、或回赎时都有优先承租权。出典不破原有租佃关系。《晋冀鲁豫边区土地使用暂行条例》第四章"典地与押地"，在与之相仿的规定之外，还进一步明确典期至少为三年，最长为三十年。回赎土地"应于秋收后惊蛰前为之"。典权人对于土地有改良，可要求偿还费用。值得注意的是这两部法规都未对回赎期作出规定。[①] 也有的根据地对于典权制度进行重大调整的，如1941年苏北盐城人民政府发布的"赎田办法"，规定"凡出典之田，期满一年以上者，得照原价打八折向承典人赎回其田"。1942年溧水县"减租减息实施办法"第四条规定"贫赎富"（出典人贫穷、典权人富裕）期满回赎，过期折价，"在二年以上者为八折，三年以上为七折，依此类推，十年以上者无价赎回"。而"平赎平"（双方贫富相等）过期"三年以上为九折，四年以上者八折，依此类推，十二年以上者无价赎回"。"富

---

① 见韩延龙、常兆儒主编：《中国新民主主义革命时期根据地法制文献选编》第4卷，中国社会科学出版社，1984，第204、253、280页。

赎贫"则只为原价。①

第三次国内革命战争时期，中国共产党发动了声势浩大的土地改革运动。土地改革刚开始时有些地区采用了以土地公债征购地主土地、由农民承购的方式，因此不可避免的会涉及到典权问题。1946 年底公布的《陕甘宁边区征购地主土地条例草案》规定地主出典给农民的土地应予征购，典价超过征购地价的，地主不退多收典价；典价低于征购地价的，不足部分折为公债。1947 年公布的《中国土地法大纲》则采取了进行阶级斗争的土地改革方式，废除一切封建、半封建性质的土地制度，典权也被包括在内。第十一条规定农民分配得到的土地"有自由经营、买卖及在特定条件下出租的权利"，并未涉及能否出典。由于在新解放区土地改革第一步仍然采用减租减息，不可避免的会发生有关土地的典权问题，对此各根据地一般并不采取统一的制度，较有代表性的如 1949 年发布的"绥远省人民政府关于如何处理回赎土地问题的通知"，指出在土地改革之前的减租减息阶段，"回赎土地的口号基本上不应提出，更不加以强调。但如果有个别农民（破落户不在内）向地主富农提出回赎问题，而且要求坚决者，一般典地在典出二年以上……即可无代价的收回土地"。农民之间回赎土地，"原则上按旧习惯，以双方不吃亏由农民自行调解处理"。②

1949 年 2 月中国共产党中央发出《关于废除国民党六法全书与确立解放区的司法原则的指示》。华北人民政府也随之发出《为废除国民党的'六法全书'及一切反动法律的训令》。从而

---

① 《江苏革命根据地法制文献选编》，江苏省高级人民法院院志编辑室编印，1988，第 144、184 页。

② 见《中国新民主主义革命时期根据地法制文献选编》第 4 卷，第 430、425、487 页。

在已连成一片的广大解放区一举废除了国民党政府的"法统"，为中华人民共和国新的法律体系的建立扫清了道路。典权制度作为正式的法律制度至此结束，所需要处理的是历史遗留问题。

2. 建国后对于典权的清理

（1）建国初期有关典当的法规。

1950 年 6 月公布的《中华人民共和国土地改革法》规定分配得到土地的农民具有买卖、继承、一定条件下出租的权利，没有言及出典。不过 1950 年 4 月政务院发布的《契税暂行条例》的第二条，规定"凡土地房屋之买卖、典当、赠与或交换，均应凭土地房屋所有证，并由当事人双方签订契约，由承受人依照本条例交纳契税"。第五条规定典契税"按典价征收 3%"。第六条规定，同一人先典后买，"得以原纳典契税额划抵买契税款"。[①] 可见仍然允许不动产的出典。

作为对于历史遗留问题的处理办法，1951 年 9 月由中央人民政府内务部公布了了一个名为《关于土地改革地区典当土地房屋问题的处理意见（草案）》的文件，认为应该根据双方当事人阶级成分的不同来处理遗留的典当问题，按照当地人均可分配土地数额内，如出典人为地主，典地即归承典人；如果出典人为中农或贫雇农，土地即应无偿归还；如果双方都是农民，典权则仍然有效。[②]

1951 年 11 月司法部在《关于典当处理问题》的批复承认土改结束地区目前阶段仍然允许农村的出典交易。指出：农村土改

---

① 中国社会科学院法学研究所民法研究室民诉组编：《民事诉讼法参考资料》（第 2 辑第 2 分册），法律出版社，1981，第 65 页。

② 最高人民法院民事审判庭编：《民事手册》第 1 辑下册，最高人民法院印，1984，第 249~250 页。

前的典当问题经过土改后已处理结束，不再变动；地主土改前的典权必须废除；农村一般的土地典当仍然允许存在。定有期限的土地典当，按照双方契约，到期不赎为绝卖的即由承典人获得所有权；如未约定此项内容，即可随时回赎。财政部在1952年4月发出的一件公文函件中，就川东人民行政公署财政厅提出的限定出典期限的建议，答复认为"典权期限牵涉甚广，暂以不规定年限为宜"，只是同意对于出典年限超过二十年的典契可以按照买契税率征收契税。①

对于城市房屋的典权遗留问题处理方式有所不同。1951年4月最高人民法院华东分院在《关于解答房屋纠纷及诉讼程序等问题的批复》中，认为处理有关房产出典案件应以兼顾契约的公平性和尊重当事人真实意思为原则，未经出典人同意变卖房屋，如果契约内容显失公平、或出卖确系违反出典人本意的允许回赎。② 1952年7月最高人民法院、财政部、司法部《关于同意西南财政部规定的房地产典期满后超逾十年未经回赎得申请产权登记的意见的联合通令》，批准了西南财政部的规定：房地产典当契约期满后超过十年而出典人及继承人均不知下落的，承典人及其继承人依法向当地司法机关申请产权登记；如果出典人及其继承人尚在的，可以协商立买契补付买价；有异议的申请当地人民政府处理。③ 1953年司法部在《对解放前房屋典当回赎纠纷处理问题的解答》中指出：对于敌伪统治时期以当时贬值的纸币出典、现在按照契约所定价值回赎而受到损失的起诉案件处

---

① 《民事手册》第1辑下册，第251页。
② 《民事手册》第1辑下册，第132页。
③ 《民事手册》第1辑下册，第92页。

理，应建议双方协商，或调解解决，法院不作硬性处理。①

（2）社会主义改造后对于典当遗留问题的处理。

1955 年前后农业合作化运动以及城市工商业的社会主义改造运动进入高潮。1955 年 5 月国务院发布《关于农村土地的转移及契税工作的通知》，指出在法律上虽然不禁止农村土地买卖和出典，但在实际工作中应防止农民不必要的出卖和出租土地。规定今后农村土地买卖、典当及其他转移，均需报乡人民委员会审核、转区公所区人民委员会批准，然后再缴纳契税。显然土地的转移已受到严格的控制。1956 年中共中央批转中央书记处第二办公室《关于目前城市私有房产基本情况及进行社会主义改造的意见》，要求将"一切私人占有的城市空地、街基等地产，经过适当的办法，一律收归国有"。从此城市的土地国有化，土地自然不再能够出典。该通知并要求在一两年内实行私人房产的社会主义改造，房产出典也逐渐不可能再出现。②

农村实现集体化后，土地出典问题不再存在。但是城市仍遗留有部分私房出典后的回赎问题。1962 年 9 月，最高人民法院在对武汉市中级人民法院的一件批复中认为，房屋出典期满后超逾十年未回赎，出典人及其继承人下落不明的案件，在没有新的规定前，仍然按照 1952 年 7 月的最高人民法院、财政部、司法部《关于同意西南财政部规定的房地产典期满后超逾十年未经回赎得申请产权登记的意见的联合通令》精神办理。③

1963 年 7 月召开的第一次全国民事审判工作会议上，房屋典当的回赎纠纷仍然是被列为财产权益纠纷中较难处理的问题，

① 《民事手册》第 1 辑下册，第 253 页。
② 《民事手册》第 1 辑下册，第 187 页。
③ 《民事手册》第 1 辑下册，第 95 页。

主要是因为审判机关对于审理这类案件，在回赎的期间、典价的折算等等方面都没有统一的规定和标准。但是在会议后贯彻的《关于贯彻民事政策几个问题的意见》（修正稿）依然没有就此作出规定，认为目前还不宜作出统一的规定（因当时正在起草《中华人民共和国民法（试拟稿）》），只是笼统的要求各地根据当地规定或劳动人民历史习惯，合理解决。典价的折算问题也是要参照国家牌价、双方当事人是经济状况、回赎的目的、住房的情况等来妥善处理。①

1965 年 12 月国家房产管理局的《关于私房改造中处理典当房屋问题的意见》，规定房屋出典人是改造户的，其出典房屋在改造前允许回赎；回赎后出租房屋的，应一并纳入改造；改造前不回赎的，今后不准再行回赎；承典人典到房屋出租的，如果与其他房屋合计达到改造起点（一般大中城市为 100～200 平方米，小城市为 50 平方米以上）的，一并纳入改造，但在改造前应和出典人协商是否回赎；已纳入改造的典当房屋，原则上不再变动。②

（3）十年动乱后的典权遗留问题处理。

1966 年至 1976 年的十年动乱期间，公民的财产权利受到严重的侵犯，原来遗留下来的土地房屋典权问题也不再提起。"文化大革命"结束后开始的"拨乱反正"，对于受到侵害的公民进行"落实政策"。历史遗留问题纷纷提上议事日程，典权遗留问题也成为热点。1981 年 6 月最高人民法院对于房屋典当问题的一件批复中确定原则：承认劳动人民之间的房屋典当关系，允许在典期届满后回赎；土改中已经解决了的不再变动；原典当契约

---

① 参见何勤华主编：《中华人民共和国民法史》，复旦大学出版社，1999，第 173～175 页。
② 《民事手册》第 1 辑下册，第 256 页。

载有过期不赎即为绝卖的，按契约处理；处理时要视双方住房情况而定，如果要求回赎的出典人不缺房、而承典人居住困难的，可以将房屋全部或部分卖给承典人。

1984 年 8 月最高人民法院《关于贯彻执行民事政策法律若干问题的意见》第 58 条按照 1952 年以来有关典当回赎期为十年的规定，再次确定："对法律、政策允许范围内的房屋典当关系，应予承认。但土改中已解决的房屋典当关系，不再变动。典期届满逾期十年、或典契未载明期限经过三十年未赎的，原则上应视为绝卖。"① 同年 12 月最高人民法院又在《关于适用〈关于贯彻执行民事政策法律若干问题的意见〉第 58 条的批复》中再加具体说明，在该"意见"下达前已受理、未审结的典当案件，或已审结而当事人提出申诉的，按照以前的规定进行处理；在该"意见"下达后按照"意见"处理。不过由于历来的运动，在很长的时间里政治气候使得权利人往往无法行使权利，因此 1985 年 2 月最高人民法院在《关于执行〈关于贯彻执行民事政策法律若干问题的意见〉中的几个问题的函》中又规定，出典人因为客观原因无法行使权利，现在房屋产权因落实政策退还，出典人要求回赎的，被改造时间不计入上述的回赎期间。②

《中华人民共和国民法通则》公布后，有关典当的问题自然要与之配套，1988 年 1 月最高法院《关于贯彻执行〈中华人民共和国民法通则〉若干问题的意见》第 120 条规定："在房屋出典期间或者典期届满时，当事人之间约定延长典期或者增减典价的，应当准许。承典人要求出典人高于原典价回赎的，一般不予支持。"③

---

① 《民事手册》第 1 辑上册，第 338 页。
② 《民事手册》第 1 辑下册，第 271 页。
③ 最高人民法院民事审判庭编：《民事手册》第 2 辑，1987 年印行，第 62 页。

《中华人民共和国民事诉讼法（试行）》实施后也需要配套。1989 年 7 月最高人民法院在《关于典当房屋被视为绝卖以后确认产权程序问题的批复》中，明确"对出典人或者其继承人提出异议的，应按照民事诉讼法（试行）规定的普通程序或简易程序进行审理；对出典人或者其继承人无异议的，或者出典人已经死亡又无继承人的，可以比照民事诉讼法（试行）特别程序的有关规定进行审理。经审理，如确认房屋产权归承典人所有，承典人即可持法院判决书向房管部门申请办理产权登记手续"。①

3. 台湾地区典权制度的变化

台湾地区至今依然维持原民国民法典的典权制度，民国时期有关典权的判例也依然在司法实践中发挥作用。近年来，台湾当局有关部门拟修订民法的物权编，对于典权制度也已有一些修正的方案。

（1）有关判例的发展。

长期以来，台湾地区"法院"积累了一些对于典权案件具有指导意义的判例。但数量不多，总体而言大多是延续、发展了 1949 年以前有关典权的判例精神。较有发展的有如下几件。

由于台湾在受日本殖民统治期间，按照日本民法并无典权，不动产的出典一律被视为不动产质权。1951 年台上 1109 号判例认定，"台湾光复前所发生之不动产质权，系属一种担保物权，与民法物权编所定之典权迥不相同，故质权人于质权存续期间届满后，未经出质人回赎，除有特别情事外，仍无取得质物所有权之可能"。1960 年台上 2432 号判例认定，自 1923 年日本民法适用于台湾后成立的典权，"固应适用日本民法关于不动产质权之

---

① 最高人民法院民事审判庭编：《民事手册》第 3 辑下册，1994 年印行，第 1423 页。

规定，而变为有存续期限十年之不动产质权，于期限届满后，当事人亦得更新之。惟不动产质权期限之更新，以明示之更新为限，其质权关系未经更新契约另订存续期限者，于期限届满时消灭"。

对于典权人在出典人回赎时的"有益费用求偿权"，1950年台上1052号判例认为第927条的规定，"既不以支出有益费用先经出典人同意为偿还请求权之发生要件，自不因未得出典人之同意影响偿还请求权之行使"。

关于典物转典后出典人应如何回赎，物权编第八章并没有明确的规定，一直是一个老大难的问题。1957年台上555号判例认为："民法第九百十五条设定之转典权为物权之一种，不仅对于转典权人存在，对于出典人亦有效力。故出典人回赎典物应向典权人及转典权人各为回赎之意思表示。如出典人回赎典物时，典权人及转典权人，对于其回赎权有争执者，得以典权人及转典权人为共同被告，提起确认典权及转典权不存在、并请求转典权人返还典物之诉。"①

（2）关于修正典权制度的方案。

1993年台湾当局的"法务部"陆续提出了民法物权编的修正草案初稿，有关典权制度部分拟修正的主要内容如下：②

由于实际上典权人往往并不直接占有典物，原有关典权的定义句与现实情况不符。修正草案初稿将典权定义为"支付典价在他人之不动产为使用、收益之权"，删除了原来的"占有"，并突出"在他人之不动产"意义。

新增典权人在所典土地上建筑房屋应得到出典人书面同意。

---

① 林纪东等编：《新编六法（参照法令判解）全书》，第329、324、330、326页。
② 《民法物权编修正草案初稿》，"法务部"1993年6月印行本，第408～432页。

在典物灭失情况下，将出典人回赎时"由原典价中扣减典物之灭失部分灭失时之半数"，改为"依灭失时灭失部分之价值与灭失时典物之价值比例计算之"。

新增"因典物灭失得受赔偿而为重建者，典权人对该重建之物仍有典权存在"。

鉴于转典后的回赎问题，草案初稿试图新增一条条文来解决难题："典物经转典者，出典人向典权人回赎时，典权人不于相当期间返还典物并涂销典权登记者，出典人得以转典价径向转典权人回赎典物。"

另一个长期的难题是将土地、建筑物分别出典的问题。草案初稿也试图新增一条条文来解决："土地与土地上之建筑物同属一人所有，而仅以土地或建筑物设定典权或分别设定典权者，于典权人依第九百二十三条、第九百二十四条规定取得典物所有权致土地与建筑物各异其所有人时，准用第八百四十一条之六之规定。"所谓"第八百四十一条之六之规定"也是拟修订新增的："土地及其土地上之建筑物同属于一人所有，因强制执行之拍卖，其土地与建筑物之拍定人各异时，视为已有地上权之设定。"

关于典权人为增加典物价值而支付的"有益费用"，在出典人回赎时典权人可以请求偿还。草案初稿也新增了一些具体的规定，尤其是规定经出典人书面同意而建造建筑物，如出典人不愿意以时价补偿；或者是经过法院裁决仍然不愿意按照法院所裁定的"时价"补偿典权人的，"视为回赎时已有地上权之设定"。

尽管台湾当局于 2007 年 3 月对民法的物权编进行了较大规模的修改，但是并未涉及到典权制度该章，典权制度依然维持原样。"法务部"的这些修正草案仍然只是一项立法建议。

后　记

　　自从二十多年前跟随恩师叶孝信先生从事中国民法史方面的研究开始，我就对中国特有的典权制度很感兴趣。在叶先生主编于1992年完成、1993年出版的《中国民法史》一书中，我所承担的是债权和物权部分的编写，已试图系统地归纳典权制度的发展演变过程。令我汗颜的是，自己当时既缺乏系统的民法理论知识，对于历史资料的分析也相当不深入，冒然涉足这个难题，结果自然是可想而知。虽然《中国民法史》一书在1995年获得了全国高校首届人文社会科学研究一等奖，是法学领域八个获一等奖的成果中唯一一部法制史方面的成果，但是就我所承担的部分而言，实在可以说是留下了不少的缺憾和错误。

　　在以后的教学科研中，这个题目仍然常常浮现于我的脑海，逐渐形成了一些新的看法，并陆续在自己的一些论著和教材中得到反映，然而总是觉得有所欠缺。因此当1997年杨一凡先生组织编撰中国法制史考证系列专著时，我就报了这个"典权制度源流考"的题目，打算借着这个机会深入探讨这个中国特色的民事制度的来龙去脉。

　　接受了这个任务后，几年来断断续续进行着材料的搜集，尤其反复对材料所反映的民事制度的实质意义进行思考，不断推翻

自己原有的观点。这一考证的过程极其艰难。特别是在 2001 年
4 月 26 日不幸遭到 CIH 电脑病毒的袭击，长期搜集、输入了电
脑的资料、已经成文的 6 万多字文稿瞬间化为乌有，心中的痛楚
实在难以名状。

2002 年春天有幸邀请杨一凡先生来复旦进行为期一个月的
短期研究，受到杨先生当面激励，终于得以在约定的期限里完成
了这个考证工作，才有了这本篇幅不大的小书。

能够在中国民法史的领域里作出自己微薄的一点贡献，首先
要感谢的就是恩师叶先生。二十多年前承蒙叶先生收留我这个运
交华盖的学生，以后又侥幸得以在复旦任教，长期受先生耳提面
命，我才得窥学术殿堂之一隅。在恩师绝不轻易下断语的严谨学
风感染下，我才可能做这样的考证题目。

其次，本书的成书也要感谢杨一凡先生。长期以来杨一凡先
生在中国法制史学界倡导重视基本史料、基本制度的考证研究，
对于本学科的发展可说是功德无量。他发起"中国法制史考证
丛书"的工作，给了我这个难得的机会。并且时常鼓励督促，
鞭策着我加紧努力，完成工作。

任何学术研究都是在前人基础上完成并完善的。在进行典权
制度源流的考证中参考了大量前辈及学界同人的成果，在此也要
致以谢意，并衷心希望学界同人对本成果提出宝贵意见。

郭　建

2009 年 5 月

作者简介

　　郭建　男，1956 年 9 月出生于上海。现任复旦大学法学院教授，博士生导师。1978 年考入华东师范大学历史系，1982 年本科毕业后考入复旦大学法律系，师从叶孝信教授攻读法律史。1985 年获法学硕士学位。毕业后留校任教，从事法学教学以及研究工作。主要研究领域为中国法制史专业。主要著作有《中华文化通志·法律志》（第一作者）、《中国法文化漫笔》、《帝国缩影——中国历史上的衙门》、《师爷当家》、《中国财产法史稿》、《非常说法——传统文学戏曲中的法文化》等。主编有《中国法制史》JM 研究生教材、《中国法律思想史》教材等。译作有〔日〕於保不二雄《债权总论》、〔日〕望月礼二郎《英美法》等。主要论文有《明律的轻重及其原因试析》、《中国古代民事法律文化基本特征概述》、《中国民事传统观念略论》、《"坑"考》、《抵当、倚当考》等。

中国法制史考证续编·第四册（全十三册）

典权制度源流考

主　　编／杨一凡
著　　者／郭　建

出 版 人／谢寿光
总 编 辑／邹东涛
出 版 者／社会科学文献出版社
地　　址／北京市西城区北三环中路甲 29 号院 3 号楼华龙大厦
邮政编码／100029
网　　址／http：//www.ssap.com.cn
网站支持／（010）59367077
责任部门／人文科学图书事业部 （010）59367215
电子信箱／bianjibu@ssap.cn
项目经理／宋月华
责任编辑／魏小薇
责任校对／吴小云

总 经 销／社会科学文献出版社发行部
　　　　　（010）59367080　59367097
经　　销／各地书店
读者服务／市场部（010）59367028
印　　刷／三河市文通印刷包装有限公司

开　　本／787mm×1092mm　1/16
印　　张／16.5（全十三册共 365 印张）
字　　数／195 千字（全十三册共 4351 千字）
版　　次／2009 年 8 月第 1 版
印　　次／2009 年 8 月第 1 次印刷

书　　号／ISBN 978-7-5097-0821-7
定　　价／4600.00 元（全十三册）

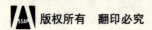